本书受到四川大学“从0到1”创新研究项目(项目编号：2021CXC20)、中央高校基本科研业务费项目资助

前沿·学术·经典
经管文库·管理类

信息披露和资本市场交易结构

Information Disclosure and Trading Structure in Capital Market

徐浩峯／著

经济管理出版社
ECONOMY & MANAGEMENT PUBLISHING HOUSE

图书在版编目（CIP）数据

信息披露和资本市场交易结构/徐浩峯著．—北京：经济管理出版社，2021.8
ISBN 978－7－5096－8198－5

Ⅰ.①信…　Ⅱ.①徐…　Ⅲ.①上市公司—会计信息—研究—中国 ②资本市场—市场交易—研究—中国　Ⅳ.①F279.246 ②F832.5

中国版本图书馆 CIP 数据核字(2021)第 157359 号

组稿编辑：王　洋
责任编辑：王　洋
责任印制：黄章平
责任校对：陈　颖

出版发行：经济管理出版社
（北京市海淀区北蜂窝 8 号中雅大厦 A 座 11 层　100038）
网　　址：www. E－mp. com. cn
电　　话：（010）51915602
印　　刷：唐山昊达印刷有限公司
经　　销：新华书店
开　　本：720mm×1000mm/16
印　　张：14.75
字　　数：256 千字
版　　次：2021 年 8 月第 1 版　　2021 年 8 月第 1 次印刷
书　　号：ISBN 978－7－5096－8198－5
定　　价：88.00 元

前　言

有效资本市场假说认为证券价格等于它的价值。随着证券价值相关信息的披露，市场也会迅速做出调整，使价格重新等于价值。另有文献认为，有效资本市场是一个动态调整过程，而不是最终的结果，资本市场实际的状况应该是，股票价格是一条沿着内在价值持续波动的线，各种各样的信息流、谣言和投资者行为都在冲击着价格，使其偏离或者调整内在价值。股票价格是一个基本面价值的噪音（不完全）代理变量（Lee，2001）。本书沿着这个思路对资本市场功能中，盈余信息的市场价值反映和盈余信息披露期间市场参与者交易竞价过程做出探讨。

首先，本书对盈余持续性进行了分析，揭示了持续性盈余向资本市场传递了信息的能力，并运用股价没有反映持续性盈余的因子，构造交易策略以获取超额收益。现有大多数信息披露和金融市场交易的研究，对于证券交易过程的探索仍处于黑箱阶段，所以本书进一步用微结构的数据，揭示了信息不对称的市场交易者在盈余宣告期间的博弈过程。本书以面板数据检验了大额交易者在盈余宣告前后的微结构交易行为，发现大额交易者的交易行为具有投机特征，同时还发现大额交易者的交易行为具有偏离基本面的“庄”的特征，具体表现为大额交易者的异常净买入与个股换手率呈显著正相关的关系；大额交易者的异常净买入放大了股票价格对盈余的反应系数，导致股价偏离基本面。本书的研究证明，以机构投资者为代表的大额交易者的交易行为具有“投机交易”的特征，即不支持价值投资的论断。

其次，本书以面板数据检验了散户交易者在盈余宣告前后微结构交易行为，发现散户交易行为具有投机交易、注意力集中等偏离基本面的交易特征。此外，本书还构造了包括散户交易因子的4因子模型，发现流通市值中小型公司的股票收益受到散户交易的显著影响，从而为“散户交易引发估值忧虑”的观点提供了经验数据的支持。

本书同时探讨了信息透明度与散户的交易选择。股市的风险往往归因于散户的交易，大力发展机构投资者成为提高市场效率的不可挑战的信条。透过微结构数据的分析，本书发现散户交易存在过度自信特征，可能过度高估私有信息精确度，导致错误定价信息。分离了过度自信的因素后，本书发现信息透明度为散户交易的重要依据。更为重要的是，相对于散户而言，信息透明度对机构投资者交易的影响较低，说明了信息透明度对于处于信息劣势的投资者具有更重要的现实意义。

本书深入研究了信息稳健特性和证券波动性对资本市场机制的影响，包括了稳健会计原则和资产波动持续性贝叶斯检验。会计稳健性，是从对财务报告的限制角度出发保护投资者利益的一种有效机制，能够发挥公司治理的功能。本书研究发现：稳健会计原则能够有效降低过度现金股利的支付可能，体现其公司治理作用。但是，由于不同成长能力下控股股东的“掏空动机”不同，稳健会计原则的治理作用也存在一定差异。在成长能力较低时，较强的掏空动机使得稳健会计原则抑制过度现金股利支付的作用更加明显。

最后，本书探讨基于多元随机波动率模型的资产波动持续性贝叶斯检验，在实证金融学中，众所周知，资产收益的波动性是高度持久的。波动率过程的持续性可以通过在随机波动率模型上测试单位根来检验。在本书中，基于决策理论的贝叶斯检验统计量被扩展用于检验多变量随机波动模型的单位根，并将该方法应用于研究金融危机对中国主要股票市场的持续性影响。

目　　录

第一章

资本市场交易结构学术前沿：一个崭新的框架

本书从我国股权制度背景、盈余信息特性、交易者信息辨析等基础性背景出发，分析了信息披露与相关的证券交易数据。首先，本书以我国沪深两市上市公司为研究样本，分析企业会计特征和竞争力特征对盈余持续性的影响后发现，企业会计特征和竞争力特征显著影响会计盈余的持续性。此外，数据结果揭示了持续性高的盈余向资本市场传递更多正面的信息，提高公司的市场反应；如果资本市场未能反映盈余持续性的信息，投资者据此制定的交易策略将能获得超额收益。

其次，本书分析信息与证券价格形成的交易过程，梳理了信息与证券价格形成相关的文献，探讨股票价格波动的过程，以及各种各样的信息流、谣言和投资者行为对证券价格的冲击，对其偏离或者调整内在价值的影响。本书以面板数据检验了散户交易者在盈余宣告前后微结构交易行为，发现散户交易行为具有投机交易、注意力集中等偏离基本面的交易特征。此外，本书还构造了包括散户交易因子的4因子模型，发现流通市值中小型公司的股票收益受到散户交易的显著影响，从而为“散户交易引发估值忧虑”的观点提供了经验数据的支持。

再次，本书分析了信息透明度对散户交易选择的影响，透过微结构数据的分析，发现散户交易存在过度自信特征，可能过度高估私有信息精确度，导致错误定价信息。分离了过度自信的因素后，本书的研究结果发现信息透明度为散户交易的重要依据。更为重要的是，本书的研究结果发现，相对于散户而言，信息透明度对机构投资者交易的影响较低，说明了信息透明度对处于信息劣势的投资者具有更重要的现实意义。

此外，“高换手率”现象是我国机构投资者的重要交易特征，本书检验机构投资者与股市泡沫形成的关系和机构投资者的微结构交易数据后发现，机构投资者的交易导致证券价格泡沫，放大了内在价值信息的反应，导致市盈率高估。进一步研究证券收益的序列相关性发现，机构投资的交易造成的价格变动符合

Campbell、Grossman 和 Wang（1993）① 模型的噪音过程。本书的研究发现证明，机构投资者的交易风格具有“投机”特征，引发了股市泡沫。

本书进一步深入研究信息稳健特性和证券波动性对资本市场机制的影响，包括稳健会计原则和资产波动持续性贝叶斯检验。会计稳健性，是从对财务报告的限制角度出发保护投资者利益的一种有效机制，能够发挥公司治理的功能。本书研究发现：稳健会计原则能够有效降低过度现金股利的支付可能，体现其公司治理作用。但是，由于不同成长能力下控股股东的“掏空动机”不同，因此稳健会计原则的治理作用也存在一定差异。在成长能力较低时，较强的掏空动机使稳健会计原则抑制过度现金股利支付的作用更加明显。

最后，本书将贝叶斯检验方法应用于研究金融危机对中国股票市场的持续影响。波动率过程的持续性可以通过在随机波动率模型上测试单位根来检验。在本书中，基于决策理论的贝叶斯检验统计量被扩展用于检验多变量随机波动模型的单位根。

一、我国资本市场历史沿革

（一）我国资本市场近况

近年来，资本市场的变革主要有四个方面：第一是股权分置改革。第二是发行体制改革向着市场化的方向推进。原来的发行是采用高度行政控制的方式，2004 年、2005 年发行体制改革不断推进，开始逐步引入询价制。在改革以前，发新股是非常困难的，每次发新股都会带来市场的恐慌，而改革后的 2007 年，IPO 和再融资规模达到了 8000 亿元，成为全球第一大融资市场。第三是激励机制逐步构建。随着激励机制的改革，上市公司开始主动披露真实的业绩，其中一部分原因是股价和管理层的利益挂钩了，加大了积极性。第四是机构投资者快速发展。

① Campbell, John Y., Sanford J. Grossman, Jiang Wang: Trading volume and serial correlation in stock returns, Quarterly Journal of Economics, 1993 (108): 905-939.

据侯宇、叶冬艳（2008）① 统计，2001～2006 年我国资本市场中机构投资者规模的变化情况如表 1－1 所示。从 2001 年起，特别是在 2003 年之后，无论是投资基金还是其他机构投资者，它们的规模都有大幅度的增加。机构投资者总规模从 2001 年的 704 亿元增加到了 2006 年 6 月的 5525 亿元，增加了 684%，其中 2003 年后增加了 391%。而机构投资者直接持股市值也分别增加了 607% 和 482%。图 1－1 则显示了机构投资者规模占资本市场流通总市值的情况。从 2005 年起，机构投资者的规模已经超过了总市值的 50%，直接持股比例已经超过了 20%。可以看出，机构投资者在我国资本市场中已经占有了极为重要的地位。同时还可以注意到，投资基金占了所有机构投资者总规模的 80% 以上，并且大多数年份都超过 90%②，说明投资基金是机构投资者的最主要的组成部分。

表 1－1 2001 年中至 2006 年中机构投资者规模统计 单位：亿元

日期	其他机构				
	基金总规模	基金持股	持股合计	机构合计	机构持股
2001－06	704	430	—	704	430
2001－12	802	325	—	802	325
2002－06	941	534	—	941	534
2002－12	1126	521	—	1126	521
2003－06	1186	668	—	1186	668
2003－12	1688	992	278	1967	1270
2004－06	2644	1237	309	2952	1545
2004－12	3390	1600	263	3653	1862
2005－06	4510	1609	233	4743	1842
2005－12	4875	1741	386	5261	2127
2006－06	4647	2158	878	5525	3036

资料来源：侯宇、叶冬艳（2008）。

①② 侯宇，叶冬艳．机构投资者、知情人交易和市场效率——来自中国资本市场的实证证据［J］．金融研究，2008（4）：131－145.

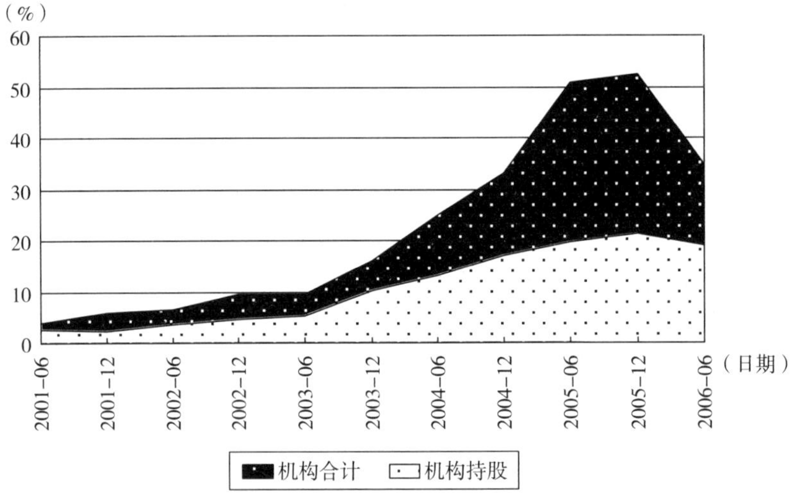

图 1-1　机构投资者规模占流通总市值比例

资料来源：侯宇、叶冬艳（2008）。

资本市场对于中国企业的价值发现起到了非常重要的推动作用。近年来，外资并购中国企业有很多案例，并且有很多并购之后其价格大幅上升的现象，这引发了很多争论。第一个原因是系统性的原因，即我国企业长期以来缺乏一个合理的定价方式。我国企业习惯于以净资产来定价，而现代金融理论已经证明，企业的价值应由企业未来的盈利能力和净资产决定，这往往会导致以净资产定价的企业价值低估。第二个原因是缺乏一个公开竞价的平台，没有一个多方博弈的过程，因此也就很难有一个公允的价格。这两个问题都可以通过资本市场解决，首先，在资本市场上，任何企业都是按照未来现金流或未来盈利预期来进行定价；其次，在资本市场上不只有一家或者两家竞价，而是通过成千上万人的多方博弈的过程，形成一个合理和公允的价格。

（二）问题提出

股票价格和会计信息的波动过程及关联性近年来一直是研究的热点。会计盈余是公司内部为反映过去企业的经营成果并经外部审计所报道的数据，会计信息为了满足各类报表使用人的需求，所以它必须兼顾相关性和可靠性，在操作上它是历史成本计价、基于交易的确认要求及公允价值的结合体。近年来，会计的价值相关性，即股票价格的会计信息含量逐渐受到资本市场研究的重视；而股票价格则是市场对企业价值的认定，它反映了会计盈余、成长性、企业竞争力以及投资者的行为等因素影响。对股票投资者而言，交易的是公司现有的价值和未来的收益，投资者需要的信息涉及公司的未来，理论上分析师等信息优势者对于公司的宏观因素、产业状况、营运状况进行信息收集估计公司未来的价值，形成了投资者的预期。其中，会计盈余能否预测未来股票收益，是建立在会计盈余信息能够改变投资者预期并影响股票未来收益的假设之上的。然而，会计盈余未来变化的过程是否有一定的规律可以预期？它的组成因子持续性程度能否向资本市场传递未来预期的信号？如果市场并未反映盈余持续性程度的差异，是否能据此在资本市场获得超额投资回报？

上述的问题在探讨企业基本面的变化及市场给予的反映，和国内外多数的研究一样，都和假定市场参与者的反映是一致的。然而，真实的市场交易过程并不是如此，市场参与者面对每一个交易日，大量经济、政治、军事等宏观信息、行业信息及企业信息涌向证券市场时，市场参与者受到本身能力与随机因素的影响，面对信息的反映很可能做出不同的决策，所以他们的交易过程对股票价格将造成不同的影响。机构投资者所代表的大额交易者和散户交易者面对信息的变化，他们的交易方式又有什么差异？对资本市场又会造成什么影响？本书运用微结构的数据分析市场参与者面对信息的流动与交易过程，披露资本市场表象下交易的微结构世界，以对近年来国内资本市场发生的问题提供判断的参考及经验数据的支持。

近年来，股权分置改革对资本市场的运行基础产生根本性的变化。股权分置通过非流通股股东和流通股股东之间的利益协商机制，消除A股转让方式的差异性，解决了非流通股上市的问题。股票市场也走出多年来与宏观经济背离的走势，开始真正体现多年来经济不断增长的成果。“价值投资”的投资理念，成为一个受关注的议题。价值投资对资产分配的效益是很重要的，它可以保证资金的有效利用，达到经济发展效益最高的方式。然而，在我国政府—市场混合资本市场机制下，国内的股票大部分是政府持有，资源供应出现短缺是不可避免的，过剩的资金追逐有限的股票，也就容易形成价值泡沫与投机交易。

国内的基金公司，利用政府的支持（市场准入的审批）和公众的获利期待，一次发行规模可达三四百亿元人民币，这个规模是在纽约这样发达的市场数十年发展才能取得的成绩。机构投资者在获得那么大资源的支配权利和市场影响力的时候，他们的交易行为是稳定市场的“理性价值投资者”还是扰乱市场的“投机交易者”呢?

相比于美国市场而言，我国证券市场上的信息不对称的程度更高。这既有制度设计上的问题，也有投资者成熟程度的问题，相对于大额交易者，散户在资本市场面对大量信息涌向证券市场的反映是什么呢?2007年末，“全聚德”、“金风科技”等一些中小板题材股的大幅上涨，引起了市场人士和监管部门的普遍担忧和高度重视。他们认为，“‘全聚德’市盈率196.27倍，较中小板平均市盈率高121.52%。‘金风科技’市盈率233.10倍，较中小板平均市盈率高163.09%”。市场普遍将大幅上涨的原因归结于基本面题材的过度渲染和大量散户投资者买入。散户的投资需求似乎成为一个罪恶的指标。

股票交易的是公司现有的价值和未来收益的预期，投资者买入市盈率高的股票可能是非理性行为，也可能是对公司未来发展潜力的认同，从市盈率高低的绝对数字并不能认定散户交易行为是非理性的，散户交易过程的合理性才是问题的根本所在。资本市场信息流动和竞价过程对散户的价值发现有什么影响?散户的交易又会对资本市场造成什么经济影响?

因此，基于盈余信息研究在什么时候、什么情况下、为什么价格会回归（或不回归）内在价值，而不是直接假设价格等于价值的资本市场调整过程研究，具有重要的理论和现实意义。它直接关系到有效资本市场假说和行为金融学之间的争论，影响着我们对市场机制、价格形成机制等问题的认识；同时，它影响着会计信息的重要服务对象——证券投资者，是否有效利用会计信息，尤其是影响理性投资者如何根据会计信息制定投资策略。

（三）本书内容：我国资本市场价格形成的交易机制

有效资本市场假说（Efficient Market Hypothesis，EMH）认为证券市场是一个没有证券交易成本、证券持有成本和信息成本的高效率市场。在EMH的市场上，证券价格等于它的价值。随着证券价值相关信息的披露，市场也会迅速做出调整，使价格重新等于价值。没有人或任何交易策略能够利用公开的信息取得超额收益。

另有文献认为，有效资本市场是一个动态调整过程，而不是最终的结果。即资本市场实际的状况应该是，股票的价格是一条沿着内在价值持续波动的线，在任何时候，各种各样的信息流、谣言和投资者行为都在冲击着价格，使其偏离或者调整内在价值。资本市场的价值发现是一个持续的过程，股票价格是一个真实基本面价值（true fundamental value）的噪音（不完全）代理变量。研究的主题应该专注于独立股价之外的基本面价值研究及了解资本市场价值发现动态过程，而不是直接假设资本市场是有效的（Lee，2001）①。本书希望沿着这个思路首先对盈余质量差异造成的市场反应差异进行研究，其次对影响市场参与者交易过程的信号（或假信号②）及交易行为特征进行研究，以期对资本市场基本面价值和股票价格差异的调整过程做出研究，对上述议题提供一些经验的数据。

本书首先研究会计盈余组成因子和企业竞争力特征因子对盈余持续性的影响。并探讨会计及企业竞争力因子中盈余的持续性程度能否向投资者和资本市场传递信号，如果市场并未反映盈余质量的差异。据此本书再依据盈余的质量高低分组，构造交易策略获取超额收益，期望对消除市场非效率现象做出贡献。由于上述研究仍属于市场整体价值发现，亦即它们仅能单纯地看到信息对股价的总体影响，而对证券交易过程的了解仍然是一个黑箱，所以本书进一步用微结构的数据，揭示了信息不对称的市场交易者在盈余宣告期间的博弈过程。这两个部分的研究相信对我国企业的证券价值发现过程提供了学术价值。本书的深入研究对提高我国证券市场的效率，保护投资者的利益都有重要的意义。

1. 资本市场证券价格反映——市场价值发现中盈余质量的作用

在现实的资本市场上，套利成本是存在的。原因是套利行为带来的超额收益不一定能够弥补套利成本，也可能是市场根本没发现这类错误定价的非效率现象。Sloan（1996）③ 发现投资者不能完全理解应计盈余和现金盈余对预测未来盈余的能力的不同，因而高估了应计盈余高的企业的价值。买入应计盈余低的企业，卖空应计盈余高的企业，能在未来一年获得 10.4% 的超额收益。研究发表后，Sloan 投资策略逐渐被投资者采用。有研究表示，近几年这个投资策略已经不能创造超额收益，代表 Sloan 的基于会计信息的投资策略研究帮助投资者发现了会计盈余的错误定价，并能通过套利行为消除这个非效率的现象。徐浩峰等（2006）④ 对公司的盈余及其组成部分的持续性及股价反应进行研究，发现相对

① Lee，Charles M. C：Market Efficiency and Accounting Research：a Discussion of "Capital Market Research in Accounting" by S. P. Kothari［J］. Journal of Accounting and Economics，2001（31）：233－253.

② 不影响经济实质的信号，以这种信号进行交易也是一种噪音交易。

③ Sloan，R. G：Do Stock Prices Fully Reflect Information in Accruals and Cash Flows about Future Earnings?［J］. The Accounting Review，1996（71）：1－24.

④ 徐浩峰，王正位．盈余持续性特征及中国资本市场效率的经济影响分析［J］．清华大学学报，2006（S1）：13－20.

于应计盈余，现金盈余有较高的盈余持续性及累计超额收益解释力。进一步分析应计盈余最高组和最低组在事件日前后累计超额收益的表现时，发现了交叉反转的现象。最后他们发现我国投资者不能完全理解持续性盈余的差异对企业价值的影响，按应计盈余大小构建的套利组合能获取18%的超额收益。这说明，我国的投资者还不能充分理解应计盈余和现金盈余对企业价值影响的差别，错误定价依然存在。

有鉴于前人的研究成果，本书首先研究会计盈余组成因子和企业竞争力特征因子对盈余持续性程度的影响。其次探讨会计及企业竞争力因子中盈余的持续性程度能否向投资者和资本市场传递信号，反映公司未来的经营的预期，如果市场并未反映盈余质量的差异。最后按照研究的结果以盈余的质量把上市公司分组做投资组合分析。一个对冲的交易策略包含购买盈余质量高的公司股票，卖空盈余质量低的公司股票，两者未来一定期间内超额回报的差额即对冲投资策略的超额投资回报。如果我们发现对冲投资策略的超额回报显著不等于零，我们可以推断投资者在评估盈余质量时有偏差，造成错误的股票价值判断，即市场可能非有效。如果今后投资者能够利用本书研究成果，降低市场上的信息成本，减少错误定价的机会，我国的证券市场效率将因之而有所提高。

2. 价值发现过程分析——市场交易者的交易博弈过程分析

前面的盈余质量研究是发现所有的投资者都没有发现的错误定价，从而帮助投资者利用我们的研究成果纠正错误定价，提高市场效率。众所周知，股票收益主要由相关的基本面信息变化驱动，在这些基本面信息中盈余信息是一个重要的价值评估依据，如果存在其他变量，在控制盈余变动后，仍然能够解释交易行为的变动，那么它们就是“价值”以外的交易依据，导致股票价值偏离基本面。市场参与者对信息接收方式和交易过程的依据可能存在这样的变量。价值发现过程研究就是针对我国现有资本市场投机交易、高市盈率及题材过度炒作等特殊现象提出经验研究数据，分析市场参与者交易的依据和信息理解的系统性偏差。我们的研究一方面可能帮助非理性投资者减少对信息理解的系统性偏差，另一方面可以帮助理性的投资者预测非理性投资者的偏差，更重要的是抑制投机风气和偏离基本面的现象。

此外，相对于欧美市场审计师、分析师、律师相对完善的市场监督体系，在我国资本市场中这些市场机制所起到的作用不仅十分有限，有的还存在“缺位”的问题，分析师、机构投资者以及市场上拥有大量资金的投资者，基于操纵信息可以获取巨大利润的情况下，信息不对称产生的逆向选择问题也始终存在。

庄家是投机操纵的代名词，大户、机构投资者等大额交易者能够发挥他们的专业研究能力及信息的易取得性，可以达到稳定市场、提高市场效率的目的。而在资本市场法制仍不健全时，大额交易者也可能会利用他们的规模及信息优势进行信息散布引起投机泡沫等扰乱市场的行为，成为操纵市场的庄。据2007年10月的《上海证券报》报道，我国基金交易风格出现类似庄股特征的频繁交易行为，如在2006年多数基金公司年周转率在300%～800%，在2007年上半年基金平均换手率达到236%，有的基金换手率高达358.02%，折合年周转率超过600%，有的基金甚至仅一个交易日之后就从大量买进某一股票向大量卖出该股票转换。从这个角度而言，机构投资者的交易方式实际上造成市场的短期投机交易风潮，增加资本市场的风险。国内高估机构投资者的自律和投资能力，把他们视为价值投资和稳定市场的主力军，直到大量数据揭示出机构投资者频繁短线炒作的真相，市场才发现机构投资者也经常偏离价值投资轨道而追逐短期利益。国内对机构投资者的研究虽然很多，但都没有发现一个根本的问题就是国外的基金由于资本和政策相对开放的原因，使得基金的数量很多，个别基金对市场的影响有限，很难操纵市场；而国内不同，几只基金联合形成对特定股票的垄断，就可以达到坐庄的效果。因此，不同交易类型的投资者交易行为及其筹码的控制力在资本市场中的影响是什么，才是一个最根本的问题。

此外，股票交易的是公司现有的价值和未来收益的预期，投资者买入市盈率高的股票可能是非理性行为，也可能是对公司未来发展潜力的认同，在基本面题材的过度渲染、庄家价格操纵及追逐投机利益的动机下，散户投资者或者受到本身能力的限制，或者因分析信息的成本大于他的投资金额，他们的交易决策容易局限在引起他们注意的股票及追逐投机利益。因此，资本市场信息流动和竞价过程对散户的价值发现有什么影响？散户的交易又会对资本市场造成什么经济影响？也是一个值得重视的议题。

市场参与者交易微观结构的变化反映了资本市场对信息的调整过程，而盈余宣告普遍认为是信息不对称程度最大的时候，大额交易者和散户由于信息不对称的影响，更容易产生信息泡沫与信息操纵，而他们在信息公布期间交易的方式披露的就是他们隐藏在表象下的轨迹。所以，股改后盈余宣告前后大额交易者交易的特性是什么？股票内在价值和股票价格的关系是什么？这种差异主要是由什么原因引起的？本书希望透过交易的角度来回答上述问题，即由交易者及公司基本价值的动态关系来解释资本市场调整的过程，以对微观金融市场会计研究做出一些贡献。

完全有效的资本市场不是一个均衡的状态（Grossman and Stiglitz，1980）①，套利行为有其局限性（Shleifer and Vishny，1997）②。套利行为不能做到有效资本市场理论预测的能够迅速纠正市场上所有的错误定价（Lee，2001）③。我国属于新兴资本市场，套利行为的局限性更严重，信息成本更高，希望本书的研究可以发现导致中国资本市场系统性偏差出现的环境和诱因。

3. 会计信息稳健性、成长能力与过度现金股利支付分析

代理理论认为公司可能倾向于向股东支付现金股利，而且股东与债权人之间的冲突和委托问题越严重，支付的现金股利就越多。而稳健会计原则（稳健原则或会计稳健性）④ 能够降低过度股利支付，起到保护债权人利益的作用，因为稳健原则能够影响债务合约中的会计数字，如净利润和留存收益。但是，目前国内外关于稳健原则在债务契约中是否发挥作用还没有一致的结论（Ahmed et al.，2002）⑤，稳健原则能否抑制过度现金股利支付也鲜有相关研究。另外，跨国研究表明在法制环境较好的国家和地区，财务报告的稳健程度更高。在不同的法制环境下，稳健原则发挥的作用可能也存在差异。那么，在法制建设和契约保护相对不够健全的转型经济国家，稳健原则能否发挥治理作用，抑制过度的现金股利，从而保护债权人的利益呢？

采用累计应计项和市值账面值比表征会计稳健性后，本书研究发现：稳健会计原则能够降低现金股利的过度支付，体现出其公司治理功能。但是，稳健原则的治理作用受到控股股东掏空动机的影响，在不同成长能力下抑制过度现金股利

---

① Grossman S. J.，Stiglitz J. E. On the Impossibility of Informationally Efficient Markets［J］. The American Economic Review，1980（70）：393－408.

② Shleifer Anderi，Robert W. Vishny. The Limits of Arbitrage［J］. Journal of Finance，1997（52）：35－55.

③ Lee CharlesM. C. Market Efficiency and Accounting Research：a Discussion of “Cap ital Market Research in Accounting” by S. P. Kothari［J］. Journal of Accounting and Economics，2001（31）：233－253.

④ 也称稳健性或谨慎性。采用稳健的会计政策和会计估计，所产生的会计信息也就是稳健的会计信息，本书将两者统称为会计的稳健性。采用稳健的会计政策和会计估计不是出于财务报告目的而实施的盈余管理。

⑤ Ahmed A. S.，Billings B. K.，Morton R. M. Stanford－Harris M. The role of accounting conservatism in mitigating bondholder－shareholder conflicts over dividend policy and in reducing debt costs［J］. The Accounting Review，2002（77）：867－890.

支付的作用有所差异。在低成长能力下，控股股东掏空动机较强，因此稳健性能够发挥一定的治理作用。而随着企业成长能力的增加，控股股东掏空动机会逐渐转变为支持上市公司，从而降低对稳健原则的需求，进一步降低稳健原则发挥其治理作用。

本书的研究结论与 Ahmed 等（2002）① 存在差异，可能的原因在于：①Ahmed等以现金股利支付水平表征代理问题，研究了代理成本与稳健性之间的关系；而本书则从稳健性的经济后果角度考虑，探讨稳健性在降低代理成本方面的作用。前者属于前因研究，本书属于后果研究。②Ahmed 等并没有考虑到现金股利政策与稳健会计原则之间的双向影响，而本书则基于联立方程模型考察了双向影响。③制度环境的差异导致代理成本对稳健原则的影响不同。Ahmed 等利用美国的数据发现代理成本越高，利益相关者对稳健原则的需求越高，而市场对企业管理层的压力导致企业会采用较为稳健的会计方法报告盈余；本书采用的是中国的企业数据。在中国，控股股东对企业各项决策具有决定权，“一股独大”的股权结构导致市场难以对企业决策产生实质影响，反而表现为代理问题越严重，企业财务报告表现出的稳健原则越低，因为控股股东会利用会计报告的主观决策原则操纵企业利润，尤其是当控股股东存在掏空动机时，会采用激进的报告原则发放股利。因此，代理问题更为严重的，反而表现出稳健性越低。

二、本书结构

本书第一章为引言部分，介绍了我国股权制度背景、盈余信息特性、交易者信息辨析等基础性背景，分析信息与证券价格形成的交易过程，探讨股票价格波动的过程，以及各种各样的信息流、谣言和投资者行为对证券价格的冲击，对其偏离或者调整内在价值的影响。

第二章介绍了传统资本市场研究关注的仅仅是信息和证券价格的关系，将交易成本、信息非对称、交易者类型和动机、市场结构等价格形成过程当作一个“黑盒子”。市场微观结构理论关注信息结构及交易机制去理解交易的内在过程

① Ahmed A. S., Billings B. K., Morton R. M., Stanford – Harris M. The role of accounting conservatism in mitigating bondholder – shareholder conflicts over dividend policy and in reducing debt costs [J]. The Accounting Review, 2002 (77): 867 – 890.

及其对资产定价的影响，解开了市场参与者对信息的反映、下订单及价格决定的过程。

依据上述框架，本章首先分析应计盈余持续性和资本市场效率的文献，再分析大额交易者和散户交易者交易行为的特性及其对资本市场效率的影响，最后再分析和本章相关的微结构理论和实证文献。

第三章首先对公司盈余的持续性进行研究，发现应计盈余持续性程度低于现金盈余，并分析盈余反转的不对称性。其次研究战略决策和营运状况的企业竞争力特征因子对盈余持续性程度的影响，发现企业竞争力特征因子能增加盈余持续性程度。本章还发现盈余为负值的公司降低应计盈余持续性程度，同时也向资本市场传递了负面的信息；企业竞争力特征中主营收入成长率因子提高盈余的持续性程度，向资本市场传递了正面信息，提高了盈余的信息含量。然而，市场可能并未发现产业领导者因子能提高盈余的持续性程度。最后本章构造会计特征和企业竞争力的交易策略分别能获取 20% 和 12.9% 的超额收益。

第四章对公司的盈余成分持续性及股价反应进行研究，发现相对于应计盈余，现金盈余有较高的盈余持续性及累计超额报酬解释力。进一步分析应计盈余最高组和最低组在事件日前后累计超额报酬的表现时，发现了两组呈现交叉反转的现象。最后发现我国投资者不能完全理解盈余性质差异对企业价值的影响，按应计盈余大小构建的套利组合能获取 18% 的超额收益。

第五章研究了机构投资者“高换手率”现象引发的诸多争议。本章测算证券价格泡沫与检验机构投资者的微结构交易数据后发现，机构投资者的交易导致证券价格泡沫，放大了内在价值信息的反应，导致市盈率因为机构投资者的交易而高估。进一步研究证券收益的序列相关性发现，机构投资者的交易造成的价格变动符合 Campbell、Grossman 和 Wang（1993）① 模型的噪音过程，即机构投资者的交易所造成的证券价格变动和证券内在价值变动无关，具体表现在证券价格短期上涨与后续期间证券价格的反转，股价呈序列负相关性。本章的研究发现证明，机构投资者的交易风格具有“投机”特征，导致了证券价格偏离内在价值，引发股市泡沫。

第六章以面板数据检验了散户交易者在盈余宣告前后微结构交易行为，发现

① Campbell John Y.，Sanford J. Grossman，Jiang Wang. Trading volume and serial correlation in stock returns［J］. Quarterly Journal of Economics，1993（108）：905 – 939.

散户交易行为具有投机交易、注意力集中等偏离基本面的交易特征。此外，本章还构造了包括散户交易因子的超额收益4因子模型，发现流通市值中小型公司的超额收益受到散户交易的显著影响，从而为“散户交易引发估值忧虑”的观点提供了经验数据的支持。

股市的风险往往归因于散户的交易，大力发展机构投资者成为提高市场效率的不可挑战的信条。第七章透过微结构数据的分析，发现散户交易存在过度自信特征，可能过度高估私有信息精确度，导致错误定价信息。分离了过度自信的因素后，本章发现信息透明度为散户交易的重要依据。更为重要的是，本章发现，相对于散户而言，信息透明度对机构投资者交易的影响较低，说明了信息透明度对处于信息劣势的投资者具有更重要的现实意义。

稳健会计原则或称会计稳健性，是从对财务报告的限制角度出发保护投资者利益的一种有效机制，能够发挥公司治理的功能。第八章采用中国2001～2006年上市公司数据，研究发现：稳健会计原则能够有效降低过度现金股利支付的可能，体现其公司治理作用。但是，由于不同成长能力下控股股东的“掏空动机”不同，因此稳健会计原则的治理作用也存在一定差异。在成长能力较低时，较强的掏空动机使稳健会计原则抑制过度现金股利支付的作用更加明显。

在实证金融学中，资产收益的波动性是高度持久的。波动率过程的持续性可以通过在随机波动率模型上测试单位根来检验。在第九章中，基于决策理论的贝叶斯检验统计量被扩展用于检验多变量随机波动模型的单位根。最后，本章将该方法应用于研究金融危机对中国主要股票市场的持续影响。

第二章

资本市场交易结构学术文献回顾

一、引言

在会计研究中占重要地位的信息含量研究和价值相关性研究，都是建立在有效资本市场假说（Efficient Market Hypothesis，EMH）基础上的。有效资本市场假说认为，如果股票价格因为某种原因偏离了其内在价值，套利者会通过交易使股票价格回归到其内在价值上来，持续的错误定价（或套利机会）是不存在的。另有文献认为，有效资本市场是一个动态调整过程，而不是最终的结果。亦即资本市场实际的状况应该是，股票的价格是一条沿着内在价值持续波动的线，在任何时候，各种各样的信息流、谣言和投资者行为都在冲击着价格，使其偏离或者调整内在价值。资本市场的价值发现是一个持续的过程，股票价格是一个真实基本面价值（true fundamental value）的噪音（不完全）代理变量（Lee，2001）①。

有效资本市场假说认为证券市场是一个没有证券交易成本、证券持有成本和信息成本的高效率的理想市场。在现实的资本市场上，套利成本是存在的。在这种情况下，即使市场上出现了错误定价，套利者也不见得可以通过套利行为纠正掉这个非效率的情况，除了套利行为的投资回报不一定能够弥补套利成本外，更重要的可能是市场根本没发现这类非效率现象。盈余信息研究可以帮助市场大幅度降低信息成本。在任何一个交易日，大量经济、政治、军事等宏观信息、行业信息及企业信息涌向证券市场。这些信息当中有些和证券的价值相关，会改变证券内在价值；也有一些信息表面上看起来是有用的信息，但是实质上和价值不相关。交易策略研究可以通过组建投资组合，发现套利机会（错误定价）的方式

① Lee CharlesM. C. Market Efficiency and Accounting Research: a Discussion of "Capital Market Research in Accounting" by S. P. Kothari [J]. Journal of Accounting and Economics, 2001 (31): 233－253.

为投资者降低分析信息的成本，提供套利的基础，通过投资者的套利行为，纠正错误定价，提高市场的效率。

Shleifer 和 Vishny（1997）① 论述了套利行为的局限。其模型的核心就是套利行为需要资本投入并承担风险。套利者承担的风险的核心来源是偏离内在价值的证券的价格可能在一定时期内偏离得更远。套利者首先发现了特定证券的价格偏离了内在价值，并认为该证券的价格最终会回归内在价值。因此，套利者采取套利策略，希望在证券价格回归价值时取得超额收益。然而，受到非理性投资者情绪等种种因素的影响，证券的价格可能偏离内在价值更远，而使套利者在短期内承担损失。由于交易规则限制、卖空限制或套利者代理的投资者的压力，套利者在这种情况下很可能就必须平仓，而使短期价值的偏离变成真正的损失。套利的局限使套利行为不一定纠正掉市场上所有的错误定价和非效率情况。提高市场效率的另一个方面是发现套利限制性因素，即什么时候、什么情况下、为什么价格会偏离内在价值。

传统资本市场研究关注的仅仅是信息和证券价格的关系，将交易成本、信息非对称、交易者类型和动机、市场结构等价格形成过程当作一个“黑盒子”。市场微观结构理论关注信息结构及交易机制去理解交易的内在过程及其对资产定价的影响，解开了市场参与者对信息的反映、下订单及价格决定的过程。

依据上述框架，本章首先分析应计盈余持续性和资本市场效率的文献，其次分析大额交易者和散户交易者交易行为的特性及其对资本市场效率的影响，最后分析和本章相关的微结构理论和实证文献。

二、盈余信息含量及盈余持续性文献回顾

会计盈余信息具有信息含量的研究始自 Ball 和 Brown（1968）②，他们首次发现股价变化的方向与未预期盈余变动的方向显著正相关，并观察到信息提前反映

① Shleifer Anderi，RobertW. Vishny. The Limits of Arbitrage［J］. Journal of Finance，1997（52）：35 – 55.

② Ball. R.，P. Brown. An Empirical Evaluation of Accounting Income Numbers［J］. Journal of Accounting Research，1968（6）：159 – 178.

和反映不足的现象。Beaver、Clake 和 Wright （1979）①，按年度未预期盈余比率大小分成25个组合，以度量股价变化的大小，发现盈余变动幅度和股票收益变化幅度在各组间产生不同程度的关联，尤其是最高组和最低组有反映钝化的情形，经检验股票收益与未预期会计盈余有着显著的序列相关性。这些研究表明，股价能反映盈余信息，投资者能够根据未预期盈余对股票价格进行调整，会计盈余信息在股票定价中起了重要的作用，而且对变量加以分组，能获得更精确的结论。国内的相关研究也表明了国内上市公司的盈余具有信息含量，赵宇龙（1998）② 利用上海股市 1994～1996 年的数据进行实证，首次发现超额收益变化的方向与未预期盈余变动的方向显著正相关，找到了会计盈余信息含量的经验证据。陈晓、陈小悦、刘钊（1999）③ 对 1994～1997 年 A 股盈余报告的有效性进行了研究，研究结论证实在中国 A 股市场上盈余数字同样有很强的信息含量。

公司由于会计准则的选择、所处的经营环境和自身特征的不同会引起盈余公告的信息含量出现差异。其中盈余持续性是影响信息含量差异的主要因素之一，研究表明持续性较高的盈余组成部分具有较高的价值相关性。由于盈余是以权责基础来计算的（它等于现金盈余和应计盈余的和），又由于应计盈余存在会计选择的灵活性，因而有学者对现金盈余和应计盈余的盈余质量进行研究，并探讨两者之中谁与股价具有更高的关联性。Dechow （1994）④ 研究发现，在较短的绩效衡量期间、较长的营运周期及较大变异性的投资理财周期下，盈余中的应计项目比现金流量更能有助于投资者评估公司股票的报酬率。从上述文献中可知，现金流量是否比会计盈余有更高的信息含量，研究结果并不一致。于是，有研究者把会计盈余与现金流量综合起来加以研究，研究重点主要集中在会计盈余中应计项目和现金流量的比例是否会影响会计盈余质量，进而影响股票未来的收益。Ou 和 Penman （1989）⑤ 以 1973～1983 年为研究期间，发现股价并未系统地反映盈

---

① Beaver. W. , R. Clake, W. Wright. The Association Between Unsystematic Security Return and The Magnitude of The Earnings Forecast Error [J] . Journal of Accounting Research, 1979 (6): 316－340.

② 赵宇龙．会计盈余披露的信息含量——来自上海股市的经验数据［J］．经济研究，1998（7）：41－49.

③ 陈晓，陈小悦，刘钊．A 股盈余报告的有用性研究［J］．经济研究，1999（5）：21－28.

④ Dechow. Accounting Earnings and Cash Flows as Measures of Firm Performance: The Role of Accounting Accruals [J] . Journal of Accounting and Economics, 1994 (18): 3－42.

⑤ Ou J. , S. Penman. Financial Statement Analysis and The Prediction of Stock Returns [J] . Journal of Accounting and Economics, 1989 (11): 295－330.

余中应计盈余与现金盈余所包含的不同信息，它们所包含的有关股票收益的信息并无显著差别。

除盈余本身的持续性特征外，市场参与者对信息的理解能力也会影响盈余的信息含量，其中“功能锁定假说”（Functional Fixation Hypothesis，FFH）是与有效市场假说（EMH）相竞争的一种假说。EMH 认为证券价格能够充分、及时、无偏地反映一切可以公开获得的相关信息。FFH 认为投资者在决策过程中往往锁定于某种特定的表面信息，不能充分理解和利用有关信息来评估证券价值从而做出正确的投资决策。Hand（1990）[①] 提出了“扩展功能锁定假说”（Extended FFH），他发现那些主要由个人投资者持有的股票在定价上存在“功能锁定”，而由机构投资者持有的股票不存在“功能锁定”问题。

Sloan（1996）[②] 在上述研究的基础上，用盈余自回归模型考察盈余持续性，将盈余分为应计盈余和现金盈余，而盈余持续性取决于应计盈余和现金盈余对盈余的相对比例，并发现会计盈余有“功能锁定”的现象，投资者无法完全区分应计盈余与现金盈余所包含的不同信息，可以通过买入应计盈余低的股票卖出应计盈余高的股票来获取超额收益。林翔、陈汉文（2005）[③] 沿用了 Sloan 的方法，研究盈余及其应计盈余和现金流量盈余的持续性的问题，并用了大量的西方理论来分析影响应计持续性的两个主要因素——增长和盈余管理，他们发现增长的均值回归过程对应计的低持续性解释能力高于盈余管理。

国内的相关研究也发现盈余公告的信息含量出现差异，赵宇龙、王志台（1999）[④] 的研究表示我国证券市场只是机械地对名义 EPS 做出价格上的反应，不能辨别 EPS 中持续性成分的经济含义，市场存在“功能锁定”的现象。徐浩峰、王正位（2006）[⑤] 对公司的盈余成分持续性及股价反应进行研究，发现现金盈余有较高的持续性，并发现投资者不能完全理解盈余性质差异对企业价值的影

---

① Hand John R. M. A Test of the Extended Functional Fixation Hypothesis［J］. Accounting Review，1990，65（4）：740－763.

② Sloan R. G. Do Stock Prices Fully Reflect Information in Accruals and Cash Flows about Future Earnings?［J］. The Accounting Review，1996（71）：1－24.

③ 林翔，陈汉文．增长、盈余管理和应计持续性［J］．中国会计评论，2005（4）：117－142.

④ 赵宇龙，王志台．中国证券市场“功能锁定”现象的实证研究［J］．经济研究，1999（9）：56－63.

⑤ 徐浩峰，王正位．盈余持续性特征及中国资本市场效率的经济影响分析［J］．清华大学学报，2006（S1）：13－20.

响，按应计盈余大小构建的套利组合能获取 18% 的超额收益。

此外，会计准则的应用受到管理者的判断影响，我国上市公司要求进行外部审计，审计师在出具审计报告时会依重要性标准和公司管理者协商披露的会计信息，并进行适当的调整分录，这个过程影响了应计盈余披露的数字。在上述过程中，会计稳健性是一个重要影响因素，它隐含延缓收益的确认和加速确认损失。Basu（1997）① 和 Ball 等（2000）② 的研究表明，会计稳健性会对企业经济盈余和损失造成不对称性反应速度，即坏消息具有反应较快的特性。另外，亏损公司通常代表公司陷入经营困境，审计师面对亏损公司承担的审计风险比较高，因此会降低重要性标准，所以它的前后年度盈余决定和变动过程和盈利公司应该有显著的不同；再者，权益评价的研究中对这盈余和损失公司价值的评估有不同的估值方法，如 Collins 等（1997）③，因此盈利公司和损失的公司持续性可能存在显著不同。

企业能否获取更高的收益取决于战略决策和营运状况，一个行业的兴起最初级的层次就是整个行业具有高利润，使所有行业参与者都获利；第二个层次是经过各种竞争如独特创新的地方使特定公司能战胜行业的波动，这些公司则在行业里起决定作用，成为产业领导者，能吸引更多的人力和资金，创造了进入壁垒，形成了企业竞争力和持续发展能力，这些企业的特质影响了盈余成长以及持续性，从公司规模角度而言，Scherer（1973）④ 发现大公司的盈余成长性较低，他们有较大的资源优势去稳定成长，增加了盈余的持续性。Martin（1988）⑤ 发现大公司能透过提高价格的方式抵消盈余暂时性滑落的影响。从资本密集度而言，Scherer（1973）⑥和 Lev（1983）⑦ 发现资本密集度较大的公司，固定成本占总成

① Basu. S. The Conservatism Principle and The Asymmetric Timeliness of Earnings [J]. Journal of Accounting and Economics, 1997 (24): 3 – 37.

② Ball. R., Kothari. S., Robin A. The effect of institutional factors on properties of accounting earnings [J]. Journal of Accounting and Economics, 2000 (29): 1 – 51.

③ Collins D., Maydew E., Weiss I. Changes in the value – relevance of earnings and book values over the past forty years [J]. Journal of Accounting and Economics, 1997 (24): 39 – 67.

④⑥ Scherer R. M. Industrial Market Structural and Economic Performance [M]. Chicago, IL: Rand Mc-Nally, 1973.

⑤ Martin S. Market power and – or efficiency [J]. Review of Economics and Statistics, 1988 (70): 331 – 335.

⑦ Lev B. Some economic determinants of time – series properties of earnings [J]. Journal of Accounting and Economics, 1983 (5): 31 – 48.

本比重较高，受到会计成本分摊的影响，使盈余幅度波动加大，持续性程度较低。

Stigler（1963）①、Mueller（1977）② 认为具有进入门槛优势的公司，能拥有稳定的市场占有率，使盈余稳定成长。在经验研究中，Baginski 等（1999）③ 用研发和广告费用作为进入门槛的代理变量。由于国内财务报告并未披露研发和广告费用，因此，我们从管理文献中寻找替代变量度量国内企业进入门槛优势。Porter（2008）④ 认为创造进入门槛的优势主要有 7 个要素，其中需求方规模收益（Demand side benefits of scale）的效果，反映在财务报表披露的公司主营收入，因此拥有越大需求方的规模收益的公司，在它所属的行业中主营收入越高，有较高进入门槛。因此，我们用主营收入在行业中最大的 4 家作为产业领导者的代理变量度量进入门槛优势。

此外，Porter 提到产品差异化是经由公司主要营运活动以及公司产品的需求成长达成。企业如果实行这类策略，就能长期保持它的竞争优势及对它的产品收取溢价，并且它的竞争对手将难以模仿这类策略。这类策略的成功主要经由收入成长造成的盈余成长。相反地，成本优势的厂商很容易面临竞争对手模仿类似的成本削减策略（如退休金成本和福利成本削减），收入增长的盈余增长未来有无限的成长空间，而成本削减的盈余增长在未来很容易削弱它的主营业务营运能力。Anderson（2003）⑤ 认为成本具有黏着性（sticky），当营运水平产生改变时，成本增加的速度总是大于减少的速度。Gohosh（2005）⑥ 发现营收和盈余同时成长的盈余有较高的盈余质量（以盈余持续性衡量）并且有较高的盈余反映系数。

自 Ball 和 Brown（1968）⑦ 首次发现股价变化的方向与盈余变动的方向显著

---

① Stigler G. J. Capital and Rates of Return in Manufacturing Industries［M］. Princeton, NJ.: Princeton University Press, 1963.

② Mueller D. C.. The persistence of profits above the norm［J］. Economica, 1977（44）: 380－391.

③ Baginski. S., Lorek. K., Willinger. G., Branson. B. The relationship between economic characteristics and alternative annual earnings persistence measures［J］. The Accounting Review, 1999（74）: 105－120.

④ Porter M. The Five Competitive Forces That Shape Strategy［J］. Harvard Business Review, 2008, 86（1）: 78－93.

⑤ Anderson M., R. Banker and S. Janakiraman. Are Selling, General, and Administrative Costs "Sticky"?［J］. Journal of Accounting Research, 2003（41）: 47－63.

⑥ Ghosh A., Gu zhaoyang, Jain P. C. Sustained earnings and revenue growth, earnings quality, and earning response coefficients［J］. Review of Accounting Studies, 2005（10）: 33－57.

⑦ Ball. R., P. Brown. An Empirical Evaluation of Accounting Income Numbers［J］. Journal of Accounting Research, 1968（6）: 159－178.

正相关以来，盈余一直被视为能解释价值相关性的信息，作为会计盈余的一个重要特征，盈余持续性被用作评估盈余质量的指标之一（Dechow and Dicheiv, 2002）①。研究表明，盈余持续性越高，盈余反应系数就越大（Barth，1999）②。由于会计特征因子和企业竞争力特征因子的盈余组成具有不同的持续性，持续性较高的组成成分具有较高的价值相关性（Lipe，1986③；Kormendi and Lipe, 1987④；Penman，1991⑤；Warfield et al.，1995⑥），我们预期持续性较高的组成成分能向投资者和资本市场传递一种信号，保证未来营运状况的持续性，市场给予这类公司会计盈余更高的评价，增加这类公司超额收益，提高了会计盈余的信息含量。

三、大额交易者文献回顾

（一）传统大额交易者文献回顾

关于大额交易者的作用，西方学者的研究已经有了相当的积累。大多数研究都是从机构投资者的行为出发进行考察，如机构投资者“羊群效应”（Herding）和“正反馈效应”（Positive Effect）。

羊群效应指动物（牛、羊等畜类）成群移动、觅食；后来这个概念被引申来描述人类社会现象，指与大多数人一样思考、感觉、行动，与大多数人在一起，与大多数人保持一致。此后，这个概念被金融学家借用来描述金融市场中的

---

① Dechow, P. M. I. D. Dichev. The Quality of Accruals and Earnings: The Role of Accruals Estimation Errors [J]. The Accounting Review Supplement, 2002 (77): 35-59.

② Barth, M. E., J. A. Elliott, M. A. Finn. Market Rewards Associated with Patterns of Increasing Earnings [J]. Journal of Accounting Research, 1999 (37): 387-41.

③ Lipe R: The Information Contained in the Components of Earnings [J]. Journal of Accounting Research, 1986 (24): 37-69.

④ Kormendi R., R. Lipe. Earnings Innovations, Earnings Persistence and Stock Returns [J]. Journal of Business, 1987 (60): 323-345.

⑤ Penman S. H. An Valuation of Accounting Rate of Return [J]. Journal of Accounting, Auditing and Finance, 1991: 233-255.

⑥ Warfield T., J. Wild, K. Wild. Managerial Ownership, Accounting Choices, and Informativeness of Earnings [J]. Journal of Accounting Economics, 1995 (20): 61-91.

一种非理性行为，指投资者趋向于忽略自己的有价值的私有信息，而跟从市场中大多数人的决策方式。Lakonishok、Shleifer 和 Vishny（1992）[①] 检验出了测度基金经理在市场同一方向相对于独立交易的程度，他们以 1985～1989 年美国的 769 家股票基金为对象，研究了在美国免税股票基金经理之间是否存在羊群效应，并按股票股本大小、股票历史表现、基金资产规模等分类进行了检验，发现这些基金并没有呈现显著的羊群效应。Wermers（1999）[②] 以 1975～1994 年美国股市的所有共同基金为研究对象，发现样本基金的羊群效应不强。

De Long 等（1990）[③] 提出理性套利者根据消息决定交易策略，没有消息的投资者从当前价格变动中调整对股票未来收益的预测，在价格上涨时买入、下跌时抛出。重复这样的正反馈过程，资产价格将出现超过基本价值的上升，之后跌落至基本价值，由此可以解释资产价格持续暴涨后急剧下跌的现象。

此外，Sias（1996）[④] 从波动率的角度考察了机构投资者与市场稳定的关系，发现机构投资者持股与个股波动率负相关。国内学者发现我国机构投资者也有类似“羊群效应”和“正反馈效应”的行为（宋军和吴冲锋，2001[⑤]；施东晖，2001[⑥]；孙培源、施东晖，2002[⑦]；吴福龙等，2004[⑧]；张羽、李黎，2005[⑨]）。宋军和吴冲锋（2001）[⑩]使用个股收益率的分散度指标对我国证券市场的羊群效应进行了实证研究发现，我国证券市场的羊群效应程度高于美国证券市场的羊群效应程度。对市场收益率处于极高和极低水平的回归系数的比较发现，在市场收益率极低时的羊群效应程度远高于在市场收益率极高时的羊群效应程度，这个结果

---

① Lakonishok J., Shleifer A., Vishny R. W. The Impact of Institutional Trading on Stock Prices [J]. Journal of Financial Economics, 1992 (32): 23-43.

② Wermers R. Mutual Fund Herding and the Impact on Stock Prices [J]. Journal of Finance, 1999 (54): 581-623.

③ J. Bradford De Long, Andrei Shleifer, Lawrence H. Summers, Robert J. Waldmann. Noise Trader Risk in Financial Markets [J]. Journal of Political Economy, 1990, 98 (4).

④ Sias R. W. Volatility and the Institutional Investor [J]. Financial Analysts Journal, 1996 (52): 13-20.

⑤⑩ 宋军，吴冲锋. 基于分散度的金融市场的羊群行为研究 [J]. 经济研究，2001 (11)：21-27.

⑥ 施东晖. 证券投资基金的交易行为及其市场影响 [J]. 世界经济，2001 (10)：26-31.

⑦ 孙培源，施东晖. 基于 CAPM 的中国股市“羊群行为”研究——兼与宋军、吴冲锋先生商榷 [J]. 经济研究，2002 (2)：64-70.

⑧ 吴福龙，曾勇，唐小我. 中国证券投资基金羊群行为的进一步研究 [J]. 中国管理科学，2004 (12)：6-11.

⑨ 张羽，李黎. 证券投资基金交易行为及其对股价的影响 [J]. 管理科学，2005 (18)：77-85.

可以用期望理论中的决策者对于损失、收益的不同态度来解释。

宋军和吴冲锋（2003）[①] 鉴于中国股评家在证券市场中的特殊地位和羊群行为在我国证券市场中广泛存在且对市场的效率有重要影响等情况，建立了中国股评家大盘预测的羊群效应的检验模型，分别研究股评家羊群效应的存在性、影响羊群效应的因素和羊群效应的理性特征。主要结论为：股评家对舆论有明显的羊群行为；当历史收益率增加、市场乐观情绪高涨、股评家预测的一致程度增加、股评家的能力降低、股评家的初始声誉增大时，股评家参与羊群效应的动机增加。股评家羊群效应的理性研究指出，当舆论被事后的收益率证明为错误时，羊群行为反而增加。因此股评家的羊群行为很可能是一种非理性行为。

姚颐、刘志远（2005）[②] 通过对 2001 ~2003 年 A 股数据研究之后发现，基金持股比例越高所投资股票的流动性和收益性越高、波动性越低。祁斌等（2006）[③] 通过对 2001 ~2004 年上海证券交易所上市 A 股公司研究发现，机构投资者持股比例与股票波动率之间存在显著的负相关关系。

市场交易中的信息拥有者—知情人（the informed），机构投资者的交易影响到股价中的信息含量，也是一个新兴的主题。机构投资者增加股价信息含量的动机在大量理论研究中都得到了证实（Admati and Pfleiderer，1986[④]；Diamond and Verrecchia，1981[⑤]；Grossman and Stiglitz，1980[⑥]）。一般认为，机构投资者更多的信息渠道以及专业分析能力，如果他们根据分析得到的公司信息进行交易，即所谓的知情人交易（informed trading），那么机构投资者持股的变化情况就可以向市场传递信息，将这部分信息反映在股票价格中去，客观上提高了股价的信息含量（Chakravarty，2001[⑦]）。并且传递的信息种类和数量同机构所交易的股票规模

---

① 宋军，吴冲锋．中国股评家的羊群行为研究［J］．管理科学学报，2003（2）：68 -74.

② 姚颐，刘志远．基金投资行为的市场检验——基于中国股市最大机构投资者的实证研究［R］．工作论文，2005.

③ 祁斌，黄明，陈卓思．机构投资者与股市波动性［J］．金融研究，2006（9）：54 -64.

④ Admati A. R. , Pfleiderer P. A Monopolistic Market for Information［J］. Journal of Economic Theory, 1986（39）：400 -438.

⑤ Diamond D. W. , Verrecchia R. E. Information Aggregation in a Noisy Rational Expectations Economy［J］. Journal of Financial Economics，1981（9）：221 -235.

⑥ Grossman S. , Stiglitz J. On the Impossibility of Informationally Efficient Markets［J］. The American Economic Review，1980（70）：393 -408.

⑦ Chakravarty S. Stealth trading：Which traders' trades move stock prices［J］. Journal of Financial Economics，2001（61）：289 -307.

有很大的联系。如果机构投资者进行交易的规模越大，那么他们就有较强的动机去收集公司的相关信息，而较小规模的交易则有更多可能是出于流动性的考虑。侯宇、叶冬艳（2007）[①] 用股票与市场的同步性来衡量股价中公司特有信息含量的高低，他们在以前研究的基础上，构建 2SLS 联立方程，控制了内生性以及噪音对结果的影响，检验了机构投资者交易对股价中公司特有信息含量的作用。结果显示，机构投资者交易可以增加股价的公司特有信息含量，进而起到了提高市场效率的作用。

（二）大额交易者交易行为文献回顾

大户、机构投资者等大额交易者能够发挥他们的专业研究能力及信息的易取得性，可以达到稳定市场、提高市场效率的目的。而在资本市场法制仍不健全之时，大额交易者也可能会利用他们的规模及信息优势进行信息散布引起投机泡沫等扰乱市场的行为。国内对机构投资者的研究虽然很多，但都没有发现一个根本的问题就是国外的基金由于资本和政策相对开放的原因，使得基金的数量很多，个别基金对市场的影响有限，很难操纵市场；而国内不同，几只基金联合形成对特定股票的垄断，就可以达到坐庄的效果。因此，不同交易类型的投资者交易行为在资本市场中的影响是什么，才是一个最根本的问题。本章从一个交易行为的角度来探讨大额交易者对市场的影响，就已知的文献尚未发现有类似的研究。

（三）投机交易文献回顾

换手率衡量的是股票交易的活跃程度。金融学的经验研究发现换手率对股票收益的横截面差异具有显著的解释作用（Datar，Naik and Radcliffe，1998[②]；Chordia and Subrahmanyam，2001[③]），即历史换手率水平与横截面股票收益有显著的负相关关系，低换手率股票的股票收益高于高换手率股票。对于换手率与股票收益的负相关现象，金融学从以下两个角度来理解这个问题。第一个角度是基于流动性的解释。所谓“流动性溢价”是指流动性差、交易成本高的资产具有

---

① 侯宇，叶冬艳．机构投资者、知情人交易和市场效率——来自中国资本市场的实证证据［J］．金融研究，2008（4）：131－145.

② Datar V. T.，N. Y. Naik，R. Radcliffe. Liquidity and Stock Returns：An Alternative Test［J］. Journal of Financial Markets，1998（1）：203－219.

③ Chordia T.，A. Subrahmanyam，V. Anshuman：Trading Activity and Expected Stock Returns［J］. Journal of Financial Economics，2001（59）：3－32.

相对高的期望收益，流动性好、交易成本低的资产具有相对低的期望收益（Amihud and Mendelson，1987①）。如果换手率是度量流动性的代理变量，低换手率的股票具有低流动性，低换手率的股票收益较高是投资者对低流动性所要求的补偿。

第二个角度是基于投机性交易（泡沫）的解释。近年来西方文献发现，当投资者由于意见分歧及卖空限制下，股票价格超过其基本面价值主要有下列两种原因：在静态模型下，股票价格存在一种向上偏差（upwardly biased），不同的意见差异，使得较悲观的投资者只能退出市场而不能通过卖空来增加股票供应量，因此均衡价格仅仅反映乐观投资者的收益预期，造成价格的高估（如 Miller，1977②）。在动态模型中，意见分歧及卖空限制这两种因素会造成股票价格包括基本面以外的因素，也就是投机泡沫（如 Harrison et al.，2006③）。Scheinkman 和 Xiong（2003）④，将股票价值分解成基本面价值和投机泡沫，他们的模型指出，投资者愿意支付高于股票实际价值的价格，因为投资者认为未来可以将股票转手给出价更高的买主。这种再出售的期权导致股价中产生投机泡沫。Hong、Scheikman 和 Xiong（2006）⑤从投资者的过度自信的乐观效应及再出售的期权（resale option）角度出发，证明了股票流通市值的增加，使未来对股票价值意见分歧的可能性上升，造成股票再出售期权的价值下降，从而股票价格中的投机泡沫破灭。还证明了，换手率与市场过度乐观与自信呈正相关关系。Mei、Scheikman 和 Xiong（2005）⑥ 提出假说分别检验换手率、流通市值和股票价格中投机成分（AB 股的价差）的关系，发现投机成分和二者分别呈正相关和负相关关系。

（四）市场操纵文献回顾

1934 年，美国 SEC 立法将股市操纵分为行动操纵（action – based manipula-

---

① Amihud Yakov，Haim Mendelson. Trading Mechanisms and Stock Returns：An Empirical Investigation [J]. Journal of Finance，1987（42）：533 – 553.

② Miller. Edward：Risk，Uncertainty and Divergence of Opinion [J]. Journal of Finance，1977（32）：1151 – 1168.

③⑤ Harrison Hong，José Scheinkman，Wei Xiong. Asset Float and Speculative Bubbles [J]. The Journal of Finance，2006，61（3）：1073 – 1117.

④ Scheinkman Jose A.，Wei Xiong. Overconfidence and Speculative Bubbles [J]. Journal of Political Economy，2003（111）：1183 – 1219.

⑥ Mei Jianping，Jose A. Scheinkman J.，Wei Xiong. Speculative Trading and Stock Prices：Evidence from Chinese A – B Share Premia [R]. NBER working paper，2005.

tion)、信息操纵(information - based manipulation)。通过行动安排改变资产的真实价值来操纵股价的方式即行动操纵,如1901年美国钢铁的管理层通过关闭工厂,再重新开工来操纵股价;通过传播虚假消息或谣言影响股价的操纵行为即为信息操纵。此外,Allen和Gale(1992)① 认为通过大量的买、卖来影响价格的交易操纵(trade - based manipulation)行为,也是一种股市操纵。他们发现,在不完全信息下,投资者不能分辨大额交易者是操纵股价或者是知情者(informed)认为股价低估而进行的交易,操纵者可以由此获得超额利润。Jarrow(1992)② 发现如果存在价格动量的情况下,即交易者交易造成的价格上升能带动未来价格的上升,操纵者可以获得超额利润。Elliot、Morse和Richardson(1984)③ 发现特定公告发布日前后,内幕交易的分布参数存在显著的区别,从而揭示了内幕交易与信息公告之间的联系。Aggarwal和Wu(2006)④ 对美国股票市场操纵做了分析,发现有将近一半(47.89%)的操纵案件发生在市值小、成交量小和流动性差的柜台市场上。并用股票收益率、换手率(度量流动性)及波动性对被操纵的股票哑变量进行简单回归,发现呈显著正相关关系。Mei、Wu和Zhou(2004)⑤ 构造理论模型发现,聪明的资金会利用投资者的行为偏差和透过操纵股价获取利润。

张胜、陈金贤(2001)⑥ 采用1999~2000年的深圳股票市场数据,通过实施配对样本检验,分析了业绩因素、行业因素、流通股规模因素、庄家因素此4因素影响庄家行为结果——股价超额振幅在两水平上的显著性经验分析,获得了以大户持仓比例衡量的庄家因素对股价超额振幅有显著影响的直观的经验结论。通过分析此4因素对股价超额振幅的主效应、交互效应,获得了只有庄家因素对

① Allen Franklin, Gale Douglas. Stock Price Manipulation [J]. The Review of Financial Studies, 1992 (5): 503 - 529.

② Jarrow R. A. Market Manipulation, Bubbles, Corners, and Short Squeezes [J]. Journal of Financial and Quantitative Analysis, 1992 (27): 311 - 336.

③ John Elliott, Dale Morse, Gordon Richardson. The Association between Insider Trading and Information Announcements [J]. The RAND Journal of Economics, 1984, 15 (4).

④ Aggarwal R., G. Wu. Stock Market Manipulation - Theory and Evidence [J]. Journal of Business, 2006, 79 (4): 1915 - 1953.

⑤ Mei J., G. Wu, C. Zhou. Behavior Based Manipulation - Theory and Prosecution Evidence [R]. Working paper, New York University, 2004.

⑥ 张胜,陈金贤. 深圳股票市场“庄股市场”特征的实证分析 [J]. 经济科学,2001 (3): 62 ~ 69.

股价超额振幅有显著效应的经验证据，从而找到了支持深圳股票市场是庄股市场的充分有效的经验证据。

鲁桂华、陈晓（2005）① 以深市 200 家公司为样本进行实证研究后发现，“庄”的存在导致股票价格以显著高于大盘的速度上涨，放大了股票价格对会计盈余的反应，导致深市 A 股市盈率因为“庄”的操纵而高估。遗憾的是，他们用上年度户均持股数度量庄家，观测期间太长不能控制其他使户均持股数上升的影响因素，如经营环境的改变；另外，令人感兴趣的是庄家的交易方式与股价变化，前一年度的持股并很难反映即时庄家动态特征的信息，如果坐庄周期很短，他们的研究可能不能捕捉到较完整庄家价格运动的过程。

四、散户交易者文献回顾

资本市场信息流动和竞价过程对中国企业的价值发现起到了非常重要的作用。从资本市场理论来看，股票的价格应该是一条沿着基本面价值波动的线，在任何时候，信息（或假信息）、噪音和投资者行为都在冲击着价格，使其偏离或者调整基本面价值（Lee，2001）②。基本面价值主要决定于预期的未来现金流量。在实证研究中，常用会计盈余作为未来现金流的代理变量，如果存在其他变量，在控制盈余变动后，仍然能够解释散户交易行为的变动，那么它们就是“价值”以外的交易依据，导致股票价值偏离基本面。散户对信息接收方式和交易过程的依据可能存在这样的变量。

彭星辉、汪晓虹（1995）③ 采调查分析法，对上海的股票投资者进行了有关投资行为特点和个性心理性方面的调查研究。结果表明：投资行为表现为中小投资者众多，资产组合单一等特点；经因素分析发现，影响股票投资绩效的主要维度是性格品质、能力、社会经济环境；气质是影响投资行为的一个重要因素，但对投资绩效没有影响。最后，文中对股票投资者提出了一些心理对策。王垒、郑

---

① 鲁桂华，陈晓．庄与会计盈余的价格含义［J］．管理世界，2005（7）：48－54.

② Charles M. C Lee. Market efficiency and accounting research：a discussion of “capital market research in accounting” by S. P. Kothari［J］. Journal of Accounting and Economics，2001，31（1）.

③ 彭星辉，汪晓虹．上海股民的投资行为与个性特征研究［J］．心理科学，1995（18）：93－99.

小平、施俊琦、刘力（2003）[①] 采用综合性行为金融学手段，探索证券投资者的一般行为特征、心理特征以及行为特征和心理特征之间的关系。他们的实验首先采用访谈法对专业人士进行访谈，了解投资者的基本心理结构、一般的行为方式以及对证券市场的信息进行加工、决策的主要因素。在访谈基础上编制调查问卷，从心理学角度对中国证券投资者的行为与心理特征进行了分析。结果表明：中国股市还是一个政策市，投资者对所投资对象的了解程度越高，掌握的投资知识越多，以及具备较高的独立性和自我效能，盈利的可能性越大。

戴园晨（2001）[②] 认为，人们通常以为股票市场中的非理性行为是因为股市中的散户太多，他们缺乏自己的判断力，只能够跟风操作，成为羊群中的一只只羊。但是后来的研究却使人们认识到与追求自身利益最大化的理性（个体理性还是集体理性）有关。最典型的是基金管理者容易出现的羊群效应。在信息不对称条件下，管理者自己没有财富投入，经营的是公众基金，如果基金收益为正，则管理者的收益安排类似一买入期权，而且被证明是一个最优的委托—代理合约。但这一合约在信息非对称条件下却极易引发管理者的风险喜好。追逐投机利润，引发投机泡沫。他们便有羊群效应倾向。当股价呈现上扬势头时，他们喜欢跟风或者造风，也许明明知道市场中存在泡沫，也知道泡沫会破灭，但不清楚自己是否为泡沫破灭前的最后接受者，往往认定还有后继者，他们仍然会进行冒险。在我国，证券监管部门允许证券投资基金管理人提取较高的业绩报酬，只要基金分红率高于同期银行利率 20%，基金管理人就可按高出的百分点、依基金净资产的 5% 提取业绩报酬。根据计算，这样给付的业绩报酬极高，由此基金管理人频繁交易对本身是有利益的。

对于散户的研究交易行为，大体上有下列几类：

（一）散户交易者情绪文献回顾

De Long 等（1990）[③] 提出的噪音交易者模型（DSSW）具有较大影响力；该模型表明：在有限套利的环境中，如果投资者情绪相互影响，套利者将无法消除

① 王垒，郑小平，施俊琦，刘力．中国证券投资者的投资行为与个性特征［J］．心理科学，2003（26）：24－27.

② 戴园晨．股市泡沫生成机理以及由大辩论引发的深层思考——兼论股市运行扭曲与庄股情结［J］．经济研究，2001（4）：64－70.

③ J. Bradford De Long，Andrei Shleifer，Lawrence H. Summers，Robert J. Waldmann. Noise Trader Risk in Financial Markets［J］. Journal of Political Economy，1990，98（4）.

非理性行为导致的错误定价，投资者情绪因而会成为影响金融资产均衡价格的系统性风险。DSSW 模型的意义还在于，它将封闭基金折价现象作为例子运用自身理论进行剖析，从而引发了对“噪音交易者风险影响金融资产均衡价格”这一命题的广泛实证研究。内容涉及投资者情绪对收益的影响、投资者情绪对收益波动的影响等诸多方面。Lee、Shleifer 和 Thaler（1991）① 认为封闭式基金折价可以作为投资者情绪的代理变量。

Shiller（1984）② 指出，狂热与时尚比基本面更容易影响个人投资者。我国的投资者之间信息的获取和处理能力差距很大，根据李心丹等（2002）③ 的调查显示，由于证券市场信息不透明，大多数散户只能得到噪音，即使得到信息，他们多数也不具备应有的分析能力，这就注定中国股市存在大量噪音交易者。在我国，以机构投资者为代表的主力投资行为与散户投资者的行为有很大的差距。

Barber 和 Odean（2000）④ 通过对某大型折扣经纪商所属的 78000 个家庭头寸状况和交易活动进行检验证明过度交易而产生的交易成本降低了投资者的收益率。李心丹等（2002）⑤采用 Barber 和 Odean（2000）⑥的方法，发现根据 7894 位个体投资者在 1998 年 7 月至 2001 年 11 月期间的交易数据，分别对我国个体投资者的“政策依赖性心理”、“过度自信心理”及投资者的“过度交易”是否损害个人财富等方面进行了实证检验，结果表明，我国的个体投资者确实存在上述认知偏差及过度交易。他们还发现个人投资者的投资心理受到外界环境干扰比较明显，投资行为中存在各种偏差，如“从众心理”、“赌博心理”、“庄家情结”等，85.71%的个人投资者有受传言或股评的影响而导致投资失败的经历，79.64%的个人投资者认为存在庄家，43.35%的个人投资者认为股票价格是由庄家决定。认为国内个体投资者的交易行为呈现有限理性的交易特征。

（二）散户交易者注意力集中现象文献回顾

在任何一个交易日，大量经济、政治等宏观信息、行业信息及企业信息涌向

---

① Lee Charles M. C，Andrei Shleifer，Richard H. Thaler. Investor sentiment and the closed – end fund puzzle ［J］. Journal of Finance，1991（46）：75 – 108.

② Shiller Robert J. Stock prices and social dynamics ［J］. Brookings Papers on Economic Activity，1984（2）：457 – 510.

③⑤ 李心丹，王冀宁，傅浩. 中国个体证券投资者交易行为的实证研究［J］. 经济研究，2002（11）：54 – 94.

④⑥ Brad M. Barber，Terrance Odean. Trading Is Hazardous to Your Wealth：The Common Stock Investment Performance of Individual Investors ［J］. The Journal of Finance，2000，55（2）.

证券市场近千个股票。这些信息当中有些和证券的价值相关，会改变证券内在价值；也有一些信息表面上看起来是有用的信息，但是实质上和价值不相关。散户投资者或者受到本身能力的限制，或者分析信息的成本大于他的投资金额，他们的交易决策容易局限在引起他们注意的股票。

Lee（1992）①、Barber 和 Odean（2006）② 认为在卖空限制下投资者行为有注意力集中（attention - grabbing）现象，散户投资者的注意力是有限的，且在卖空限制下，散户投资者很难卖空他们注意的股票，仅能对引起他们注意的股票进行买入。Barber 和 Odean（2006）③ 发现新闻覆盖度较高、异常交易量及超高额当日收益的股票有较高个人投资者的净买入。Seasholes 和 Wu（2004）④ 以上海股市为研究对象，发现个体投资者会在股价涨停的第二天呈现净买入，他们解释这是一种注意力集中的现象。最后他们发现有一批专业的投资者进行反向操作以获取这种临时需求上升的利益。

股票收益率是影响投资者决策、交易行为的重要因素。交易当天股票涨跌是影响个体投资者羊群效应的重要因素（李新路等，2007）⑤。因此，我们认为在投机泡沫利益和从众跟风行为的驱使下，个股累计涨幅（以累计超额收益度量）和交易突然活跃（以异常交易量度量）的股票越能吸引市场的关注。

最后，国内有文献认为散户投资者会有“跟庄”行为（车宏生等，2002）⑥。他们通过北京市 30 个证券营业部对 1117 名股市个人投资者进行问卷调查，研究发现：总体上，投资者在选择股票时主要关注大盘走势和庄股动向，同时也考虑产业政策、个股技术指标、上市公司的经营状况等信息；根据股市个人投资者选择股票时的 12 种可能影响因素，文中把股市个人投资者聚类成为分析型、从众型和综合型 3 种潜在类型；根据对个人投资者聚类的结果建立了投资者潜在类型的判别方程；不同类型的投资者在教育水平特征、股龄特征以及跟庄行为上存在

① Lee Charles M. C. Earnings news and small traders: An intraday analysis [J]. Journal of Accounting and Economics, 1992 (15): 265 - 302.

②③ Barber Brad, Terrance Odean. All that Glitters: The Effect of Attention and News on the Buying Behavior of Individual and Institutional Investors [R]. Working paper, 2006.

④ Seasholes Mark, Guojun Wu. Profiting from predictability: Smart traders, daily price limits, and investor attention [R]. SSRN working paper, http://ssrn.com/abstract=527182, 2004.

⑤ 李新路，韩志萍．中国股市个体投资者羊群行为影响因素分析［J］．中央财经大学学报，2007（6）：35 - 45.

⑥ 车宏生，杨六琴，朱敏，王小华．股市个人投资者的潜在类型分析［J］．管理科学学报，2002（5）：23 - 29.

显著的差异。陈慧、杨六琴、车宏生（2002）[①] 用同样数据，对散户对庄家的评价进行分析，发现“庄家的操作可以使股市交易更活跃”、“庄家可以发掘有潜在价值的个股”、“庄家可以给股市带来大量的资金”、“散户跟庄可以使操作更简单”等积极的评价偏向于持比较赞同的态度，负面评价则持相对不确定的态度。他们的研究结果说明从平均水平来看散户认为目前证券市场上庄家所起的作用基本上是比较积极正面的。在跟庄的散户当中大部分人（61.15%）认为自己跟庄的最重要依据是股票的技术指标，而只有极少数的散户（7%）认为自己跟庄的最重要依据是其他股民的反应。在不跟庄的散户当中很大一部分人（41.19%）认为自己不跟庄的最主要理由是认为“自己的操作更有效”。显然，散户过度自信的问题在国内也存在。他们的研究对于散户跟庄的现象做了很好的调查，然而他们的设计上存在根本性的缺陷，仅考虑了一个简单的博弈过程，假如散户能识别庄，对庄的最优策略就是隐藏或是变更做庄方式，对散户而言最优策略就是重新识别庄，这样反复推演的结果均衡点是不存在的。也就是说，事实上散户是很难真正跟到庄。庄家常用一些隐蔽手段和利用消息出货，加上对于大额交易者交易方向需要专业的判断，如 Lee 和 Ready（1991）[②] 提出的交易方向辨识方法，所以我们认为在盈余宣告期间散户交易时可能仅能观测交易量的大小，而不能区分交易量中大额交易者交易方向［净买入（净卖出）］及真实的买卖意图［累计净买入（净卖出）］，如一笔买入 100 万元，吸引市场注意，但分成 10 笔 10 万元卖出，当日大额交易者的意图是净卖出，而大多数的投资者可能仅以 100 万元作为判断趋势的依据。

五、市场微观结构的文献回顾

市场微观结构的研究，最早可以追溯到 1968 年 Demsetz 研究交易机制对买卖价格形成的影响。最近的二三十年，市场微观结构的研究一直是学者最关注的研究领域之一。市场微观结构研究是“给定交易规则下，资产的交换过程及其结

① 陈慧，杨六琴，车宏生．北京市股票市场散户对庄家的态度与跟庄行为模型［J］．北京邮电大学学报（社会科学版），2002（4）：9－12.

② Lee Charles M. C.，Ready Mark J. Inferring Trade Direction from Intraday Data［J］. Journal of Finance，1991，46（2）：733－746.

果”。主要包括以下内容：第一，有关交易机制的研究，涉及市场结构的设计以及相关规则对价格形成的作用；第二，在特定交易规则下，价格在资产交易中的动态形成过程；第三，交易的结果，即资源配置和信息是否有效，以及相应的社会福利最大化等问题。Madhavan（2000）[①] 认为“市场微观结构研究投资者的潜在需求最终转化为价格和交易量的过程”。市场微观结构理论的关键主要是坚信市场特定的交易机制对证券价格行为有重要影响，描述市场行为结果的指标有市场流动性、稳定性、信息的有效性；考察不同市场结构和信息结构下，不同交易者的行为、交易规则对证券价格性质的影响。

（一）市场微观结构的理论框架

由于本章主要在探讨交易者行为，所以就其中的交易者模型及实证文献进行回顾。

1. 交易者的模型

根据是否拥有私有信息，交易者可分为知情交易者和非知情交易者，他们根据自身掌握的信息，提交交易指令，最大化自身的财富。

Kyle（1985）[②] 设定了连续动态均衡竞价模型，考察价格的信息内涵、投机市场的流动性特征及私有信息的价值。模型假设市场中只有一位风险厌恶的内部知情交易者和一个风险厌恶做市商，其余的交易者都是非知情交易者（流动性交易者、噪音交易者）。知情交易者和非知情交易者都向做市商提交市价指令，知情交易者依照其获知内在的价值 V，制定交易策略 X（V），而做市商根据观察到的知情交易者和非知情交易者的总交易指令，设定市场出清价格。由于知情交易者的指令规模将（部分）揭示其垄断的私有信息，从而影响做市商设定的均衡价格及自身的预期收益，因此知情交易者的交易策略就是如何选择恰当的交易规模，使垄断信息成为公共知识之前获得最大的收益。Kyle 首先在一个单时期模型中证明当做市商的策略是价格和总交易指令的线性函数，知情交易者的策略是内在价值和价格差的线性函数，模型存在唯一的均衡解。其中，知情交易者的最优策略与外生的参数未来价值不确定性因子 Σ_0 以及噪音交易的程度因子 σ_u 有关，二者均影响了做市商对指令规模的调整幅度。根据这一结论 Kyle 定义参数，并

---

① Madhavan Ananth. Market Microstructure: Asurvey [J]. Journal of Financial Markets, 2000 (3): 205 - 258.

② Kyle Albert P. Continuous auctions and insider trading [J]. Econometrica, 1985 (53): 1315 - 1335.

将其称为市场深度（depth of market），它反映了使市场价格变动 1 元所需要的交易量。知情交易者的预期收益与市场深度成正比，而私有信息有一半反映到均衡价格中。其次，Kyle 将模型推广到多期的情形，证明了一个离散的序贯拍卖模型存在理性预期均衡。由于当期指令规模不但对前期价格有影响，也会对未来价格有影响，因此知情交易者将通过不断的交易来隐藏私有信息，但信息仍将逐步反映到价格中。最后，Kyle 将模型进一步推广到连续情形，此时知情交易者的盈利是单期情形的两倍。而非知情交易者的交易动机通常假定是外生给定的，多数考虑某种流动性的原因，因此，他们的交易策略，包括指令类型、指令规模、指令时间等，都与资产的真实价值无关。但是，市场中的非知情交易者，尽管没有私有信息，若从理性的角度看，他们类似于做市商，也可以通过观察历史交易信息，并推测价格所揭示的私有信息，这样他们的交易策略也将以盈利或减少损失为目的。

Admati 和 Pfleiderer（1988）① 首次将非知情交易者的交易策略引入模型，分析非知情交易者的交易策略与知情交易者的交易策略的相互作用及其对日内交易量与价格波动的影响。Admati 和 Pfleiderer 认为以前的模型忽略了非知情交易者的交易策略，因此无法很好地解释日内交易的特点。他们在 Kyle（1985）② 模型的基础上，将非知情交易者分为任意决定的（discretionary）流动性交易者和非任意决定的（non - discretionary）流动性交易者，前者自身有一定的交易策略，可以决定什么时候进行交易，而后者则由于流动性需求进行交易，类似噪音交易者。Admati 和 Pfleiderer 假设市场中知情交易者的数量是给定的，并且拥有同质性信息，任意决定的流动性交易者可以选择一次交易时机，并且所有交易者的交易指令都递交给风险中性的零利润做市商。做市商依照历史交易指令和公开信息制定线性定价策略，那么知情交易者的最优交易策略受到流动性交易者需求波动的影响。市场深度随着流动性交易者总需求（含任意决定的流动性交易者和非任意决定的流动性交易者）波动的增加而增加，即非知情交易者交易越多，知情交易者需求对价格的冲击越小；此外，市场深度随着知情交易者的增加而增加，由于他们都能观测到相同的信号，在竞争的状态下知情交易者越多，知情交易者需求对价格的冲击越小。并且任意决定的流动性交易者可以通过选择交易时机影响市场均衡价格，他们的交易策略遵循在出清情况下预期交易成本最小（股票的预

---

① Anat R. Admati, Paul Pfleiderer. A Theory of Intraday Patterns: Volume and Price Variability [J]. The Review of Financial Studies, 1988, 1 (1).

② Kyle Albert P. Continuous auctions and insider trading [J]. Econometrica, 1985 (53): 1315 - 1335.

期价值和其他流动性交易者支付金额的差）。任意决定的流动性交易者将在市场深度最大的时候进行交易，因为此时市场流动性最大，流动性交易成本最小。因此，在均衡状态下，所有任意决定的流动性交易者将选择集中交易，而由此将导致该时刻交易量的激增。如果知情交易者的数量是内生的，那么这将强化非知情交易者集中交易的均衡结果，这类似于许多连续市场中观察到的开市与闭市时场内指令流的现象。由于市场中存在大量的机构投资者，其交易动机并不是基于内幕消息和私有信息，而是出于套期保值的需要。

本书从市场主要参与者的角度回顾了市场微观结构理论的主要模型，包括做市商的定价决策模型和知情交易者及非知情交易者的交易策略模型。这些模型在一定程度上有助于理解特定市场结构中交易的形成过程以及对价格行为的影响，特别是信息在价格中的反映程度，并且为现实市场中的相关现象提供了丰富的理论基础和检验思路。

2. 买卖交易方向的划分

Hasbrouck（1988）① 认为买卖交易方向的作用在于测试信息不对称及做市商的存货控制。Harris（1999）② 认为买入和卖出比率的增加可以帮助解释收盘价超常现象并提出以接近买卖报价的买方或卖方来划分交易方向。

Lee 和 Ready（1991）③ 提出的方法将每一笔交易划分为由买方发起的交易（BUY）或由卖方发起的交易（SELL）。过程如下：如果一笔交易的成交价格大于当前的买卖报价中点值，则该笔交易被视为由买方发起的；如果一笔交易的成交价格小于当前的买卖报价中点值，则该笔交易被视为由卖方发起的。如果成交价格等于买卖报价的中点值，则用“tick test”进行划分，当前成交价格高（低）于前一笔成交价格的交易划分为由买（卖）方发起的。文献中都采用这种方法来划分买卖交易，除非每一笔交易已经标识为买方或者卖方发起的。本章在划分买卖交易时首先将交易记录与买卖报价记录按照时间进行匹配，找出每一笔交易对应的最近的一次报价作为当前报价，再与当前的交易进行匹配。

对大额交易者的交易行为进行分析，最好的途径当然是获得机构投资者等大

① Hasbrouck J. Trades, Quotes, Inventories, and Information [J]. Journal of Financial Economics, 1988 (22): 229-252.

② Harris L. Trading and Exchanges [D]. Mimeo, University of Southern California, 1999.

③ Lee Charles M. C., Ready Mark J. Inferring Trade Direction from Intraday Data [J]. Journal of Finance, 1991, 46 (2): 733-746.

额交易者的交易数据。如果所得到的数据并没有区分大额交易者和散户投资者，就必须对交易数据进行界定，以分离出所需的大额交易者交易数据样本。我们将Ⅰ类错误定义为大额交易者被划入散户投资者的概率，将Ⅱ类错误定义为散户投资者被划入大额交易者的概率。那么提高分界金额将减少Ⅱ类错误的概率而增加Ⅰ类错误的概率。Lee 和 Radhakrishna（2000）[①] 提出设定一个中间区域的方法来降低两类错误的概率。

（二）市场微观结构和盈余信息相关实证研究

Chen qi 等（2007）[②] 以总资产报酬率销售成长率及资产周转率作为衡量企业未来经营状况的指标时发现，价格中的私有信息能帮助经理人做出更好的投资决策。Vega（2006）[③] 使用私有信息交易变量（PIN）和公司的新闻作为私有信息和公开信息的代理变量，并将未预期盈余标准化予以分组，发现公司规模和盈余漂移会呈反向关系，另按公司规模分成 3 组和 PIN 构造投资组合后发现盈余漂移和 PIN 呈反向关系。Kumar 和 Lee（2006）[④] 使用了 185 万个体投资者 1991 ~ 1996 年交易数据发现交易呈现系统性相关，即买卖的一致性。他们发现系统性交易对公司规模较小、低股价的股票收益率呈相同方向变动，尤其是那些套利成本很高的股票。

---

① Lee Charles M. C., Balkrishna Radhakrishna, Inferring Investor Behavior: Evidence from TORQ Data [J]. Journal of Financial Markets, 2000 (3): 83-111.

② Chen qi, Goldstein Itay, Jiang Wei. Price Informativeness and Investment Sensitivity to Stock Price [J]. The Review of Financial Studies, 2007: 619-650.

③ Vega C. Stock price reaction to public and private information [J]. Journal of Financial Economics, 2006 (82): 103-133.

④ Kumar Alok, Charles M. C. Lee. Retail investor sentiment and return comovements [J]. Journal of Finance, 2006 (5): 2451-2486.

第三章

企业竞争力、盈余持续性与不对称性

核心观点：本章以我国沪深两市上市公司为样本，检验企业会计特征和竞争力特征对盈余持续性的影响后发现，上述特征显著影响会计盈余的持续性。此外，经验数据结果揭示了持续性高的盈余向资本市场传递更多正面的信息，提高公司的市场反应；如果资本市场未能反映盈余持续性的信息，投资者据此制定的交易策略就能获得超额收益。

一、企业竞争力和盈余特征的关系

股票价格和会计信息的波动过程及关联性一直是近年来的研究热点。会计盈余是公司内部为反映过去企业的经营成果并经外部审计所报道的数据，会计信息为了满足各类报表使用人的需求，必须兼顾相关性和可靠性，在操作上它是历史成本计价、基于交易的确认要求及公允价值的结合体。近年来，会计的价值相关性，即股票价格的会计信息含量逐渐受到资本市场研究的重视；而股票价格则是市场对企业价值的认定，它反映了会计盈余、成长性、企业竞争力以及投资者的行为等因素影响。对股票投资者而言，交易的是公司现有的价值和未来的收益，投资者需要的信息涉及公司的未来，理论上分析师等信息优势者对于公司的宏观因素、产业状况、营运状况进行信息收集估计公司未来的价值，形成了投资者的预期。其中会计盈余能否预测未来股票收益，是建立在会计盈余信息能够改变投资者预期并影响股票未来收益的假设之上。然而会计盈余未来变化的过程是否有一定的规律可以预期？它的组成成分持续性程度能否向资本市场传递未来预期的信号？如果市场并未反映盈余持续性程度的差异，是否能在资本市场获得超额投资回报？本章试图从企业竞争力和会计方法选择来回答上述问题，希望能对企业基本面融入会计信息分析的研究提供一些经验的数据。

本章将盈余质量的高低定义为会计盈余或其组成部分对预测企业未来盈余的

贡献，而对预测未来盈余的贡献体现在会计盈余或其组成部分时间序列上的持续性。持续性程度越高的会计盈余或其组成部分越能够帮助投资者正确预测企业未来年度的盈余，因而越能降低投资风险，提高投资回报，质量也就越好。如果市场是完全有效的，投资者可以完全无偏地理解会计盈余质量，那么，根据盈余质量来构建投资组合就无法获得超额投资回报。反之，我们则认为市场不是充分有效的，会计盈余质量造成了不好的经济影响。

根据这个研究框架，我们将盈余区分成会计特征（包含应计盈余、现金盈余及盈余正负性特征）和企业竞争力特征因子（即企业基本面融入会计信息）进行评估及分别构造会计特征和企业竞争力特征的交易策略评估市场效率，是一个新的贡献。

二、盈余持续性和公司战略决策、营运状况等企业竞争力特征因子的关系

会计盈余信息具有信息含量的研究始自 Ball 和 Brown（1968）①，他们首次发现股价变化的方向与未预期盈余变动的方向显著正相关，并观察到信息提前反映和反映不足的现象。Beaver、Clake 和 Wright（1979）②，按年度未预期盈余比率大小分成 25 个组合，以度量股价变化的大小，发现盈余变动幅度和股票收益变化幅度在各组间产生不同程度的关联，尤其是最高组和最低组有反映钝化的情形，经检验股票收益与未预期会计盈余有着显著的序列相关性。这些研究表明，股价能反映盈余信息，投资者能够根据未预期盈余对股票价格进行调整，会计盈余信息在股票定价中起了重要的作用，而且对变量加以分组，能获得更精确的结论。国内的相关研究也表明了国内上市公司的盈余具有信息含量，赵宇龙（1998）③ 利用上海股市 1994～1996 年的数据进行实证，首次发现超额收益变化的方向与未预期盈余变动的方向显著正相关，找到了会计盈余信息含量的经验证

① Ball. R.，P. Brown. An Empirical Evaluation of Accounting Income Numbers［J］. Journal of Accounting Research，1968（6）：159－178.

② Beaver. W.，R. Clake，W. Wright. The Association Between Unsystematic Security Return and The Magnitude of The Earnings Forecast Error［J］. Journal of Accounting Research，1979（6）：316－340.

③ 赵宇龙．会计盈余披露的信息含量——来自上海股市的经验证据［J］．经济研究，1998（7）：42－50.

据。陈晓、陈小悦、刘钊（1999）[①] 对1994～1997年A股盈余报告的有效性进行了研究，研究结论证实在中国A股市场上盈余数字同样有很强的信息含量。

公司由于会计准则的选择、所处的经营环境和自身特征的不同也会引起盈余公告的信息含量出现差异。其中盈余持续性程度是影响信息含量差异的主要因素之一，Sloan（1996）[②] 用盈余自回归模型考察盈余持续性，他将盈余分为应计盈余和现金盈余，而盈余持续性取决于应计盈余和现金盈余对盈余的相对比例，并发现会计盈余有“功能锁定”的现象，投资者无法完全区分应计盈余与现金盈余所包含的不同信息，可以通过买入现金盈余高的企业的股票，卖空应计盈余高的企业的股票来获取超额收益。国内的相关研究也发现盈余公告的信息含量出现了差异，赵宇龙、王志台（1999）[③] 的研究表示我国证券市场只是机械地对名义EPS做出价格上的反应，不能辨别EPS中持续性成分的经济含义，市场存在“功能锁定”的现象。徐浩峰、王正位（2006）[④] 对公司的盈余成分持续性及股价反应进行研究，发现现金盈余有较高的持续性，投资者不能完全理解盈余性质差异对企业价值的影响，按应计盈余大小构建的套利组合能获取18%的超额收益。

此外，会计准则的应用受到管理者的判断影响，我国上市公司要求进行外部审计，审计师在出具审计报告时会依重要性标准和公司管理者协商披露的会计信息，并进行适当的调整分录，这个过程影响了应计盈余披露的数字。在上述过程中，会计稳健性是一个重要影响因素，它隐含延缓收益的确认和加速确认损失。Basu（1997）[⑤] 及Ball等（2000）[⑥] 的研究表明，会计稳健性会对企业盈余和损失造成不对称性反应速度，即坏消息具有反应较快的特性。另外，亏损公司通常代表公司陷入经营困境，审计师面对亏损公司承担的审计风险比较高，因此会降低重要性标准，所以它的前后年度盈余决定和变动过程应该和盈利公司有显著的

① 陈晓，陈小悦，刘钊. A股盈余报告的有用性研究［J］. 经济研究，1999（5）：21－28.

② Sloan R. G. Do Stock Prices Fully Reflect Information in Accruals and Cash Flows about Future Earnings?［J］. The Accounting Review，1996（71）：1－24.

③ 赵宇龙，王志台. 我国证券市场“功能锁定”现象的实证研究［J］. 经济研究，1999（9）：42－56.

④ 徐浩峰，王正位. 盈余持续性特征与中国资本市场效率的经济影响分析［J］. 清华大学学报（哲学社会科学版），2006（S1）：13－20.

⑤ Basu. S. The Conservatism Principle and The Asymmetric Timeliness of Earnings［J］. Journal of Accounting and Economics，1997（24）：3－37.

⑥ Ball. R.，Kothari. S.，Robin A. The effect of institutional factors on properties of accounting earnings［J］. Journal of Accounting and Economics，2000（29）：1－51.

不同；再者，权益估值的研究中对这盈余和损失公司价值的评估有不同的评价方法，如 Collins 等（1997）①，因此本书加入营业利润为损失的哑变量及其交叉项，分析盈余正值和负值的不对称性。本书预期：盈余中应计盈余持续性比现金盈余持续性低，且盈利公司和损失的公司持续性程度有显著不同。

三、会计特征因子和企业竞争力特征因子盈余持续性程度和盈余信息含量的关系

企业能否获取更高的收益取决于战略决策和营运状况，一个行业兴起的最初级层面就是整个行业具有高利润，使得所有行业参与者都获利；第二个层次是经过各种竞争如独特创新的地方使特定公司能战胜行业的波动，那么这些公司在行业里起决定作用，成为产业领导者，更能吸引更多的人力和资金优势，创造了进入壁垒，形成了企业竞争力和持续发展能力，这些企业的特质影响了盈余成长以及持续性，从公司规模角度而言，Scherer（1973）② 发现大公司的盈余成长性较低，它们有较大的资源优势去稳定成长，增加了盈余的持续性。Martin（1988）③ 发现大公司能透过提高价格的方式抵消盈余暂时性滑落的影响。从资本密集度而言，Scherer（1973）④和 Lev（1983）⑤ 发现资本密集度较大的公司，固定成本占总成本比重较高，受到会计成本分摊的影响，使盈余幅度波动加大，持续性程度较低。

Stigler（1963）⑥、Mueller（1977）⑦ 认为具有进入门槛优势（barriers to entry）的公司，能拥有稳定的市场占有率，使盈余稳定成长。在经验研究中，Ba-

① Collins D.，Maydew E.，Weiss. Changes in the value – relevance of earnings and book values over the past forty years［J］. Journal of Accounting and Economics，1997（24）：39 – 67.

②④ Scherer R. M. Industrial Market Structural and Economic Performance［D］. Chicago，IL：Rand McNally，1973.

③ Martin S. Market power and – or efficiency［J］. Review of Economics and Statistics，1988（70）：331 – 335.

⑤ Lev B. Some economic determinants of time – series properties of earnings［J］. Journal of Accounting and Economics，1983（5）：31 – 48.

⑥ Stigler G. J. Capital and Rates of Return in Manufacturing Industries［D］. Princeton，NJ.：Princeton University Press，1963.

⑦ Mueller D. C. The persistence of profits above the norm［J］. Economica，1977（44）：380 – 391.

ginski 等（1999）① 用研发和广告费用作为进入门槛的代理变量。由于国内财务报告并未披露研发和广告费用，因此本书从管理文献中寻找替代变量度量国内企业进入门槛优势。Porter（1980）② 认为创造进入门槛的优势主要有 7 个要素，其中需求面规模经济效益（demand side benefits of scale）③ 的效果，反映在财务报表披露的公司主营收入，拥有越大需求面规模经济效益的公司，在它所属的行业中主营收入越高，有较高进入门槛。因此，本书用行业中主营收入最大的 4 家公司，作为产业领导者的代理变量度量进入门槛优势。

此外，Porter（1980④，1985⑤）提到产品差异化是经由公司主要营运活动以及公司产品的需求成长达成的。企业如果实行这类策略，就能长期保持它的竞争优势及对它的产品收取溢价，并且它的竞争对手将难以模仿这类策略。这类策略的成功主要经由收入成长造成的盈余成长。相反地，成本优势的厂商很容易面临竞争对手模仿类似的成本削减策略（如退休金成本和福利成本削减），收入增长的盈余增长未来有无限的成长空间，而成本削减的盈余增长在未来很容易削弱它的主营业务营运能力。Anderson 等（2003）⑥ 认为成本具有黏着性（sticky），当营运水平产生改变时，成本增加的速度总是大于减少的速度。Ghosh 等（2005）⑦ 发现营收和盈余同时成长的盈余有较高的盈余质量（以盈余持续性度量）并且有较高的盈余反应系数。

因此，本书用公司规模、资本密集度、主营收入成长率及进入门槛优势作为企业竞争力影响盈余持续性的指标。本书预期：盈余持续性受到公司战略决策和营运状况等企业竞争力特征因子影响。

---

① Baginski. S.，Lorek. K.，Willinger. G.，Branson. B. The relationship between economic characteristics and alternative annual earnings persistence measures［J］. The Accounting Review，1999（74）：105－120.

②④ Porter M. Competitive Strategy Techniques for Analyzing Industry and Competitors［M］. New York：The Free Press，1980.

③ 也称为网络效应。顾客对特定公司的购买意愿会随着其他购买者对该特定公司的购买数量的上升而上升，而购买数量的影响反应在公司的主营收入中。Porter（2008）举例说明当 IBM 为电脑制造业的领导者时，流传一句格言，没有员工因为采购 IBM 的产品而受到解雇。ebay 的客户认为选择 ebay 会有更多的潜在交易者。

⑤ Porter M. Competitive Advantage：Creating and Sustaining Superior Performance［M］. New York：The Free Press，1985.

⑥ Anderson M.，R. Banker，S. Janakiraman. Are Selling，General，and Administrative Costs "Sticky"?［J］. Journal of Accounting Research，2003（41）：47－63.

⑦ Ghosh A，Gu，zhaoyang，Jain P. C. Sustained earnings and revenue growth，earnings quality，and earning response coefficients［J］. Review of Accounting Studies，2005（10）：33－57.

自 Ball 和 Brown（1968）[①] 首次发现股价变化的方向与盈余变动的方向显著正相关以来，盈余一直被视为能解释价值相关性的信息，作为会计盈余的一个重要特征，盈余持续性被用作评估盈余质量的指标之一（Dechow and Dichev，2002）[②]。研究表明，盈余持续性越高，盈余反应系数就越大。由于会计特征因子和企业竞争力特征因子的盈余组成部分具有不同的持续性，持续性较高的组成部分具有较高的价值相关性（Lipe，1986[③]；Kormendi and Lipe，1987[④]；Penman，1991[⑤]；Warfield et al.，1995[⑥]），我们预期持续性较高的组成部分能向投资者和资本市场传递一种信号，保证未来营运状况的持续性，市场给予这类公司会计盈余更高的评价，增加这类公司超额收益，提高了会计盈余的信息含量，因此本书预期：会计特征因子和企业竞争力特征因子盈余持续性程度和盈余信息含量呈正相关关系。

会计特征和企业竞争力变量组成因子具有不同持续性和反转的特性，如果市场是有效的，股价能够反映盈余成分不同持续性的特性对公司价值的影响，我们不会发现盈余质量差异能预测股市超额收益。投资者如果只是功能锁定性地于盈余的总数，他们可能不能发现盈余中现金盈余和应计盈余质量不同的特性，也可能不能发现盈余中企业战略决策、营运状况及进入壁垒等企业不同的竞争力和盈余持续性，那他们容易对盈余质量较低的公司给予过高的价格，因此本书预期，如果资本市场未能反映盈余持续性程度的信息含量，据此构造交易策略能获得超额收益。

① Ball. R.，P. Brown. An Empirical Evaluation of Accounting Income Numbers［J］. Journal of Accounting Research，1968（6）：159－178.

② Dechow P.，M. I. D. Dichev. The Quality of Accruals and Earnings：The Role of Accruals Estimation Errors［J］. The Accounting Review Supplement 2002（77）：35－59.

③ Lipe R. The Information Contained in the Components of Earnings［J］. Journal of Accounting Research，1986（24）：37－69.

④ Kormendi R.，R. Lipe. Earnings Innovations，Earnings Persistence and Stock Returns［J］. Journal of Business，1987（60）：323－345.

⑤ Penman S. H. An Valuation of Accounting Rate of Return［J］. Journal of Accounting，Auditing and Finance，1991，233－255.

⑥ Warfield T.，J. Wild，K. Wild. Managerial Ownership，Accounting Choices，and Informativeness of Earnings［J］. Journal of Accounting Economics，1995（20）：61－91.

四、在中国场景中的应用

（一）样本选择

本章从深圳巨灵及 WIND 数据库中选取沪深两市具有完备的 1998 ~ 2004 年度财务数据与股票数据和 1998 ~ 2005 年度交易数据的全部 A 股上市公司为样本。为避免财务困难及管制性的公司影响分析的结果，本书剔除了金融业及 ST、PT 的公司，同时也删除了行业分类中有缺省值的公司。这样，最后确定的研究样本有 5120 个年度观测值。

（二）变量定义

为了研究公司利润中的主要项目和经常性项目的营运成果，本书以营业利润度量会计盈余，并将盈余区分成应计盈余和现金盈余。当公司的营业利润为负数时，哑变量 NEG_ NI 的取值为 1，其他情况取 0，再将其和应计盈余、现金盈余进行交叉分析，作为盈余持续性的会计特征因子。

应计盈余的计算方法一般有两种：现金流量表法和资产负债表法，Hribar 和 Collins（2002）[①] 发现采用资产负债表法计算的应计盈余存在难以准确分离的问题，不如直接用现金流量表的现金流量来计算，故本书沿用国内的研究（王庆文，2005）[②]，将会计盈余、现金盈余和应计盈余定义为：会计盈余（Earning）为营业利润；现金盈余（Cashflow）为营业活动现金流量；应计盈余（Accrual）为会计盈余减去现金盈余。

为了避免异方差的干扰（Collins and Dent，1984）[③]，本书将盈余、应计盈余和现金盈余同时除以一个标准化因子，在此我们用的是当期平均总资产（期初和期末总资产的平均数）。

---

① Hribar P.，D. Collins. Errors in Estimating Accruals：Implications for Empirical Research［J］. Journal of Accounting Research，2002（40）：105 – 134.

② 王庆文. 会计盈余质量对未来会计盈余及股票收益的影响——基于中国股票市场的实证研究［J］. 金融研究，2005（10）：141 – 152.

③ Collins. D. W.，W. T. Dent. A Comparison of Alternative Testing Methodologies Used in Capital Market Research［J］. Journal of Accounting Research，1984（22）：48 – 84.

我们用平均总资产代表公司规模的影响、以折旧加摊销费用的和除以主营收入代表资本密集度的影响，并以主营收入成长率及产业领导者作为衡量企业竞争力特征因子。产业的划分是按 WIND 数据库三级行业分类标准，依此选出行业中主营业务收入最大的 4 家公司作为产业领导者的哑变量，当公司属于行业中主营业务收入最大的4 家公司时，哑变量 IND_ LEAD 的取值为 1，其他情况取 0。

超额收益的计算采用市场调整超额收益率，本书以每年 5 月第一个交易日为事件日，以确保投资者已经接到年报的信息。另依照 1998 ~2004 年度财务数据，将营业利润和亏损公司按应计项目各分为 5 个等分组（每年都重新分组），构造 10 个投资组合，并依照简单平均法计算每组的财务及交易数据。

五、中国企业竞争力和会计特征因子的经验数据分析

（一）描述性统计

首先将盈余和区分盈余作为正值和负值的观测样本，再依应计盈余的高低分成 5 组（每年都重新分组），分析每组当年与前后 2 年的盈余变化走势，并以此数据构造出图 3 -1、图 3 -2、图 3 -3 和表 3 -1。从图 3 -1 可以看出，盈余有均值反转的特性，且应计盈余最大组和最小组的反转特性特别明显。为了进一步分析盈余正值和负值公司样本不同的影响，我们可以从图 3 -2、图 3 -3 中看出盈余为正值的应计盈余最大组，盈余平稳在较高的水平。盈余为负值的应计盈余最大组和最小组有强烈的均值反转现象。可以推测盈余持续性在盈利和亏损公司变化过程的不对称性。接着依此数据，按当期盈余对上期盈余的回归系数分组构造出盈余持续性关系（见图 3 -4），可以看出应计盈余在盈利和亏损公司样本完全不同的反应，在盈余为正值时，应计盈余最大组有较好的持续性；相反地，在亏损公司，应计盈余最小组有较好的持续性，形成了明显的不对称性。

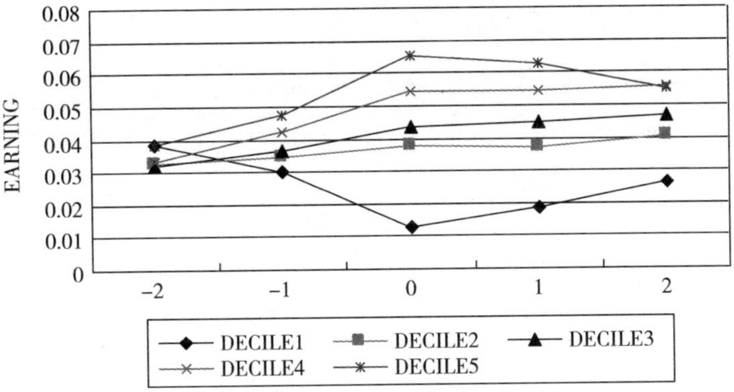

图 3–1　盈余的趋势特征

注：盈余均值（EARNING）为盈余除以期初总资产和期末总资产的平均数；依序为应计盈余最大（DECILE5）组、应计盈余最小（DECILE1）组为研究年度每年依应计盈余大小分成 5 组（每年都重新分组）。

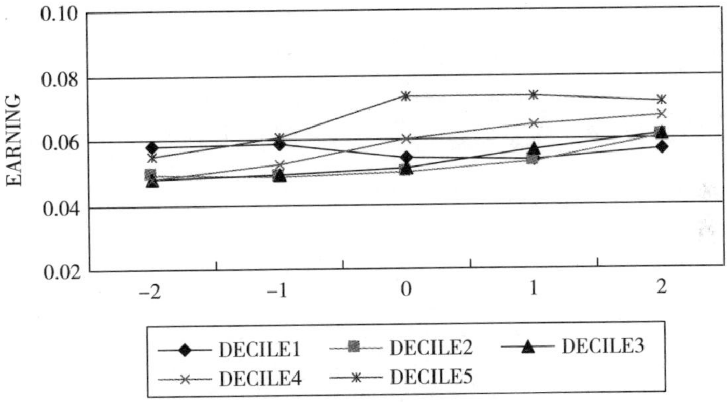

图 3–2　盈余为正数的趋势特征

注：盈余均值（EARNING）为盈余除以期初总资产和期末总资产的平均数；依序为应计盈余最大（DECILE5）组、应计盈余最小（DECILE1）组为研究年度每年依应计盈余大小分成 5 组（每年都重新分组）。[①]

① 为了节约篇幅，本书没有罗列每组的盈余、应计盈余及现金盈余当年及前后 2 年变化数值，仅汇报了盈余变化的结果。

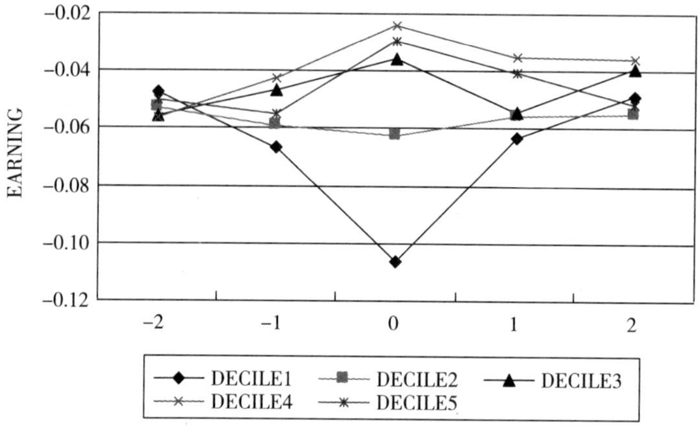

图 3-3　盈余为负数的趋势特征

注：盈余均值（EARNING）为盈余除以期初总资产和期末总资产的平均数；依序为应计盈余最大（DECILE5）组、应计盈余最小（DECILE1）组为研究年度每年依应计盈余大小分成 5 组（每年都重新分组）。①

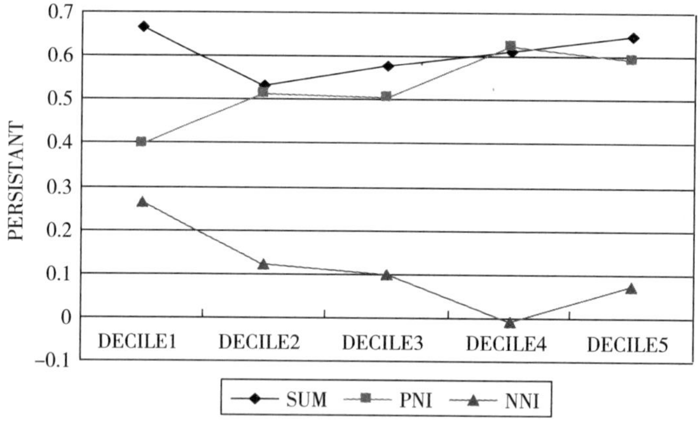

图 3-4　组别盈余持续性

注：持续性（PERSISTANT）为组别当期盈余对上期盈余的回归系数；依序为应计盈余最大（DECILE5）组、应计盈余最小（DECILE1）组为研究年度每年依应计盈余大小分成 5 组（每年都重新分组）。PNI 为盈余为正数组、NNI 为盈余为负数组、SUM 为全体样本。②

① 为了节约篇幅，本书没有罗列每组的盈余、应计盈余及现金盈余当年及前后 2 年变化数值，仅汇报了盈余变化的结果。

② 为了节约篇幅，本书没有罗列每组的数值，仅汇报了持续性的结果。

表3-1　依应计盈余的高低分成5组，每组的盈余、应计盈余及现金盈余当年及前后2年变化的描述统计分析

DECILE	EARNING (T-2)	EARNING (T-1)	EARNING	EARNING (T+1)	EARNING (T+2)	ACCRUAL (T-2)	ACCRUAL (T-1)	ACCRUAL	ACCRUAL (T+1)	ACCRUAL (T+2)
1	0.0385	0.0299	0.0129	0.0182	0.0264	-0.0341	-0.0349	-0.1140	-0.0276	-0.0151
2	0.0327	0.0347	0.0376	0.0374	0.0400	-0.0307	-0.0282	-0.0419	-0.0153	-0.0152
3	0.0323	0.0368	0.0438	0.0446	0.0468	-0.0218	-0.0184	-0.0104	-0.0115	-0.0067
4	0.0333	0.0422	0.0543	0.0547	0.0556	-0.0154	-0.0071	0.0251	0.0067	0.0040
5	0.0387	0.0476	0.0652	0.0628	0.0547	-0.0057	0.0061	0.1040	0.0195	0.0166

DECILE	CFO (T-2)	CFO (T-1)	CFO	CFO (T+1)	CFO (T+2)
1	0.0726	0.0648	0.1269	0.0459	0.0416
2	0.0634	0.0629	0.0795	0.0527	0.0552
3	0.0541	0.0551	0.0542	0.0561	0.0535
4	0.0487	0.0493	0.0293	0.0480	0.0516
5	0.0444	0.0416	-0.0388	0.0433	0.0382

注：DECILE表示组别，CFO表示现金盈余，ACCRUAL表示应计盈余；DECILE1表示组别为应计盈余最低组，DECILE5表示组别为应计盈余最高组。

（二）实证结果分析

会计盈余的持续性是衡量盈余质量的重要指标之一，持续性越高的盈余，投资者据之预测企业未来年度盈余的准确性越高，因此，本书首先研究会计盈余组成因子和企业竞争力特征因子对盈余持续性的影响。

其次，尽管有证据表明会计盈余具有信息含量，然而，在资本市场上，应计盈余、现金盈余、亏损的公司以及企业竞争力因子中盈余的持续性程度能否向投资者和资本市场传递信号，反映公司未来的经营的预期，尚未发现类似的研究。为了寻找这方面的证据，本章透过比较会计特征及企业竞争力特征不同的公司样本在资本市场传递盈余持续性信号能力的差异以获取研究结果。

最后，在研究盈余质量的经济后果，如果股价没有反映会计特征因子和企业竞争力因子盈余持续性的程度，代表市场并未反映盈余质量的差异。我们可以按照盈余的质量把上市公司分组做投资组合分析。一个对冲的交易策略包含购买盈

余质量高的公司股票，卖空盈余质量低的公司股票，两者未来一定期间内超额回报的差额即为对冲投资策略的超额投资回报。如果我们发现对冲投资策略的超额回报显著不等于零，我们可以推断投资者在评估盈余质量时有偏差，造成错误的股票价值判断，即市场可能非有效。

1. 检验“盈余中应计盈余持续性比现金盈余持续性低，且盈利公司和损失的公司持续性程度有显著不同”

我们使用混合样本最小二乘法，用当期盈余对下一年盈余进行回归

$$Earning_{t+1} = Intercept + Earning_t + v_{t+1} \qquad (3-1)$$

模型（3-1）的回归结果见表3-2Model 3-1，从中可以发现当期盈余对下一年盈余的回归系数为0.513，由于回归系数小于1，意味着盈余有均值回归的现象。

为了进一步考察盈余的组成部分的持续性，我们将盈余分解成应计盈余和现金盈余，做如下回归：

$$Earning_{t+1} = Intercept + Accrual_t + CashFlow_t + v_{t+1} \qquad (3-2)$$

按照预期，我们预测应计盈余回归系数小于现金盈余回归系数。模型（3-2）的回归结果见表3-2Model 3-2，其结果显示应计盈余回归系数为0.487，T值为15.87，现金盈余回归系数为0.572，T值为16.86。显示现金盈余较应计盈余具有持续性，且模型的解释力小幅提高到0.3444，显示分解成现金盈余和应计盈余能提高预测能力。

为了研究企业在亏损时相对于盈利时反应的不对称性，本书对公司样本中盈余为负值的哑变量NEG_ NI与应计盈余和现金盈余进行交叉分析，做如下回归：

$$Earning_{t+1} = Intercept + Accrual_t + CashFlow_t + NEG\_NI_t + Accrual_t \times NEG\_NI_t + CashFlow_t \times NEG\_NI_t + v_{t+1} \qquad (3-3)$$

模型（3-3）的回归结果见表3-2 Model 3-3，其结果应计盈余系数为0.802，T值为15.53，现金盈余系数为0.851，T值为16.36。显示现金盈余比应计盈余具有持续性，哑变量NEG_ NI和应计盈余及现金盈余交叉项的系数分别显著为-0.699和-0.541，显示盈余为负值的样本显著降低了应计盈余和现金盈余的持续性程度，对图3-3中盈余为负值的样本所表现的盈余均值强烈反转特征提供了经验数据支持，也说明了盈余为正值和负值的公司样本持续性程度有显著不同及不对称性。

2. 盈余持续性受到公司战略决策和营运状况等企业竞争力特征因子影响的检验

为了分析战略决策和营运状况等企业竞争力特征因子对盈余持续性的影响，本书在模型（3－1）的基础上，加入了平均总资产作为公司规模的控制变量、以行业中主营收入最大的4家公司作为产业领导者的代理变量及主营收入成长率，作为企业竞争力特征因子，进行模型（3－4）回归①：

$$Earning_{t+1} = Intercept + Earning_t + SIZE_t + SALES\_GR_t + IND\_LEAD_t + SALES\_GR_t \times Earning_t + IND\_LEAD_t \times Earning_t + v_{t+1} \quad (3-4)$$

模型（3－4）的回归结果见表3－2Model 3－4，其结果显示主营收入成长率与盈余的交叉项系数和产业领导者与盈余的交叉项系数显著为正，代表这两个企业竞争力特征因子能增加盈余持续性程度，支持假设H1B。

表3－2　盈余对会计特征因子及企业竞争力特征因子的普通最小二乘回归

Model	3－1	3－2	3－3	3－4
	$Earning_{t+1}$	$Earning_{t+1}$	$Earning_{t+1}$	$Earning_{t+1}$
Intercept	0.017 (7.01)***	0.014 (5.32)***	－0.003 (－0.81)	0.020 (0.37)
$Earning_t$	0.513 (17.01)***			0.429 (12.21)***
$Accrual_t$		0.487 (15.87)***	0.802 (15.53)***	
$Cashflow_t$		0.572 (16.86)***	0.851 (16.36)***	
NEG_NI_t			－0.007 (－0.99)	
$Accrual \times NEG\_NI_t$			－0.699 (－8.58)***	

① 为了节约篇幅，我们没有罗列盈余对个别企业竞争力特征因子的回归结果，我们的回归结果显示公司规模、产业领导者及主营收入成长率3个因子与盈余交叉项的系数，如同预期一致呈显著正相关，代表这3个企业竞争力特征因子分别能增加盈余的持续性；而资本密集度与盈余交叉项的系数并不显著。此外，由于资本密集度、资本密集度与盈余的交叉项、公司规模与盈余的交叉项造成回归方程的共线性，所以不列入回归方程中，而仅以公司规模当控制变量。

续表

Model	3－1	3－2	3－3	3－4
	$Earning_{t+1}$	$Earning_{t+1}$	$Earning_{t+1}$	$Earning_{t+1}$
$Cashflow \times NEG\_NI_t$			－0.541 （－4.92）***	
$SIZE_t$				－0.0002 （－0.07）
$SALES\_GR_t$				－0.001 （－1.15）
IND_LEAD_t				－0.005 （－0.84）
$SALES\_GR \times Earning_t$				0.013 （1.96）**
$IND\_LEAD \times Earning_t$				0.285 （4.02）***
Adjusted－R^2	0.3305	0.3444	0.4190	0.3536

注：①Accrual 表示应计盈余，Earning 表示会计盈余，Cashflow 表示现金盈余。当公司的会计盈余为负值时，哑变量 NEG_ NI 的取值为 1，其他情况取 0，SIZE 表示公司规模，SALES_ GR 表示主营收入成长率，IND_ LEAD 表示产业领导者的哑变量，当公司属于行业中主营业务收入最大的 4 家公司时，哑变量 IND_ LEAD 的取值为 1，其他情况取 0。SALES_ GR × Earning 表示主营收入成长率和盈余的交叉项，IND_ LEAD × Earning 表示产业领导者的哑变量和盈余的交叉项。

②括号内数值为 t 值；*** 表示在 0.01 水平上显著，** 表示在 0.05 水平上显著。

3. 检验会计特征因子和企业竞争力特征因子盈余持续性程度和盈余信息含量呈正相关关系

我们接着探讨会计盈余或其组成部分信息含量的市场反应，是否盈余持续性较高的组成部分能向资本市场传递更多的正面信息，市场是否给予这类公司会计盈余更高的评价。为了比较公司盈余组成成分不同的信息含量，我们依据前述的盈余持续性分析结果，进行下列模型回归：

$$Car_{t+1} = Intercept + Accrual_t + CashFlow_t + NEG\_NI_t + Accrual_t \times NEG\_NI_t + Accrual_t \times NEG\_NI_t + v_{t+1} \quad (3-5)$$

$$Car_{t+1} = Intercept + Earning_t + SIZE_t + SALES\_GR_t + IND\_LEAD_t + SALES\_GR_t \times Earning_t + IND\_LEAD_t \times Earning_t + v_{t+1} \quad (3-6)$$

通过测试式（3-5）和式（3-6）中会计特征及企业竞争力特征因子与盈余交叉项的系数，我们可以判断会计特征和企业竞争力特征因子中，持续性盈余较高能否向资本市场传递更多的正面信息。实证结果见表3-3中Model 3-5和Model 3-6，结果显示，会计特征因子中应计盈余和盈余为负值哑变量的交叉项系数显著为负，显示盈余为负值的公司样本降低了应计盈余的持续性程度，向资本市场传递了负面信息；主营收入成长率和盈余交叉项的系数显著为正，代表主营收入成长率提高盈余的持续性程度，向资本市场传递了正面信息，提高了盈余的信息含量。然而，产业领导者因子和盈余交叉项的系数并不显著，显示市场可能并未发现产业领导者因子能提高盈余的持续性，透过构造投资组合可能可以获取超额收益。

表3-3 超额收益对会计特征因子和企业竞争力特征因子的普通最小二乘回归

Model	3-5 CAR_{t+1}	3-6 CAR_{t+1}
Intercept	-0.03 (-1.47)	0.079 (0.29)
$Earning_t$		-0.263 (-1.23)
$Accrual_t$	0.489 (1.69)*	
$Cashflow_t$	0.502 (1.72)*	
NEG_NI_t	0.042 (1.00)	
$Accrual \times NEG\_NI_t$	-0.996 (-1.98)**	
$Cashflow \times NEG\_NI_t$	-0.879 (-1.38)	
$SIZE_t$		-0.004 (-0.32)

续表

Model	3-5 CAR_{t+1}	3-6 CAR_{t+1}
SALES_ GR_t		-0.007 (-1.46)
IND_ $LEAD_t$		0.05 (2.04)**
SALES_ GR × $Earning_t$		0.075 (2.00)**
IND_ LEAD × $Earning_t$		0.156 (0.42)
Adjusted - R^2	0.0032	0.0108

注：①Accrual 表示应计盈余，Earning 表示会计盈余，Cashflow 表示现金盈余。当公司的会计盈余为负值时，哑变量 NEG_ NI 的取值为 1，其他情况取 0，SIZE 表示公司规模，SALES_ GR 表示主营收入成长率，IND_ LEAD 表示产业领导者的哑变量，当公司属于行业中主营业务收入最大的 4 家公司时，哑变量 IND_ LEAD 的取值为 1，其他情况取 0。SALES_ GR × Earning 表示主营收入成长率和盈余的交叉项，IND_ LEAD × Earning 表示产业领导者的哑变量和盈余的交叉项。

②括号内数值为 t 值；** 表示在 0.05 水平上显著，* 表示在 0.1 水平上显著。

4. 构造交易组合

盈余区分为正数和负数后对应计盈余各组的反应造成截然不同的盈余持续性效果，图 3-4 为按组别当期盈余对上期盈余的回归系数构造出盈余持续性关系，可以看出应计盈余在正负值时完全不同的反应，在盈余为在正值时，应计盈余最大组有较好的持续性；相反地，在盈余为在负值时，应计盈余最小组有较好的持续性，形成了正负反应的不对称性。我们认为可以依应计盈余的高低分成 5 组。然后，买入盈余为正数且应计盈余最大组的股票，卖空盈余为负数且应计盈余最大组的股票（即买入盈余持续性最高组，卖出盈余持续性最低组），观察未来 24 个月内投资策略的超额回报，结果（见图 3-5 和表 3-4）。

图 3-5 和表 3-4 的结果表明，在公布年报后 T+1 年 5 月第一个交易日买入盈余为正数且应计盈余最大的组，卖出盈余为负数且应计盈余最大的组所组成的套利组合，可以在未来 2 年内获得 20% 的超额投资回报，并发现在期间 21、22、24 通过了显著性检验。

由表 3-2 和表 3-3 的回归结果表明，企业竞争力特征因子中产业领导者类型的公司对盈余持续性影响可能并未传递到资本市场中，透过构造投资组合可能可以获取超额收益。所以我们就产业领导者和产业追随者构造一个交易策略，买入产业领导者的股票，卖空产业追随者的股票，观察未来24个月内投资策略的超额回报，结果见图3－6和表3－4。

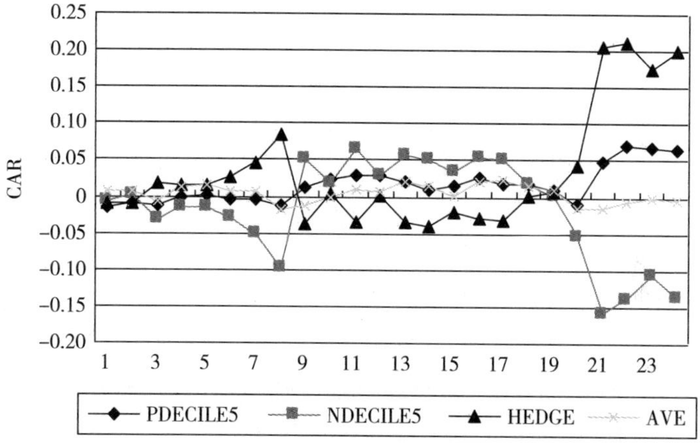

图3－5　会计特征交易策略2年累计超额收益的反应

注：PDECILE5表示组别为盈余为正值中应计盈余最大组，NDECILE5表示组别为盈余为负值应计盈余最大组，AVE为全样本，HEDGE表示在公布年报后t+1年5月第一个交易日买入PDECILE5组，卖出NDECILE5组所组成的套利组合。

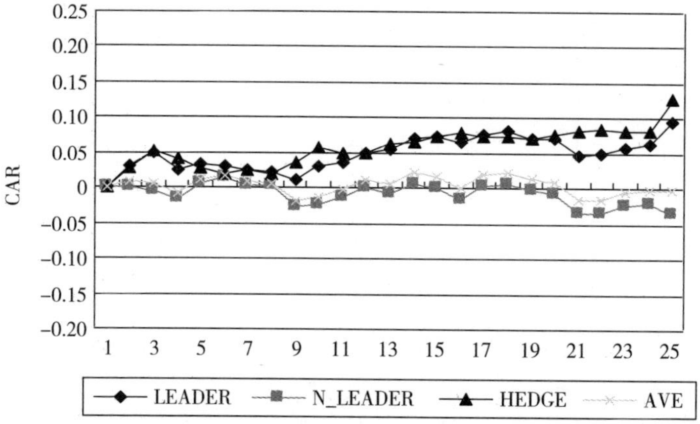

图3－6　产业领导者交易策略2年累计超额收益的反应

注：LEADER表示组别为按WIND数据库三级行业分类标准，依此选出行业主营业务收入最大的4家公司作为产业领导者的虚拟变量组；N_ LEADER表示组别为产业追随者，AVE为全样本，HEDGE表示在公布年报后t+1年5月第一个交易日买入LEADER组，卖出N_ LEADER组所组成的套利组合。

表3-4　会计特征交易策略（STRATEGY1）及产业领导者（STRATEGY2）交易策略的累计超额收益变化

	STRATEGY1					STRATEGY2				
PERIOD	PDECILE5	NDECILE5	HEDGE1	AVE	X^2	LEADER	N_ LEADER	HEDGE2	AVE	X^2
1	-0.016	-0.007	-0.008	0.007	0.077	0.030	0.001	0.029	0.007	9.942***
2	-0.009	0.001	-0.010	0.007	0.474	0.048	-0.004	0.052	0.007	4.919**
3	-0.013	-0.030	0.017	-0.007	0.038	0.026	-0.015	0.041	-0.007	1.756
4	-0.001	-0.016	0.015	0.012	0.004	0.033	0.006	0.027	0.012	1.243
5	0.000	-0.014	0.014	0.017	0.000	0.031	0.013	0.018	0.017	1.534
6	-0.003	-0.030	0.027	0.007	0.171	0.026	0.002	0.024	0.007	1.835
7	-0.005	-0.050	0.045	0.007	0.951	0.023	0.003	0.021	0.007	1.742
8	-0.013	-0.098	0.085	-0.018	2.106	0.010	-0.026	0.036	-0.018	1.791
9	0.014	0.052	-0.038	-0.013	0.368	0.032	-0.025	0.056	-0.013	3.970**
10	0.023	0.019	0.004	-0.002	0.001	0.036	-0.013	0.048	-0.002	2.925*
11	0.030	0.064	-0.034	0.010	0.332	0.049	0.000	0.050	0.010	3.137*
12	0.029	0.028	0.001	0.006	0.031	0.055	-0.007	0.062	0.006	2.665
13	0.021	0.056	-0.035	0.022	1.385	0.072	0.007	0.065	0.022	2.571
14	0.010	0.050	-0.040	0.016	1.235	0.074	-0.001	0.074	0.016	2.661
15	0.014	0.034	-0.020	0.002	0.504	0.065	-0.016	0.080	0.002	2.400
16	0.025	0.055	-0.030	0.020	0.689	0.078	0.004	0.073	0.020	2.523
17	0.019	0.051	-0.032	0.023	0.957	0.082	0.007	0.075	0.023	2.832*
18	0.018	0.017	0.001	0.015	0.228	0.071	-0.001	0.072	0.015	2.749*
19	0.009	0.000	0.008	0.010	0.151	0.071	-0.007	0.078	0.010	3.261*
20	-0.011	-0.054	0.043	-0.016	0.001	0.048	-0.034	0.082	-0.016	3.032*
21	0.049	-0.157	0.206	-0.015	3.650*	0.050	-0.034	0.084	-0.015	3.442*
22	0.070	-0.140	0.210	-0.006	3.848**	0.057	-0.024	0.081	-0.006	3.564*
23	0.068	-0.107	0.175	-0.002	2.419	0.062	-0.020	0.081	-0.002	3.740*
24	0.064	-0.136	0.200	-0.003	2.780*	0.095	-0.034	0.129	-0.003	7.415***

注：PDECILE5表示组别为盈余为正值中应计盈余最大组，NDECILE5表示组别为盈余为负值应计盈余最大组，LEADER表示组别为按WIND数据库三级行业分类标准，依此选出行业销售额最大的四家公司作为产业领导者的虚拟变量组；N_ LEADER表示组别为产业追随者，AVE为全样本，HEDGE1表示在公布年报后t+1年5月第一个交易日买入PDECILE5组，卖出NDECILE5组所组成的套利组合；AVE为全样本，HEDGE2表示在公布年报后t+1年5月第一个交易日买入LEADER组，卖出N_ LEADER组所组成的套利组合；*表示进行Kruskal-Wallis检验的结果，***表示在0.01水平上显著，**表示在0.05水平上显著，*表示在0.1水平上显著。

图 3－6 和表 3－4 的结果表明，在公布年报后 t+1 年 5 月第一个交易日买入产业领导者和产业追随者构建投资组合可以在未来 2 年内获得 12.9% 超额投资回报，并发现在多数期间通过了显著性检验。

六、结论

本章首先对中国上市公司盈余的持续性进行研究，发现盈余中应计盈余持续性低于现金盈余持续性，并且透过图形及回归式分析盈余反转的不对称性；我们进一步分析公司规模、资本密集度、产业领导者、主营收入成长率等反应战略决策和营运状况的企业竞争力特征因子对盈余持续性的影响，发现企业竞争力特征因子能增加盈余持续性程度。

其次，探讨了会计盈余信息含量的市场反应，是否盈余持续性较高的成分能向资本市场传递了更多的正面信息，市场是否给予这类公司会计盈余更高的评价。研究发现，盈余为负值的公司降低应计盈余的持续性程度，向资本市场传递了负面信息；主营收入成长率能提高盈余的信息含量。然而，市场可能并未发现产业领导者能提高盈余的持续性。

最后，根据前述研究的结果，以每年 5 月第一个交易日为事件日，对会计特征和企业竞争力构成的交易策略累计超额回报进行了研究，结果发现会计特征和企业竞争力构造的交易策略分别能获取 20% 和 12.9% 的超额收益。

第四章

盈余持续性特征与中国资本市场效率的经济影响分析

核心观点：本章对公司的盈余成分持续性及股价反应进行研究，发现相对于应计盈余，现金盈余有较高的盈余持续性及累计超额报酬解释力。进一步分析应计盈余最高组和最低组在事件日前后累计超额报酬的表现时，发现了两组呈现交叉反转的现象。最后发现我国投资者不能完全理解盈余性质差异对企业价值的影响，按应计盈余大小构建的套利组合能获取18%的超额收益。

一、盈余持续性特征

自 Ball 和 Brown（1968）[①] 研究未预期盈余和超额报酬的关系以来，开启了会计信息和资本市场的关联性的研究热潮。我国在该领域的研究虽然已取得一定的成效，但当前的研究或未对盈余组成部分在财务报告披露前的累计超额报酬进行分析，不能完整反映盈余信息披露前后的资本市场调整过程，或未将盈余持续性特征和股价的关系进行分析，也未发现对市场效率性进行检验，本章希望在这些方面提供一些经验证据。

本章将盈余质量的高低定义为会计盈余及其组成部分对预测企业未来盈余的贡献，而对预测未来盈余的贡献体现在会计盈余或其组成部分的持续性。持续性越高的会计盈余或其组成部分越能够帮助投资者正确预测企业未来年度的盈余，因而越能降低投资风险，提高投资回报，质量也就越好。如果市场是完全有效的，投资者可以完全无偏地理解会计盈余质量问题，那么，根据盈余质量来构建投资组合就无法获得超额投资回报。反之，本章则认为市场不是充分有效的，会计盈余质量造成了不好的经济影响。

① Ball. R. , P. Brown. An Empirical Evaluation of Accounting Income Numbers [J] . Journal of Accounting Research, 1968 (6): 159 - 178.

根据这个研究框架，本章对财务报告披露前后的累计超额报酬进行分析，以反映盈余信息披露前后的资本市场调整过程，并将盈余持续性特征和股价的关系进行分析及对市场效率性进行检验。本章发现，在每年事件日前 12 个月，应计盈余较高的公司股价表现优于应计盈余较低的公司，反映了应计盈余较高的公司盈余较高以致市场发生信息提前反映效应及功能锁定的情形，同时发现存在盈余应计盈余持续性低于现金盈余持续性的现象，本章接着分析了盈余及上述两种成分在事件日后 24 个月在 A 股市场累计超额报酬的表现，进而通过回归分析方法检验市场效率。本章发现盈余及上述两种成分能解释 A 股市场累计超额报酬现象，如果买进应计盈余低的公司同时卖出应计盈余高的公司在观测期间最高能获得 18% 的报酬。

二、盈余持续性特征现有的发现

（一）国外文献回顾

研究会计盈余能否很好地预测未来股票收益，是建立在会计盈余信息能够改变投资者预期并影响股票未来收益的假设之上。Ball 和 Brown（1968）① 利用美国股市 1957～1965 年的数据进行实证研究，以财务报表披露日前 12 个月及后 6 个月为观测期，首次发现股价变化的方向与未预期盈余变动的方向显著正相关，未预期盈余为正的公司股票价格会上升，未预期盈余为负的公司股票价格会下降，并观察到在财务报表披露日前有信息提前反映和财务报表披露日后盈余反映不足的漂移现象。Beaver、Clake 和 Wright（1979）② 扩展了 Ball 和 Brown 的研究，以美国股市 1965～1974 年 276 家公司的数据，按年度未预期会计盈余比率大小分成 25 个组合来度量股价变化的大小，发现盈余变动幅度和股票收益变化幅度在各组间产生不同程度的关联，尤其是最高组和最低组有反映钝化的情形，经检验股票收益与未预期会计盈余有着显著的序列相关性。这些研究表明，股价

① Ball. R.，P. Brown. An Empirical Evaluation of Accounting Income Numbers［J］. Journal of Accounting Research，1968（6）：159－178.

② Beaver. W.，R. Clake，W. Wright. The Association Between Unsystematic Security Return and The Magnitude of the Earnings Forecast Error［J］. Journal of Accounting Research，1979（6）：316－340.

能反映公司的盈余信息，投资者能够根据对公司未预期盈余对股票价格进行调整，公司披露的会计盈余信息在股票定价中起了重要的作用，而且对变量加以分组，能获得更精确的实证结论。

由于现行的公司账面盈利是以权责基础来计算的（它等于现金流量和应计利润之和），又由于应计利润存在会计选择的灵活性，因而有学者对盈余质量提出质疑，并探讨盈余和现金流量何者与股价具有更高的关联性。Dechow（1994）① 研究发现，在较短的绩效衡量期间、较长的营运周期及较大变异性的投资理财周期下，会计盈余中的应计项目比现金流量更能有助于投资者评估公司股票的报酬率。

从上述文献中可知，现金流量是否比会计盈余有更高的信息含量，研究结果并不一致。于是有研究者把会计盈余与现金流量综合起来加以研究，研究重点主要集中在会计盈余中应计项目和现金流量的比例是否会影响会计盈余质量，进而影响股票未来的收益。Ou 和 Penman（1989）② 以 1973～1983 年为研究期间，发现股价并未系统地反映会计盈余中应计项目与现金流量所包含的不同信息，它们所包含的有关股票收益的信息并无显著差别。Sloan（1996）③ 研究用盈余自回归模型考察盈余持续性，他将盈余分为应计盈余和现金流量盈余，而盈余持续性取决于应计盈余和现金流量盈余的相对比例，其研究发现当期会计盈余有“功能锁定”的现象，投资者无法完全区分会计盈余中应计项目与现金流量所包含的不同信息，可以通过买入低盈余高现金流量的股票卖出高盈余低现金流量的股票来获取超额收益。

（二）国内文献回顾

由于我国上市公司在 1998 年以后公布年报中才有现金流量表，因此目前关于会计盈余和现金流量信息含量的比较研究尚少，赵宇龙（1998）④ 利用上海股

---

① Dechow. Accounting Earnings and Cash Flows as Measures of Firm Performance: The Role of Accounting Accruals [J]. Journal of Accounting and Economics, 1994 (18): 3-42.

② Ou J., S. Penman. Financial Statement Analysis and The Prediction of Stock Returns [J]. Journal of Accounting and Economics, 1989 (11): 295-330.

③ Sloan R. G. Do Stock Prices Fully Reflect Information in Accruals and Cash Flows about Future Earnings? [J]. The Accounting Review, 1996 (71): 1-24.

④ 赵宇龙. 会计盈余披露的信息含量——来自上海股市的经验证据 [J]. 经济研究, 1998 (7): 42-50.

市 1994 ~ 1996 年的数据进行实证研究，以财务报表披露日前后各 8 个交易周为观测期，首次发现非正常报酬率变化的方向与未预期盈余变动的方向显著正相关，找到了会计盈余数据具有信息含量的经验证据。陈晓、陈小悦、刘钊(1999)① 对 1994 ~ 1997 年 A 股盈余报告的有效性进行了研究，研究结论证实在中国 A 股市场上盈余数字同样有很强的信息含量。赵宇龙（1998)② 的研究表示我国证券市场只是机械地对名义 EPS 做出价格上的反应，不能辨别 EPS 中持续性成分的经济含义，市场存在“功能锁定”的现象。

林翔、陈汉文（2005)③ 沿用了 Sloan（1996)④ 的方法，研究盈余及其应计盈余和现金流量盈余的持续性的问题，并用了大量的西方理论来分析影响应计持续性的两个主要因素——增长和盈余管理，他们发现增长的均值回归过程对应计的低持续性解释能力高于盈余管理。但值得注意的是，他们对于中国资本市场的特性，如中国盈余的信息含量及市场效率等，并未形成系统性的研究和分析，也未分析盈余和股票价格变动的相关性及分离数据中财务状况异常的公司，这样的结论可能会形成研究偏差及忽略部分存在中国资本市场的问题。

（三）研究假说

由于应计部分具有反转的特征，由此造成的不论是盈余增加还是盈余减少对下期的盈余影响都是反向的，都将降低盈余的持续性。因此本章预期：我国公司盈余的应计盈余持续性比现金流量盈余持续性低。

自 Ball 和 Brown（1968)⑤ 首次发现股价变化的方向与盈余变动的方向显著正相关以来，盈余一直被视为能解释价值相关性的信息，而在国内资本市场存在功能锁定现象下，投资人可能不能发现盈余中现金流量盈余和应计盈余不同持续性的特性，因此本章提出假设 H1：股价未能反映盈余中现金流量盈余和应计盈余不同的持续性特征。

---

① 陈晓，陈小悦，刘钊．A 股盈余报告的有用性研究［J］．经济研究，1999（5）：21 - 28.

② 赵宇龙．会计盈余披露的信息含量——来自上海股市的经验证据［J］．经济研究，1998（7）：42 - 50.

③ 林翔，陈汉文．增长、盈余管理和应计持续性［J］．中国会计评论，2005（1）：117 - 142.

④ Sloan，R. G. Do Stock Prices Fully Reflect Information in Accruals and Cash Flows about Future Earnings?［J］. The Accounting Review，1996（71）：1 - 24.

⑤ Ball. R.，P. Brown：An Empirical Evaluation of Accounting Income Numbers［J］. Journal of Accounting Research，1968（6）：159 - 178.

如果投资者未能了解盈余中现金流量盈余和应计盈余不同持续性的特性，而只是功能锁定性地关注于盈余，那他们容易对应计盈余较高的公司给予过高的价格，因此本章提出假设 H2：买进低应计组合的公司卖出高应计组合的公司能获得超额收益。

三、在中国场景中的应用

（一）样本选择

本章从深圳巨灵数据库中选取沪深两市具有完备的 1998～2004 年度财务数据与股票数据和 1998～2005 年度交易数据的全部 A 股上市公司为样本。为避免财务困难及管制性的公司影响分析的结果，本章剔除了金融业及 ST、PT 的公司，这样，最后确定的研究样本公司有 6250 个观测值。

（二）变量定义

应计盈余的计算方法一般有两种：现金流量表法和资产负债表法。Hribar 和 Collins（2002）①发现采用资产负债表法计算的应计盈余存在难以准确分离的问题，不如直接用现金流量表的现金流量来计算，故应计盈余定义如下：

应计盈余（Accruals）＝营业利润（Earnings）－现金盈余（CashFlows）

为了避免异方差的干扰（Collins 和 Dent，1984）②，本章将盈余、应计和经营性现金流量同时除以一个标准化因子，在此本章用的是当期平均总资产（其计算方法是期初总资产和期末总资产的平均数）。

超额报酬的计算采用市场调整超额报酬率（许多研究表明，在中国市场上使用 CAPM 调整超额收益率并不比使用市场调节表现更好，同时该方法和 CAPM 相比更为简便并避免了 β 系数的不稳定性）。本章以每年 5 月第一个交易日为事件日，以确保投资者已经接到年报的信息。

① Hribar P.，D. Collins. Errors in Estimating Accruals：Implications for Empirical Research［J］. Journal of Accounting Research，2002（40）：105－134.

② Collins. D. W.，W. T. Dent. A Comparison of Alternative Testing Methodologies Used in Capital Market Research［J］. Journal of Accounting Research，1984（22）：48－84.

依照 1998 ~2004 年度财务数据，将公司按应计项目分为 10 个等分组（每年都重新分组），构造 10 个投资组合，并依照简单平均法计算每组的财务及交易数据。

四、中国的经验数据分析及套利交易策略

（一）描述性统计

本章分别按照盈余、应计盈余及现金盈余高低分成 10 组（每年都重新分组），为了观察这 3 种分类下盈余均值当年和前后 2 年的时间变化特征，本章把盈余最高组和最低组表现在图 4 -1 中。由图 4 -1 可以发现现金盈余最大组和最小组在各年度间盈余变化幅度皆在 0. 05 内，而应计盈余变化最大组和最小组在各年度间盈余变化幅度在 0. 1 内，同时可以发现现金盈余比应计盈余具有更好的持续性，且有均值反转的现象。

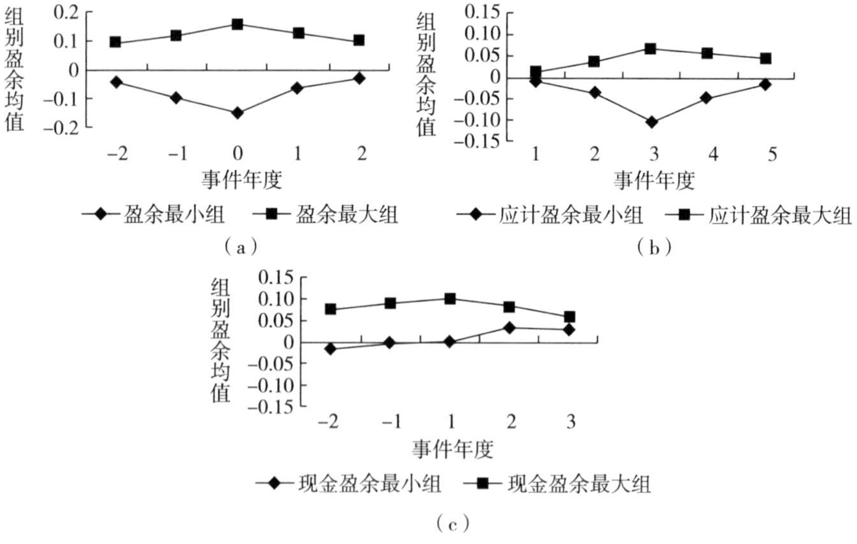

图 4 -1　盈余、应计及现金流量的盈余均值时间变化

注：组别盈余均值为营业利润除以期初总资产和期末总资产的平均数；盈余最大（最小）组、应计盈余最小组和现金盈余最大（最小）组为研究年度每年依盈余、应计盈余及现金盈余大小分成 10 组（每年都重新分组）找出最高和最低的组别。

在研究年度依应计盈余的高低分成10组（每年都重新分组），分析每组当年和前后2年的盈余、应计及现金盈余组成，并以此数据构造出图4-2和表4-1，从中可以看出我国上市公司应计盈余最大组和最小组皆有应计盈余及现金盈余均值反转的现象。

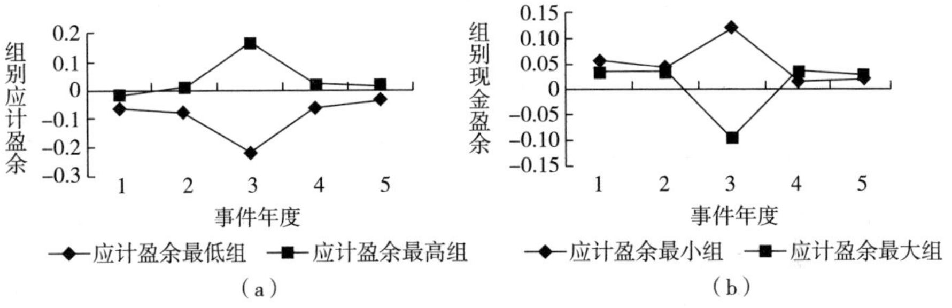

图4-2　应计盈余及现金盈余的均值反转特值

注：组别应计（现金）盈余均值为应计（现金）盈余除以期初总资产和期末总资产的平均数；盈余最大（最小）组、应计盈余最小组和现金盈余最大（最小）组为研究年度每年依盈余、应计盈余及现金盈余大小分成10组（每年都重新分组）找出最高和最低的组别。

表4-1　依应计盈余的高低分成10组，每组的盈余、应计盈余及经营性现金盈余当年及前后2年变化的描述统计分析

DECILE	EARNING (T-2)	EARNING (T-2)	EARNING	EARNING (T+1)	EARNING (T+2)	ACCRUAL (T-2)	ACCRUAL (T-1)
1	-0.0062	-0.0365	-0.1027	-0.0478	-0.0160	-0.0618	-0.0794
2	0.0233	0.0103	0.0154	0.0128	0.0211	-0.0381	-0.0522
3	0.0141	0.0220	0.0291	0.0259	0.0246	-0.0487	-0.0362
4	0.0161	0.0260	0.0338	0.0310	0.0380	-0.0322	-0.0289
5	0.0226	0.0270	0.0361	0.0386	0.0402	-0.0309	-0.0257
6	0.0166	0.0289	0.0425	0.0420	0.0422	-0.0221	-0.0155
7	0.0178	0.0314	0.0476	0.0473	0.0454	-0.0271	-0.0151
8	0.0199	0.0343	0.0542	0.0546	0.0580	-0.0208	-0.0031
9	0.0239	0.0370	0.0589	0.0602	0.0518	-0.0164	-0.0017
10	0.0154	0.0370	0.0677	0.0568	0.0474	-0.0143	-0.0071

续表

DECILE	ACCRUAL	ACCRUAL (T+1)	ACCRUAL (T+2)	CFO (T-2)	CFO (T-1)	CFO	CFO (T+1)	CFO (T+2)
1	-0.2218	-0.0592	-0.0340	0.0556	0.0428	0.1191	0.0113	0.0180
2	-0.0900	-0.0366	-0.0164	0.0614	0.0624	0.1054	0.0494	0.0384
3	-0.0564	-0.0212	-0.0214	0.0628	0.0582	0.0855	0.0471	0.0460
4	-0.0360	-0.0166	-0.0145	-0.0483	0.0550	0.0698	0.0475	0.0525
5	-0.0197	-0.0136	-0.0131	0.0534	0.0526	0.0558	0.0521	0.0533
6	-0.0032	-0.0115	-0.0034	0.0386	0.0444	0.0457	0.0535	0.0456
7	0.0149	0.0040	0.0019	0.0449	0.0464	0.0327	0.0432	0.0435
8	0.0359	0.0130	0.0131	0.0407	0.0373	0.0183	0.0416	0.0449
9	0.0674	0.216	0.0132	0.0403	0.0388	-0.0085	0.0386	0.0385
10	0.1649	0.0223	0.0177	0.0297	0.0300	-0.0972	0.0345	0.0297

注：DECILE 表示组别，CFO 表示现金盈余，ACCRUAL 表示应计盈余；DECILE1 表示组别为应计盈余最低组，DECILE10 表示组别为应计盈余最高组。

（二）实证结果分析

Sloan（1996）及其之后的大量研究表明，会计盈余的持久性是衡量盈余质量的重要指标之一。持久性越高的盈余，投资者据之预测企业未来年度盈余的准确性越高。在研究盈余质量的经济后果的时候，本章可以按照盈余的质量把上市公司分组做投资组合分析。一个对冲的交易策略包含购买盈余质量高的公司股票，卖空盈余质量低的公司股票，两者未来一定期间内超额回报的差额即为对冲投资策略的超额投资回报。如果本章发现对冲投资策略的超额回报显著不等于0，本章可以推断投资者在评估盈余质量时有偏差，造成错误的股票价值判断，即市场非有效。

1. 我国公司盈余的应计盈余持续性比现金流量盈余持续性低的检验

本章采用 Sloan（1996）① 的方法，使用混合样本最小二乘法，用当期盈余对下一年盈余进行回归：

① Sloan R. G. Do Stock Prices Fully Reflect Information in Accruals and Cash Flows about Future Earnings? [J]. The Accounting Review, 1996 (71): 1-24.

$$Earning_{t+1} = \alpha_0 + \beta_1 Earning_t + v_{t+1} \quad (4-1)$$

式（4－1）的回归结果见表4－2面板A，从中可以发现当期盈余对下一年盈余的回归系数为$\beta_1 = 0.547$，低于Sloan的0.841，表示我国上市公司盈余持续性较低，同时由于β_1小于1，意味着盈余有均值回归的现象。

为了进一步考察盈余的组成部分的持续性，本章将盈余分解成应计和现金盈余，做如下回归：

$$Earning_{t+1} = \alpha_0 + \beta_1 Accruals_t + \beta_2 CashFlow_t + v_{t+1} \quad (4-2)$$

表4－2　盈余对前期盈余的普通最小二乘回归及盈余对前期盈余的应计盈余和现金盈余普通最小二乘回归

面板A $Earning_{t+1} = \alpha_0 + \beta_1 Earning_t + v_{t+1}$

	估计系数	T值	Sig.
α	0.005	3.98	<0.0001
β_1	0.547	42.85	<0.0001
Adjusted R^2	0.227		

面板B $Earning_{t+1} = \alpha_0 + \beta_1 Accruals_t + \beta_2 CashFlow_t + v_{t+1}$

	估计系数	T值	Sig.
α	0.014	11.21	<0.0001
β_1	0.343	31.16	<0.0001
β_2	0.467	33.68	<0.0001
Adjusted R^2	0.152		

注：Accruals表示应计盈余；Earnings表示营业利润；CashFlows表示现金盈余。

本章预测β_1小于β_2。式（4－2）的回归结果见表4－2面板B，其结果显示应计盈余系数为0.343，T值为31.16，现金盈余系数为0.467，T值为33.68。显示盈余中现金盈余较应计盈余具有持续性，支持了假设H1。

2. 股价未能反映盈余中现金流量盈余和应计盈余不同的持续性特征的检验

主要检验股价是否能反映市场效率，即股价是否能反映盈余中现金盈余和应计盈余不同持续性的特性，依照Mishkin（1983）① 的理性预期模型，本章可以建构一个超额报酬和股票定价相关因子的模型，即

① Mishkin. F. A Rational Expectation Approach to Macroeconometrics: Testing Policy Effectiveness and Efficient Markets Models［M］. Chicago IL: University of Chicago Press, 1983.

$$(R_{t+1}-R_{t+1}\mid \phi_t)=\gamma(X_{t+1}-X^e_{t+1})+e_{t+1} \tag{4-3}$$

其中：X_{t+1}为$t+1$期股票定价相关因子；R_{t+1}为$t+1$期为股票报酬率；为客观可预期的情况。可将（$R_{t+1}-R_{t+1}\mid \phi_t$）视为超额报酬（$AR$），并将式（4－1）代入式（4－3），得

$$AR_{t+1}=\gamma(Earning_{t+1}-\alpha_0-\beta_1{}^{*}Earnings_t)+e_{t+1} \tag{4-4}$$

通过测试式（4－4）中的$\beta_1{}^{*}$是否等于式（4－1）中的β_1，本章可以判断股价能否反映盈余持续性的特性，即市场是否有效。

同样，将式（4－2）代入式（4－3），得

$$AR_{t+1}=\gamma(Earning_{t+1}-\alpha_0-\beta_1{}^{*}Accruals_t-\beta_2{}^{*}CashFlows_t)+e_{t+1} \tag{4-5}$$

通过测试式（4－2）和式（4－5）中的系数$\beta_1=\beta_1{}^{*}$且$\beta_2=\beta_2{}^{*}$是否成立，本章可以判断股价能否反映盈余持续性的特性。

实证结果（见表4－3），结果显示$\gamma=0.306$，表明超额报酬和当期盈余呈正相关的关系，$\beta_1{}^{*}=0.239$表明超额报酬和前期盈余呈负相关的关系，本章认为这是盈余具有均值反转的特征，上年度高盈余的公司，本年度较可能盈余较低，形成未预期盈余为负（坏消息），造成负的超额报酬。$\beta_1=0.547$，检验结果显著拒绝了$\beta_1=\beta_1{}^{*}$，表明超额报酬不能反映盈余持续性的特征，即市场非有效。式（4－5）回归的结果见表4－4，$\gamma=0.214$，表明超额报酬和当期盈余呈正相关的关系，$\beta_1{}^{*}=-0.383$，$\beta_2{}^{*}=-0.918$，显现超额报酬和前期现金盈余和应计盈余呈正相关的关系，由于$\beta_1{}^{*}<\beta_2{}^{*}$，说明盈余中现金盈余更具超额报酬解释力。关于超额报酬是否能反映盈余中现金流量盈余和应计盈余不同持续性的特性的测试中，检验结果显著拒绝了$\beta_1=\beta_1{}^{*}$且$\beta_2=\beta_2{}^{*}$，表明投资者似乎不能完全认识到盈余中现金流量盈余和应计盈余不同持续性的特性。

表4－3　股票价格对当期及前期盈余中的反应

	估计系数	T值	Sig.
β_1	0.547	42.85	<0.0001
$\beta_1{}^{*}$	0.239	－2.49	0.0129
γ	0.306	12	<0.0001
Adjusted R^2	0.017	75.65	

注：AR表示超额报酬，Earnings表示营业利润。

市场效率测试值：$\beta_1=\beta_1{}^{*}$；

似然率统计值10.31，显著性水平<0.001。

表 4－4 股票价格对当期及前期盈余中应计盈余和现金盈余的反应

$\text{Earning}_{t+1} = \alpha_0 + \beta_1 \text{Accruals}_t + \beta_2 \text{CashFlow}_t + v_{t+1}$

$\text{AR}_{t+1} = \gamma\ (\text{Earning}_{t+1} - \alpha_0 - \beta_1{}^* \text{Accruals}_t - \beta_2{}^* \text{CashFlows}_t) + e_{t+1}$

	估计系数	T 值	Sig.
β_1	0.343	31.16	<0.0001
$\beta_1{}^*$	－0.383	2.60	0.0093
β_2	0.467	33.68	<0.0001
$\beta_2{}^*$	－0.918	5.48	<0.0001
γ	0.214	9.06	<0.0001
Adjusted R^2	0.0171	58.53	

注：AR 表示超额报酬；Accruals 表示应计盈余；Earnings 表示营业利润；CashFlows 表示现金盈余。
市场效率测试值：$\beta_1 = \beta_1{}^*$ 且 $\beta_2 = \beta_2{}^*$；
似然率统计值 36.29，显著性水平 <0.001。

3. 交易策略：买进低应计组合的公司卖出高应计组合的公司能获得超额收益

本章首先分析累计超额报酬在事件日前后的变化。图 4－3 是以事件日为分隔点，往前 12 个月的观测结果是应计盈余较高的公司累计超额报酬表现优于应计盈余较低的公司，往后 24 个月的观测结果是应计盈余较高的公司累计超额报酬表现渐渐差于应计盈余较低的公司，本章认为造成如此迥然不同结果的原因是应计盈余较高的公司通常能产生较高的盈余，在功能锁定情形及盈余信息提前反映下，造成累计超额报酬较高。大约在事件日时，两者的累计超额报酬开始接近，在一年后应计盈余较低的公司累计超额报酬超越应计盈余较高的公司，可能是应计盈余持续性较低，前年度高应计盈余的公司，次年度更可能盈余较低，形成次年度未预期盈余为负（坏消息），造成次年度负的超额报酬，该结果和假设 H2 的回归检验结果一致。

为了检验投资者是否“功能锁定”在会计盈余数字上，从而不能正确理解不同组成部分持久性对未来会计盈余的预测能力，本章按应计盈余的高低分成 10 组。然后，买入最小组中的股票，卖空最大组中的股票，观察未来 24 个月内投资策略规模调整后的超额回报，结果如图 4－4 和表 4－4 所示。

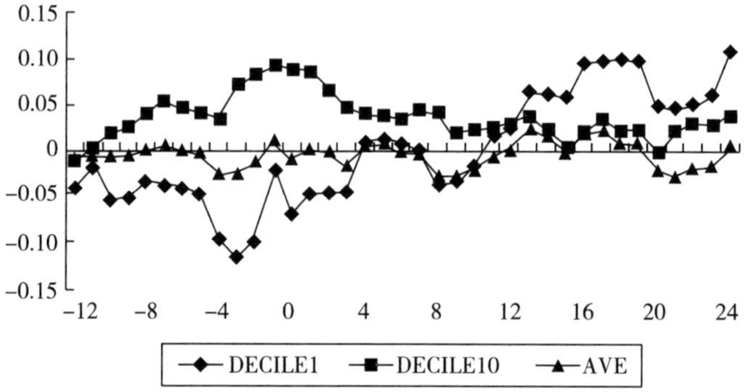

图 4-3　事件前 1 年和后 2 年累计超额报酬的反应

注：DECILE1 表示组别为应计盈余最小组，DEC-ILE10 表示组别为应计盈余最大组，AVE 为全样本。

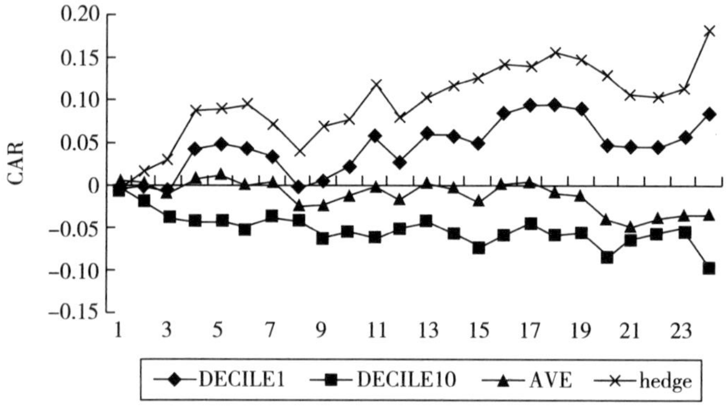

图 4-4　事件后 2 年累计超额报酬的反应

注：DECILE1 表示组别为应计盈余最小组，DECILE10 表示组别为应计盈余最大组，AVE 为全样本，hedge 表示在公布年报后 t+1 年 5 月第一个交易日买入 DECILE1 组，卖出 DECILE10 组所组成的套利组合。

图 4-4 和表 4-5 的结果表明，依应计盈余的高低分别构建投资组合可以在未来 2 年内获得超额投资回报。在公布年报后 t+1 年 5 月第一个交易日买入应计盈余最小的组合（会计盈余中现金盈余比例较高，意味着会计盈余持久性较强，会计信息质量较高），卖出应计盈余最大的组合（会计盈余中现金盈余比例较低，意味着会计盈余持久性弱，会计信息质量较差）组成的套利组合（最小组减最大组），发现在每年的 8、9、10 月通过了显著性检验，可能是现金盈余比例较高的组，会计盈余持久性较强反映在期中报告的披露，并发现持有 2 年后可获

得规模调整后的超额回报为 18% 左右，且通过了显著性检验。

表 4-5　应计盈余最小组，应计盈余最大组及全体样本的累计超额报酬变化及交易策略的报酬

PERIOD	DECILE1	DECILE10	AVE	hedge	χ^2
1	-0.007	-0.002	0.006	-0.005	0.000
2	-0.003	-0.019	0.003	0.015	0.829
3	-0.007	-0.037	-0.010	0.030	1.146
4	0.043	-0.043	0.011	0.086	8.983
5	0.049	-0.041	0.016	0.090	5.114
6	0.042	-0.052	0.003	0.095	4.121
7	0.034	-0.036	0.004	0.070	1.188
8	-0.003	-0.042	-0.025	0.038	0.119
9	0.007	-0.062	-0.024	0.069	0.544
10	0.022	-0.054	-0.014	0.076	0.643
11	0.058	-0.060	-0.004	0.118	3.052
12	0.028	-0.052	-0.015	0.079	1.012
13	0.060	-0.042	0.007	0.102	1.453
14	0.059	-0.056	-0.002	0.115	2.244
15	0.051	-0.075	-0.019	0.126	3.543
16	0.085	-0.058	0.003	0.143	4.293
17	0.096	-0.045	0.006	0.141	3.895
18	0.095	-0.059	-0.007	0.154	4.431
19	0.090	-0.056	-0.010	0.146	4.339
20	0.047	-0.083	-0.041	0.130	3.446
21	0.044	-0.062	-0.046	0.106	2.290
22	0.044	-0.058	-0.038	0.102	1.766
23	0.057	-0.056	-0.034	0.113	2.646
24	0.083	-0.098	-0.035	0.181	5.633

注：DECILE 表示组别，DECILE1 表示组别为应计盈余最小组，DECILE10 表示组别为应计盈余最大组；hedge 表示在公布年报后 t+1 年 5 月第一个交易日买入 DECILE1 组，卖出 DECILE10 组所组成的套利组合；χ^2 值为 DECILE1 和 DECILE10 进行 Kruskal-Wallis 检验的结果。

五、结论

本章对中国上市公司盈余和应计的持续性进行研究，发现存在 Sloan 所研究的现象，即上市公司盈余的应计盈余持续性低于现金盈余持续性。

在此基础上本章分析了盈余及上述两种成分在 A 股市场累计超额报酬的表现，进一步通过回归检验研究了市场效率，发现我国投资者不能完全理解盈余性质差异对企业价值的影响，以每年 5 月第一个交易日为事件日，对其前后股票的累计超额回报进行了研究，结果发现买进应计盈余小的组合卖出应计盈余大的组合能获取 18% 的超额收益。

第五章

机构投资者与股市泡沫的形成

核心观点：机构投资者“高换手率”现象引发许多争议。本章测算证券价格泡沫与检验机构投资者的微结构交易数据后发现，机构投资者的交易导致证券价格泡沫，放大了内在价值信息的反应，导致市盈率因为机构投资者的交易而高估。进一步研究证券收益的序列相关性发现，机构投资者的交易造成的价格变动符合 Campbell、Grossman 和 Wang（1993）① 模型的噪音过程，即机构投资者的交易所造成的证券价格变动和证券内在价值变动无关，具体表现在证券价格短期上涨与后续期间证券价格的反转，股价呈序列负相关性。本章的研究发现证明，机构投资者的交易风格具有“投机”特征，导致了证券价格偏离内在价值，引发股市泡沫。

一、从“频繁交易”谈起

散户投资者主导市场，曾经一度是中国股市的主要特征，而大力发展机构投资者则被视为提高资本市场效率的最佳途径。我国 2004 年初提出的《国务院关于推进资本市场改革开放和稳定发展的若干意见》指出，希望通过机构投资者的介入改善我国股票市场的投资者结构和证券价值发现功能，从而起到有效配置资源、减少股市泡沫、增加市场稳定性的作用。与此同时，机构投资者倡导的投资理念，极大地点燃了投资者的热情，壮大了基金的规模。侯宇、叶冬艳（2007）统计，从 2005 年起，机构投资者的规模已经超过了总市值的 50%，直接持股比例已经超过了 20%。资本市场的主导地位正逐渐由散户转向机构投资者。机构投资者获得资本市场资源支配权利和影响力时，他们的交易行为是提高市场效率

① Campbell John Y.，Sanford J. Grossman，Jiang Wang. Trading volume and serial correlation in stock returns［J］. Quarterly Journal of Economics，1993（108）：905 –939.

的“价值投资者”还是扰乱市场的“投机交易者”呢?

据2007年《上海证券报》报道,“我国基金交易风格出现类似庄股特征的频繁交易行为,2006年多数基金公司年周转率在300%~800%,2007年上半年基金平均换手率达到236%,有的基金换手率高达358.02%,折合年周转率超过600%,有的基金甚至仅一个交易日之后就从大量买进某一股票向大量卖出该股票转换”。从这个角度而言,机构投资者的“高换手率”交易风格实际上造成市场的短期投机交易风潮,增加资本市场的风险。国内高估机构投资者的自律和投资能力,把他们视为价值投资和稳定市场的主力军,直到数据揭示出机构投资者频繁短线炒作的真相,市场才发现机构投资者也经常偏离价值投资轨道而追逐短期利益。

事实上,在成熟资本市场中机构投资者的作用同样引发许多争议。首先,Truemann (1988)① 发现机构投资者往往进行和内在价值变化无关的买卖交易,用以向市场传递基金经理具有信息分析优势的信号,从而募集更多的资金。其次,基金经理定期的考核压力往往诱导经理人进行短期投资策略,如追涨杀跌的正反馈策略,于证券价格上涨时买入、下跌时抛出,造成证券的价格出现超过基本价值的上升与下跌(De Long et al., 1990)②。由于机构投资者在交易中占有绝对的优势,正反馈交易的投资行为可能引起股票收益的动量效应,进而产生交易泡沫。再次,Kamara、Lou 和 Sadka (2008)③ 对美国股票市场的系统流动性的时间序列趋势进行研究,发现美国股票市场的系统流动性有逐步升高的趋势,并认为机构投资者的指数套利和程序化交易行为增加了市场的系统流动性。最后,机构投资者突变性的投机交易掠夺,可能在金融危机或者市场不稳定期间,透过攻击流动性不足的其他机构投资者而获利(如 LCTM 事件),将加重金融危机的程度。

国内对于机构投资者是否提高了证券价值发现效率与市场稳定性的研究并没有达成一致性的结论。施东晖(2001)认为国内投资基金存在较严重的“羊群

---

① Truemann Brett. A Theory of Noise Trading in Securities Markets [J]. Journal of Finance, 1988 (43): 83-95.

② De Long J. B., Andrei Shleifer, Lawrence H. Summers, Robert J. Waldmann. Noise Trader Risk in Financial Markets [J]. Journal of Political Economy, 1990, 98 (4).

③ Kamara A., Lou X., Sadka R.. The divergence of liquidity commonality in the cross-section of stocks [J]. Journal of Financial Economics, 2008 (89): 444-466.

效应”，在一定程度上加剧了股价波动。祁斌等（2006）[①] 发现机构投资者持股比例与股票波动率之间存在显著的负相关关系，认为机构投资者具有稳定市场功能。何佳等（2007）[②] 批评了国内长期存在的支持机构投资者能稳定股市的观点的缺失，对我国机构投资者是否起到了稳定股市的作用重新进行检验，发现机构投资者对股价波动的影响随着市场结构和环境的变化而变化，政策制定者应通过市场基础和制度建设，建立相应的机制和提高监管能力来维护市场稳定，而不是指望机构投资者来维护市场稳定。姚颐、刘志远（2008）[③] 发现基金的交易行为降低了市场当日的震荡，但是从长期趋势看，加剧了市场萧条期的持续下跌与繁荣期的不断攀升，强化了市场的动量效应。

对机构投资者作用存在不一致研究结论的可能原因是，研究数据和机构投资者交易的特性不一致所造成的。每个交易日，大量的信息涌向证券市场，包括经济、政治、军事、外交等宏观信息、行业信息及企业信息，机构投资者的交易特征具有快速变化的特性，而由长周期数据得到的研究结论可能具有一定的局限性。在我国高换手率与基金交易风格出现庄股特征的频繁交易行为下，机构投资者的短期交易动机主要是为了获得买卖差价，这种以证券再出售价值为交易动机的频繁交易特征可能导致股价中投机性泡沫的产生（Scheinkman and Xiong，2003）[④]，与我国股市的暴涨与暴跌现象密切相关。

本章以此为研究背景，对机构投资者的微结构交易数据进行分析，应用 Bradshaw（2004）[⑤] 的研究方法测算证券价格对真实价值的偏离后发现，机构投资者的交易导致证券价格泡沫。同时，本章发现机构投资者的交易放大了股票价格对内在价值信息的反应，导致A股市盈率因为机构投资者的交易而高估。进一步研究发现，机构投资者的交易符合 Campbell、Grossman 和 Wang（1993）[⑥] 的模型的噪音交易过程，将导致后续证券价格反转。上述实证结果对于我国机构投

---

① 祁斌，黄明，陈卓思．机构投资者与股市波动性［J］．金融研究，2006（9）：54－64.

② 何佳，何基报，王霞，翟伟丽．机构投资者一定能够稳定股市吗？——来自中国的经验证据［J］．管理世界，2007（8）：35－42.

③ 姚颐，刘志远．震荡市场，机构投资者与市场稳定［J］．管理世界，2008（8）：22－32.

④ Scheinkman Jose A.，Wei Xiong. Overconfidence and Speculative Bubbles［J］．Journal of Political Economy，2003（111）：1183－1219.

⑤ Bradshaw Mark T. How do analysts use their earnings forecasts in generating stock recommendations［J］．The Accounting Review，2004，79（1）：25－50.

⑥ Campbell John Y.，Sanford J. Grossman，Jiang Wang. Trading volume and serial correlation in stock returns［J］．Quarterly Journal of Economics，1993（108）：905－939.

资者的交易现象所导致股价偏离内在价值的经济后果提供了经验数据的分析。

二、我国机构投资者交易和证券价格暴涨暴跌的成因：交易泡沫和信息放大特征

股市的泡沫，与股市的产生、发展如影随形。近年来的理论模型发现，在投资者由于意见分歧及卖空限制的交易机制下，证券价格偏离内在价值主要有下列两种原因：在静态模型下，证券价格存在向上偏离（upwardly biased），不同的信念差异将使悲观的投资者只能选择退出市场而不能透过卖空来增加证券的供应量，因此，均衡价格反映的只是乐观投资者的预期，导致证券价格高估。在动态模型中，信念分歧及卖空限制这两种因素会造成证券价格包括内在价值以外的因素，也就是投机泡沫。Scheinkman 和 Xiong（2003）[①] 将证券价格分解成内在价值（未来股利的折现值）和再出售的期权价值（投机泡沫）。他们的模型指出，投资者愿意支付高于内在价值的价格的原因是，他们认为未来可以将证券转手给出价更高的买主，这种再出售的期权价值将导致证券价格中产生投机泡沫。他们同时发现投资者对信息的解读差异程度（过度自信）上升时，将产生更大程度的信念分歧，导致证券价格中再出售期权价值（投机泡沫）上升与交易的频率上升。这个研究结果对后续的实证研究中股价的泡沫和换手率的关系提供了理论基础。

我国股市泡沫形成机制的研究已经非常丰富。吴世农、许年行、蔡海洪和陈卫刚（2002）[②] 认为我国存在非理性泡沫；张晓蓉、唐国兴、徐剑刚（2005）[③] 提出了一个投机泡沫的混合理性模型，指出泡沫生成的动力主要来自正反馈交易。

此外，应用股市泡沫原理解释资本市场现象的研究有：Mei、Scheinkman 和

---

① Scheinkman Jose A.， Wei Xiong. Overconfidence and Speculative Bubbles［J］. Journal of Political Economy, 2003（111）：1183－1219.

② 吴世农，许年行，蔡海洪，陈卫刚. 泡沫的生成机理及度量［J］. 财经科学，2002（4）：6－11.

③ 张晓蓉，唐国兴，徐剑刚. 投机泡沫的混合理性正反馈模型［J］. 金融研究，2005（8）：85－98.

Xiong（2005）[①] 检验在异质信念及卖空限制下，A 股换手率和证券价格中投机成分（A、B 股的价差）呈显著正相关关系，表明影响 A 股换手率的主要因素是投机成分。张峥、刘力（2006）[②] 发现中国股票市场换手率与横截面股票收益之间呈负相关关系的原因，可能为投机性交易所造成的股价高估（投机性泡沫）。徐浩峰（2009）[③] 发现散户交易行为具有投机交易、注意力集中等偏离基本面的交易特征，并发现流通市值较小的公司股票超额收益受到散户交易显著影响。

首先，由于套利的局限性，证券的价格可能在一定时期内偏离内在价值更远，机构投资者如果依照股票的内在价值进行投资，如买入市盈率低或市净率低的公司等价值类股，由于市场的不可预测性，价值投资的交易策略则可能在短期内承担交易损失，或者因为表现低于同业平均水平，基金经理人因而面临解聘的困境。因此，基于证券价格基础的绩效考核契约设计，将导致经理人进行短期投资策略，如技术分析或者追涨杀跌的正反馈策略于价格上涨时买入、下跌时抛出，造成证券的价格出现超过基本价值的上升与下跌（De Long et al.，1990）[④]。由于机构投资者在交易中占有绝对的优势，这样的投资行为，可能引起股票收益的动量效应进而产生交易泡沫。其次，成熟资本市场由于资本和政策开放的程度较高使得基金的数量很多，个别基金对市场的影响有限，所以个别机构的交易几乎无法影响证券价格，而国内由于基金行业的准入限制，管制了基金的数量，因此，几只基金联合就可以形成对特定股票的垄断，达到价格操纵的效果。最后，我国卖空和回购证券的交易限制使市场套利机制不能有效地纠正错误定价，加以国内基金交易风格出现频繁交易以获取短期买卖差价的行为特征下，我们认为机构投资者的交易会引发股市泡沫。我们提出假设 H1：（交易泡沫假说）机构投资者的交易，和证券价格泡沫呈正相关关系。

证券价格的合理性在某种程度上体现于市盈率，而中国股市的市盈率是否存在泡沫，同样引发许多争议。从资产定价理论来看，股票价值主要决定于预期的

---

① Mei Jianping，Jose A. Scheinkman J.，Wei Xiong. Speculative Trading and Stock Prices：Evidence from Chinese A－B Share Premia［R］. NBER working paper，2005.

② 张峥，刘力. 换手率与股票收益：流动性溢价还是投机性泡沫？［J］. 经济学季刊，2006，5（3）：871－892.

③ 徐浩峰. 信息与价值发现过程：基于散户微结构交易行为的实证研究［J］. 金融研究，2009（2）：133－143.

④ De Long J. B.，Andrei Shleifer，Lawrence H. Summers，Robert J. Waldmann. Noise Trader Risk in Financial Markets［J］. Journal of Political Economy，1990，98（4）.

未来现金流量和与该现金流量风险水平相适应的预期报酬率。在实证研究中，许多研究者用股票发行公司的预期盈利能力作为未来现金流的代理变量。与市场预期的盈利能力相比，披露的盈利能力的变动通常代表股票发行公司的内在价值对现有市场预期的内在价值的变化，如果存在其他变量，在控制盈利能力的变化后，仍然能够解释股票价格的正向变动，或者这些变量能够放大代表企业内在价值的盈利能力对股票价格的影响，那么它们就有可能导致股票市盈率高估。

“机构投资者的交易”可能就是这样一个变量。机构投资者的交易如果放大了内在信息的价格效应，导致证券的价格偏离内在价值，那么就有可能导致股票市盈率高估。鲁桂华和陈晓（2005）① 以大户持股比率作为“庄”的代理变量，发现“庄”的存在，放大了股票价格对会计盈余的反应，导致深市 A 股市盈率因为“庄”的操纵而高估。遗憾的是，他们用上年度户均持股数度量庄家，观测期间太长很难反映交易的动态特征，如果持仓周期很短，他们的研究可能难以捕捉完整价格变动的过程。因此，我们检验机构投资者的短周期交易数据对内在价值信息的放大效应，我们提出假设 H2：（信息放大假说）机构投资者的交易，放大了证券价格对内在价值信息的反应。

此外，根据 Campbell、Grossman 和 Wang（1993）② 的模型指出股价涨跌可以归因于两类因素影响，一种为内在价值变动引发的价格变动，这类因素会使市场意见趋于一致，市场交易量下降，并且对股价的冲击是恒常性的，亦即不会产生价格的反转，证券价格呈现零序列相关性。另一种则为内在价值以外的冲击所造成的价格变化，亦即基于价值无关信息的价格冲击，将导致证券价格的反转，股价呈序列负相关。如果机构的交易是引导证券价格回复内在价值过程所引发的价格变动，将不会产生后续的价格反转；如果机构投资者的交易是一种噪音过程，将导致后续价格的反转。在我国基金交易风格出现频繁交易追逐短期价差的行为下，我们预期机构投资者的交易产生的证券价格变动将导致后续价格的反转：（证券价格反转假说）机构投资者的交易，导致了证券的价格反转效应。

---

① 鲁桂华，陈晓．“庄”与会计盈余的价格含义［J］．管理世界，2005（7）：48－54.

② Campbell. John Y.，Sanford J. Grossman，Jiang Wang. Trading volume and serial correlation in stock returns［J］．Quarterly Journal of Economics，1993（108）：905－939.

三、中国的经验证据

（一）数据来源和样本选择

本章所使用的数据主要包括中国股市的日内微结构交易数据、分析师预测数据、日度交易数据、上市公司财务数据以及行业分类数据。微结构交易数据（包含每笔交易记录的证券代码、日期、成交时间、成交数量与金额、三个委买报价和三个委卖报价以及各报价上的买卖数量）来自清华金融数据库，分析师预测数据来自 CSMAR 数据库，其余股票日度交易数据、上市公司财务数据和行业分类标准来自 Wind 资讯。首先，本章由 CSMAR 数据库中选出沪、深两市 2006 年与 2007 年中选取公告年度会计报告的公司，从中选取有分析师预测每股收益的样本公司，每家公司选取盈余披露当日及其前后各 20 个交易日作为研究期间，因此每家样本公司有 41 天的日交易数据。接着，本章以每年第一季末的 A 股流通市值大小分为两组，分别对每个样本公司中交易者的微结构数据进行界定，以分离出机构投资者的交易数据，同时还删除了样本公司在观测期内股价记录和机构投资者微结构数据不完整的数据。这样，最后确定的研究样本有 22688 个公司日度观测值。

（二）研究设计

首先，为了实证分析机构投资者的交易是否导致证券价格偏离实际价值，本章结合分析师的预测数据和剩余收益模型的研究方法测算证券价格对真实价值的偏离，再将其与机构投资者的交易数据进行回归分析，探讨机构投资者的交易与证券泡沫生成的关系。其次，本章由信息放大的角度分析证券价格的偏离，检验机构投资者的交易行为与盈余信息交互作用的影响，分析机构投资者的交易行为对公司的超额收益产生信息放大效应，亦即机构投资者的交易行为是否导致 A 股市盈率因为它们的交易而高估。最后，观察机构投资者的交易是否为噪音过程，导致后续价格的反转。依照这个思路，本章首先以微结构数据界定交易者的类型，并度量当日买卖交易意图的依据。其次计算证券泡沫、超额收益、内在价值变化的盈余预期变动因子，用以分析机构投资者的交易特征与证券价格偏离的关系。

1. 交易者数据界定方法

对机构投资者的交易行为进行分析，最好的途径当然是获得机构投资者的交易数据。如果所得到的数据并没有区分机构投资者和散户投资者，就必须对交易数据进行界定，以分离出所需的机构投资者交易数据样本。我们将Ⅰ类错误定义为机构投资者被划入散户投资者的概率，将Ⅱ类错误定义为散户投资者被划入机构投资者的概率。那么提高分界金额将减少Ⅱ类错误的概率而增加Ⅰ类错误的概率。Lee 和 Radhakrishna（2000）① 提出设定一个中间区域的方法来降低两类错误的概率。例如，成交金额5000元以下定为散户投资者，成交金额500000元以上定为机构投资者，则Ⅰ类错误和Ⅱ类错误的概率都能同时降低。

以2007年观测的期间为例，如果将投资者每笔交易的金额由小到大排列构成一个序列，取一个分位数，如75%，对应的成交金额假设为132492元作为区分机构投资者和个人投资者的标准。根据这一标准，单笔成交金额在132492元以上的个人投资者将被错判成机构投资者，这就是Ⅱ类错误；单笔成交金额在132492元以下的机构投资者将被错判成个人投资者，这就是Ⅰ类错误。如果提高分位点，如90%，所对应的单笔成交金额为343876元，由于单笔成交金额在343876元以上的个人投资者比单笔成交金额在132492元以上的个人投资者数量大大减少，这就有效地降低了Ⅱ类错误，但同时也增加了Ⅰ类错误。因此，若研究机构投资者特征，则需在提高分位点（即减少Ⅱ类错误）和研究样本减少两者间权衡。

由于本章讨论机构投资者行为，根据研究的需要，我们尽量降低Ⅱ类错误的概率（因为Ⅱ类错误越大，样本中个人投资者的噪音信息越多）同时兼顾样本容量因素。参考 Lee 和 Radhakrishna（2000）②提出的中间区域的界定方法与公司规模的影响，我们以每年第一季末A股流通总市值对数的大小分成2组样本，同时选择各组样本中成交金额的95%分位数作为划分为机构投资者的标准，每笔交易金额大于95%分位点的交易样本划分为机构投资者的交易。

---

①② Lee Charles M. C., Balkrishna Radhakrishna. Inferring Investor Behavior: Evidence from TORQ Data [J]. Journal of Financial Markets, 2000 (3): 83-111.

2. 买卖交易方向的划分

本章采用 Lee 和 Ready（1991）[①] 提出的方法，将每一笔交易划分为由买方发起的交易（Buy）或由卖方发起的交易（Sell）。过程如下：如果一笔交易的成交价格大于当前的买卖报价中点值，则该笔交易被视为由买方发起的；如果一笔交易的成交价格小于当前的买卖报价中点值，则该笔交易被视为由卖方发起的。如果成交价格等于买卖报价的中点值，则用“Tick Test”进行划分，当前成交价格高（低）于前一笔成交价格的交易划分为由买（卖）方发起的。文献中都采用这种方法来划分买卖交易，除非每一笔交易已经标识为买方或者卖方发起的。本章在划分买卖交易时首先将交易记录与买卖报价记录按照时间进行匹配，找出每一笔交易对应的最近的一次报价作为当前报价，再与当前的交易进行匹配。

3. 机构投资者交易的计算

为了反映交易金额中机构投资者真实的交易意图，本章参考 Kaniel、Saar 和 Titman（2008）[②] 以当日买入交易金额的合计数和卖出交易金额的合计数的差额，除以个股年度日均交易金额的方式，度量机构投资者的买卖交易力度对个股日均交易的影响。由于我国股市具有新兴资本市场发展快速的特征，因此本章于分母部分除以个股移动平均 90 天的日均交易金额，以反映机构投资者的买卖交易力度对个股日均交易的影响。据此本章可以计算股票 i 在第 t 天的机构投资者的交易意图（Buy – Sell Imbalance），$BSI_{i,t}^{LARGE}$：

$$BSI_{i,t}^{LARGE}=\frac{BUY_{i,t}^{LARGE}-SELL_{i,t}^{LARGE}}{Tradingvalue_{i,t}} \tag{5-1}$$

其中，$BUY_{i,t}^{LARGE}$是股票 i 在第 t 天由机构投资者作为买方发起的买入交易金额，$SELL_{i,t}^{LARGE}$是由机构投资者作为卖方发起的卖出交易金额，$Tradingvalue$ 是个股移动平均 90 天的日均交易金额。

4. 预期收益（$\hat{r}_{i,t}$）与超额收益（AR）的计算

本章沿用徐浩峰（2009）计算我国证券超额收益的方法，使用 Fama 和 French（1993）[③] 3 因子模型计算股票超额收益。为了计算股票 i 在［d1，d2］

① Lee Charles M. C.，Ready，Mark J. Inferring Trade Direction from Intraday Data［J］. Journal of Finance，1991，46（2）：733 – 746.

② Kaniel Ron，G. Saar，Titman. Individual Investor Trading and Stock Returns［J］. Journal of Finance，2008（1）：273 – 310.

③ Fama，E. F.，K. R. French. Common risk factors in the returns on bonds and stocks［J］. Journal of Financial Economics，1993（33）：3 – 53.

天的超额收益 AR，本章首先使用盈余披露日前第 120 天至盈余披露日前 31 天共 90 天的日数据估计模型因子载荷，然后计算盈余披露前后 20 日每天的超额收益：

$$\hat{r}_{i,t}=\hat{\beta}_{MKT}r_{mt}+\hat{\beta}_{SMB,i}SMB_t+\hat{\beta}_{HML,i}HML_t \tag{5-2}$$

$$AR_{i,t}=r_{i,t}-\hat{r}_{i,t} \tag{5-3}$$

其中，$\hat{r}_{i,t}$为以 Fama 和 French3 因子模型计算的股票 i 的预期收益，r_{mt}是市场报酬率在相对于盈余披露日第 t 天对无风险利率（risk free rate）的溢价。$\hat{\beta}_{MKT}$、$\hat{\beta}_{SMB,i}$、$\hat{\beta}_{HML,i}$是根据 Fama 和 French 模型估计的因子载荷，SMB 为市场上小股票对大股票的溢价，HML_t 是高账面价值/市值比率股票对低账面价值/市值比率股票的溢价，$AR_{i,t}$是股票 i 在相对于盈余披露日第 t 天的超额收益。

5. 泡沫的定义

与徐浩峰（2009）① 等以换手率作为泡沫的代理变量的研究方法不同，我们用直接测度的角度，将泡沫定义为证券价格中市场价格对真实价值偏离的比率，可以用式（5-4）表示为：

$$Bubble_{i,t}=\frac{P_{i,t}-\hat{p}_{i,t}}{P_{i,t}} \tag{5-4}$$

其中，$P_{i,t}$为股票的市场价格，$\hat{p}_{i,t}$为股票真实价值。

理论上，股票真实价值的决定来自股票未来的现金流。由此，泡沫产生机制也来自这个方面，原因是观察到的现金流包含了真实企业现金创造过程与各种噪音的影响，投资者不能直接透过观测包含噪音的股利现金流而推断公司真实价值，投资者必须透过观测到的股利与公司内在价值相关的信息收集去推断内在价值，而信息的收集与分析受限于投资者的解读与收集能力不同，也就产生了对证券价格不同的看法。

现有学术理论中普遍采用剩余收益估值模型（Residual Income Valuation Model）作为股票真实价值的估计。在该模型中，股票所产生的现金流就是公司的剩余收益。相对于预期股利贴现模型（Present Value of Expected Dividend Model），这一模型摆脱了上市公司股利分配政策的影响。

假设股票 i 在 t 期每股净资产为 $BVPS_{i,t}$，每股盈余为 $EPS_{i,t}$，股价为 $P_{i,t}$，权益资金成本率 r 为以 Fama 和 French 3 因子模型计算的股票 i 的预期收益，剩余收

① 徐浩峰. 信息与价值发现过程：基于散户微结构交易行为的实证研究［J］. 金融研究，2009（2）：133-143.

益为 $RI_{i,t}$。因此股票的真实价值（$\hat{P}_{i,t}$）用式（5－5）表示为：

$$\hat{P}_{i,t} = BVPS_{i,t} + \sum_{\tau=1}^{\infty} \frac{E_t(EPS_{i,t+\tau} - r * BVPS_{i,t+\tau-1})}{(1+r_i)^{\tau}}$$

$$= BVPS_{i,t} + \sum_{\tau=1}^{\infty} \frac{E_t(RI_{i,t+\tau})}{(1+r_i)^{\tau}} \quad (5-5)$$

即股票的真实价值由公司的现在的每股净资产以及未来剩余收益的现值决定。这个模型的优点是结合了未来收益的合理估计与能够很好地辨识价格偏离的股票。在经验研究中由于估计期间的有限性，对于剩余收益的估计采用分析师披露的未来 ϕ 年度预测与预测期间结束后的公司价值（$TV_{i,\phi}$），因此，对式（5－5）进行修改后，股票的真实价值（$\hat{P}_{i,t}$）用式（5－6）表示为：

$$\hat{P}_{i,t} = BVPS_{i,t} + \sum_{\tau=1}^{\phi} \frac{E_t(RI_{i,t+\phi})}{(1+r_i)^{\phi}} + \frac{E_t(TV_{i,\phi})}{(1+r_i)^{\phi}} \quad (5-6)$$

其中，分析师预测期间结束后的公司价值（TV）的估计，事实上也就是在预测期间结束后对未来剩余收益价值的再估算，目前学术上有两种做法：一是假定企业创造的剩余收益能力是不变的，即预测期间结束后的公司价值（$\mathrm{TV}_{i,\phi}$）可以用式（5－7）表示为：

$$E_t(TV_{i,t+\phi}) = \frac{1}{r_i} E_t(RI_{i,t+\phi}) \quad (5-7)$$

二是运用产业衰退率假设（Bradshaw，2004）①，现有文献认为企业创造超额收益的能力（剩余收益）会随着竞争者的进入而逐步衰退，最后趋近于0。因此，剩余收益衰退率（ω），可以依据样本公司所在的行业别用式（5－8）进行估算：

$$RI_{i,t} = \eta_{i,t} + \omega RI_{t-1} + \varepsilon_{i,t} \quad (5-8)$$

预测期间结束后的公司价值（$TV_{i,\phi}$），可以用式（5－9）表示为：

$$E_t(TV_{i,t+\phi}) = \frac{\omega}{(1+r_i-\omega)} E_t(RI_{i,t+\phi}) \quad (5-9)$$

股票的真实价值（$\hat{\mathrm{P}}_{i,t}$）可以用式（5－10）表示为：

$$\hat{P}_{i,t} = BVPS_{i,t} + \sum_{\tau=1}^{\phi} \frac{E_t(RI_{i,t+\varphi})}{(1+r_i)^{\varphi}} + \frac{\omega}{(1+r_i-\omega)} E_t(RI_{i,t+\phi}) \quad (5-10)$$

① Bradshaw Mark T. How do analysts use their earnings forecasts in generating stock recommendations [J]. The Accounting Review, 2004, 79 (1): 25－50.

由于我国分析师预测期间跨度通常为3个年度，再加上长周期的预测准确度较低的限制下，本书以分析师的3年的预测数据作为估算期间，采用Wind资讯二级行业类别作为我们剩余收益衰退的行业分类标准。

6. 企业内在价值变化（ROEC）与A股流通总市值对数（LOGMV）的定义

从资产定价理论来看，股票价值主要决定于预期的未来现金流量和与该现金流量风险水平相适应的预期报酬率。在实证研究中，许多研究者用股票发行公司的盈利能力作为未来现金流的代理变量，亦即内在价值的代理变量。

本章沿用朱松和徐浩峰（2012）① 的方法，将企业盈利能力的变化（ROEC）采用净资产收益率的变化表征，即当年净利润/所有者权益（ROE）减去上年净利润/上年所有者权益。如果此数值为正数（负数）则定义为利好（利空）消息。本章对A股流通总市值取对数作为后续实证分析的控制变量（LOGMV）。

7. 非流动性比率（ILLIQ）的计算

本章采用Amihud（2002）② 的方法计算非流动性比率（ILLIQ），作为流动性的控制变量。非流动性比率（ILLIQ）等于收益率的绝对值与成交金额的比率，第 i 支股票第 t 日的日度非流动比率的计算公式为：

$$ILLIQ_{i,t} = |Dayret_{i,t}|/Amt_{i,t} \tag{5-11}$$

其中，$Dayret_{i,t}$是第 i 支股票第 t 日的日收益率，$Amt_{i,t}$是第 i 支股票第 t 日的成交金额。该比率为每单位成交金额所引起的价格变化。

8. 换手率（Turnover）的计算

换手率（Turnover）是股票交易量与发行在外股份总数的比例。由于中国股市的二元股权结构的安排，只有流通股在二级市场上交易，因此换手率为股票交易量与发行在外流通股总数的比例。

（三）中国经验数据结果分析

1. 描述性统计

表5－1给出研究数据的描述性统计量。从表5－1可以发现企业内在价值变动值ROEC平均为－0.2104，且累计超额收益值CAR平均为0.0291，表明样本

① 朱松，徐浩峰. 媒体关注、稳健会计政策与市场反应［J］. 中国会计与财务研究，2012（1）：57－87.

② Amihud Y.. Illiquidity and Stock Returns：Cross－section and Time－series Effect［J］. Journal of Financial Markets，2002，5（1）：31－56.

公司的盈利能力平均呈现负面变化，而股价上涨，表明可能存在其他因素改变了内在价值变化应有的证券价格变动。机构投资者交易金额 BSI^{LARGE} 的均值为 0.2154，中位数为 0.0894，表明机构投资者交易金额占个股交易金额达到 20% 以上，甚至对部分证券的价格有重大的影响力，或者说操纵的能力。此外，证券价格泡沫 Bubble 的均值为 8.9079，表明我国上市公司的股票价格普遍高于内在价值。换手率 Turnover 平均为 5.1226%，折合年度换手率约为 1310%，表明内在信息披露期间市场产生重大的意见分歧。

表 5-1 变量的描述性统计

变量	样本数	均值	标准差	25%	50%	75%
CAR	22688	0.0291	0.1104	-0.0340	0.0120	0.07296
Dayret	22688	0.0090	0.0331	-0.0113	0.0074	0.02813
BSI^{LARGE}	22688	0.2154	0.5194	-0.0470	0.0894	0.3505
$ROEC \times BSI^{LARGE}$	22688	0.2490	13.8423	-0.2212	0.0370	0.5357
Bubble	22688	0.5986	0.2656	0.4909	0.6759	0.7837
ROEC	22688	-0.2104	19.7283	-2.1050	0.4000	2.6600
LOGMV	22688	21.3063	1.1029	20.5896	21.2654	22.0045
Vol	22688	14225128	24431564	3422650	7594750	15802950
ILLIQ（$\times 10^{-8}$）	22688	0.0631	0.1900	0.0025	0.0241	0.0641
Turnover	22688	5.1226	3.3278	2.7315	4.4950	6.8306

进一步分析主要变量间的相关性如表 5-2 所示。首先，累计超额收益和盈利能力变动、机构投资者交易、证券价格泡沫呈显著正相关关系，说明上述变量能够分别解释股价的上涨。其次，证券价格泡沫和企业内在价值变化、机构投资者的交易呈显著正相关关系，表明内在价值利好和机构投资者的交易金额较大的公司更可能存在价格泡沫。

表 5-2 主要变量的相关性分析

	CAR	BSI^{LARGE}	$ROEC \times BSI^{LARGE}$	Bubble	ROEC
CAR	1.0000	0.1929***	0.0150**	0.0761***	0.0577***
BSI^{LARGE}		1.0000	0.1387***	0.2797***	0.0788***
$ROEC \times BSI^{LARGE}$			1.0000	0.1214***	0.3388***

续表

	CAR	BSI^{LARGE}	$ROEC \times BSI^{LARGE}$	Bubble	ROEC
Bubble				1.0000	0.3639***
ROEC					1.0000

注：***表示在0.01水平上显著，**表示在0.05水平上显著。表中为Spearman相关系数。

图5－1纵轴的坐标为机构投资者交易的数据轴，横轴的坐标为事件期间。图5－1显示机构投资者于披露日利好（利空）消息日呈现大量买入（卖出），而于次日立即进行反方向对冲交易，表明机构投资者可能利用市场信息披露当日进行策略性的拉抬（压低）价格与后续出货（进货）现象。另外，值得注意的是机构投资者的交易模式呈现频繁买进卖出的现象，加上其对市场影响力，可能导致股市高额的换手率。这些结果同时表明企业内在价值变化可能不是机构投资者交易的主要依据，或者说机构投资者交易的目的可能是为了赚取短期价差。

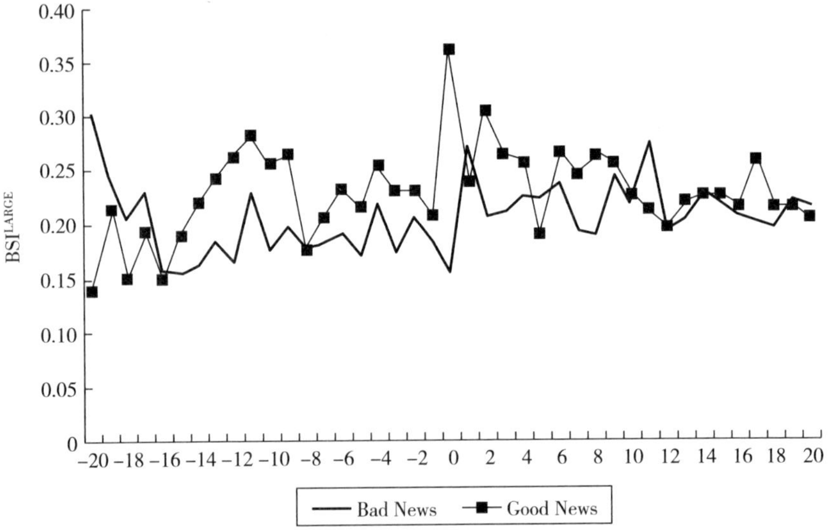

图5－1　盈余披露前后机构投资者的交易

注：BSI^{LARGE}表以百分数表示的机构投资者在股票i中第t天交易金额；Good（Bad）News表利好（利空）消息。

2. 检验交易泡沫效应

首先，我们先分析机构投资者交易对证券投机泡沫的影响，表5－3第一列为基本模型，包括了所有的控制变量，检验模型如下：

$$Bubble_{i,t} = Intercept + \alpha_1 ROEC_{i,t} + \alpha_2 VOL_{i,t} + \alpha_3 ILLIQ_{i,t} + \alpha_4 LOGMV_{i,t} + \varepsilon_{i,t} \quad (5-12)$$

回归结果表明证券泡沫和盈利能力变化、流通市值呈现显著正相关的关系，而与交易量、非流动性比率呈显著负相关的关系，表明基本面利好、市值大、流动性好的证券存在价格泡沫。

在第二列中，加入了盈余披露期间机构投资者交易的金额来检验机构投资者交易效果和证券价格泡沫的关系，对式（5－13）进行回归：

$$Bubble_{i,t} = Intercept + \alpha_1 BSI_{i,t}^{LARGE} + \alpha_2 ROEC_{i,t} + \alpha_3 VOL_{i,t} + \alpha_4 ILLIQ_{i,t} + \alpha_5 LOGMV_{i,t} + \varepsilon_{i,t} \quad (5-13)$$

表5－3第二列的回归结果表明机构投资者交易与证券价格泡沫 Bubble 之间的关系。控制了代表内在价值变动等因素后，BSI^{LARGE}的系数在0.01水平上高度显著正相关，表明机构投资者的交易力度越高，证券价格泡沫越大。支持假设H1：机构投资者的交易，和证券价格泡沫的生成呈显著正相关关系。

为了避免模型的残差分布对回归结果产生影响，在表5－3第三列中我们采用分位数回归进行稳健性检验，分位数回归放宽了对被解释变量分布假设的限制，采用加权残差绝对值之和的方法估计参数。从中可以发现稳健性检验的结果并未改变本章的基本结论。

表5－3　不同时间窗口的机构投资者交易泡沫效应检验结果

Model	原检验		稳健性检验
	(1)	(2)	(3)
	Bubble	Bubble	Bubble
Intercept	-1.9854 (-34.03)***	-1.9280 (-32.82)***	0.7037 (26.14)***
BSI^{LARGE}		0.0957 (25.46)***	0.0174 (7.49)***
ROEC	0.0019 (17.79)***	0.0019 (17.30)***	0.0046 (78.82)***
LOGMV	0.1231 (45.99)***	0.1198 (44.29)***	0.0030 (2.39)**

续表

Model	原检验		稳健性检验
	(1)	(2)	(3)
	Bubble	Bubble	Bubble
ILLIQ（$\times 10^8$）	-0.0806 (-2.15)**	-0.0796 (-2.16)**	-0.7340 (-116.44)***
VOL（$\times 10^{-8}$）	-0.2349 (-22.18)***	-0.2934 (-22.11)***	0.0531 (9.36)***
N	22688	22688	22688
R-Sq	0.2483	0.2759	0.1703

注：①Model（1）和 Model（2）括号中为 White-t 统计量，考虑了异方差问题；*表示在 0.10 水平上显著，**表示在 0.05 水平上显著，***表示在 0.01 水平上显著。Model（3）为经分位数回归后的 t 统计量。

②Model（1）和 Model（2）的 R-Sq 为 Adj R-Sq，Model（3）的 R-Sq 为 Pseudo R-Sq。

3. 检验信息放大效应

我们接着检验假设 H2：机构投资者的交易对内在价值变动的信息产生的放大效应。表 5-4 第一列为基本模型，检验模型如下：

$$CAR_{i,t} = Intercept + \alpha_1 ROEC_{i,t} + \alpha_2 VOL_{i,t} + \alpha_3 ILLIQ_{i,t} + \alpha_4 LOGMV_{i,t} + \varepsilon_{i,t} \quad (5-14)$$

首先，回归结果表明累计超额收益（CAR）和盈利能力变化、流通市值、非流动性比率、交易量呈现显著正相关的关系，表明基本面利好、市值大、流动性差、交易量大的证券价格上涨较大。

其次，我们以反映超额涨跌的累计超额收益（CAR）作为因变量对机构投资者的交易（BSI^{LARGE}）、盈利能力变动（ROEC）、盈利能力变动和机构投资者交易的交叉项（$ROEC_{i,t} \times BSI^{LARGE}_{i,t}$），以及控制了交易量（VOL）、非流动性比率（ILLIQ）与 A 股流通总市值对数（LOGMV）后进行式（5-15）回归：

$$CAR_{i,t} = Intercept + \alpha_1 BSI^{LARGE}_{i,t} + \alpha_2 BSI^{LARGE}_{i,t} \times ROEC_{i,t} + \alpha_3 ROEC_{i,t_{i,t}} + \alpha_4 VOL_{i,t} + \alpha_5 ILLIQ_{i,t} + \alpha_6 LOGMV_{i,t} + \varepsilon_{i,t} \quad (5-15)$$

式（5-15）的回归结果见表 5-4 模型（5-2），BSI^{LARGE} 的系数在 0.01 水平上高度显著正相关，意味着机构投资者的交易导致证券价格以显著超常的速度上涨。此外，如果将式（5-15）中的 $\alpha_2 ROEC_{i,t} \times BSI^{LARGE}_{i,t} + \alpha_3 ROEC_{i,t}$ 改写为（$\alpha_2 \times BSI^{LARGE}_{i,t} + \alpha_3$）$ROEC_{i,t}$，如上述式中 α_2 的估计值显著为正，说明机构投资者的交易将放大股票价格对等量盈余水平对证券超额收益的反应系数。实证结果

显示 α_2 的回归系数呈现显著正相关，说明随着机构投资者交易上升，等量的盈余水平对应着更高的股票价格，意味着股票价格受到机构投资者的交易的作用而放大了对等量盈余的反应，造成市盈率的高估。

表 5－4Model（5－3）中我们采用分位数回归进行稳健性检验，从中可以发现稳健性检验的结果并未改变本章的基本结论。

表 5－4　机构投资者信息放大效应检验结果

Model	原检验		稳健性检验
	(5－1)	(5－2)	(5－3)
	CAR	CAR	CAR
Intercept	－0.0918 (－4.90)***	－0.0674 (－3.77)***	0.058 (3.93)***
BSI^{LARGE}		0.0451 (23.69)***	0.0451 (35.57)***
BSI^{LARGE} × ROEC		0.0002 (2.50)**	0.0003 (6.07)***
ROEC	0.0004 (7.21)***	0.0002 (4.43)***	0.0003 (8.18)***
LOGMV	0.0055 (6.12)***	0.0041 (4.77)***	－0.0025 (－3.64)***
ILLIQ（$\times 10^8$）	0.0672 (1.59)	0.0708 (1.66)*	－0.0004 (－0.13)
VOL（$\times 10^{-8}$）	0.0210 (4.22)***	－0.0064 (－1.50)	0.00033 (0.11)
N	22688	22688	22688
R－Sq	0.0119	0.0525	0.0294

注：①Model（5－1）和 Model（5－2）括号中为 White－t 统计量，考虑了异方差问题；* 表示在 0.10 水平上显著，** 表示在 0.05 水平上显著，*** 表示在 0.01 水平上显著。Model（5－3）为经分位数回归后的 t 统计量。

②Model（5－1）和 Model（5－2）的 R－Sq 为 AdjR－Sq，Model（5－3）的 R－Sq 为 Pseudo R－Sq。

4. 检验证券价格反转效应

为了检验机构投资者的交易是否导致证券价格的短期上涨与后续的股价反转。我们检验控制若干因素后，机构投资者的交易对证券价格的影响，我们进行式（5－16）回归：

$$Dayret_{i,t} = Intercept + \alpha_1 BSI_{i,t}^{LARGE} + \alpha_2 ROEC_{i,t} + \alpha_3 VOL_{i.t} + \alpha_4 ILLIQ_{i,t} + \alpha_5 LOGMV_{i,t} + \varepsilon_{i,t} \quad (5-16)$$

式（5－16）的回归结果见表5－5模型（5－1），BSI^{LARGE}的系数显著为0.0299表明机构投资者的交易会造成当期证券收益（Dayret）的上涨。

接着，我们以 l_5（$x_{i,t}$）＝⌊ $x_{i,t-1}$，$x_{i,t-2}$，$x_{i,t-3}$，$x_{i,t-4}$，$x_{i,t-5}$⌋ 表示各个检验变量前 t 期的滞后效果，对后续证券收益的反转情况的影响。如果前 t 期的滞后效果的系数为负，表明前 t 期的检验变量导致后续的证券收益（*Dayret*）反转。我们检验机构投资者的交易（BSI^{LARGE}）和其滞后项的效果［l_5（$BSI_{i,t}^{LARGE}$）］，以及对证券收益（*Dayret*）的影响，本章进行式（5－17）回归：

$$Dayret_{i,t} = Intercept + \alpha_1 BSI_{i,t}^{LARGE} + \alpha_2 l_5(BSI_{i,t}^{LARGE}) + \alpha_3 l_5(Dayret_{i,t}) + \alpha_4 ROEC_{i,t} + \alpha_5 VOL_{i.t} + \alpha_6 ILLIQ_{i,t} + \alpha_7 LOGMV_{i,t} + \varepsilon_{i,t} \quad (5-17)$$

式（5－17）的回归结果见表5－5模型（5－2），BSI^{LARGE}的系数显著为0.0375表明机构投资者的交易会造成当期证券收益（Dayret）的上涨，l_5（$BSI_{i,t-1}^{LARGE}$）各期的系数显著为负，且系数合计数为－0.0211，表明机构投资者的交易将带来剧烈的证券价格反转。这个实证结果表明和Campbell、Grossman和Wang（1993）[①] 的结论相符，机构投资者的交易是一种噪音过程而非价值发现过程，将导致证券价格的反转，股价呈序列负相关，支持证券价格反转假说：机构投资者的交易，导致了证券的价格反转效应。

表5－5Model（5－3）中我们采用分位数回归进行稳健性检验，从中我们可以发现稳健性检验的结果并未改变本章的基本结论。

表5－5　机构投资者交易与证券价格反转的检验结果

Model	原检验		稳健性检验
	(5－1)	(5－2)	(5－3)
	Dayret	Dayret	Dayret
Intercept	0.0260 (5.53)***	－0.0003 (－0.07)	0.0107 (2.55)**
$BSI_{i,t}^{LARGE}$	0.0299 (33.20)***	0.0375 (27.82)***	0.0449 (113.26)***

① Campbell, John Y., Sanford J. Grossman, Jiang Wang: Trading volume and serial correlation in stock returns, Quarterly Journal of Economics, 1993 (108): 905－939.

续表

Model	原检验		稳健性检验
	(5-1)	(5-2)	(5-3)
	Dayret	Dayret	Dayret
$BSI_{i,t-1}^{LARGE}$		-0.0115 (-12.55)***	-0.0147 (-32.83)***
$BSI_{i,t-2}^{LARGE}$		-0.0016 (-3.73)***	-0.001 (-2.42)**
$BSI_{i,t-3}^{LARGE}$		-0.0025 (-6.06)***	-0.0021 (-5.10)***
$BSI_{i,t-4}^{LARGE}$		-0.0029 (-6.74)***	-0.0033 (-8.21)***
$BSI_{i,t-5}^{LARGE}$		-0.0026 (-6.41)***	-0.0019 (-4.88)***
$Dayret_{t-1}$		0.0079 (0.86)	-0.001 (-0.17)
$Dayret_{t-2}$		-0.0795 (-10.15)***	-0.0952 (-15.68)***
$Dayret_{t-3}$		-0.0172 (-2.38)**	-0.0152 (-2.47)**
$Dayret_{t-4}$		0.0482 (6.62)***	0.0534 (8.64)***
$Dayret_{t-5}$		-0.0113 (-1.56)	-0.0144 (-2.32)**
ROEC ($\times 10^{-2}$)	-0.0012 (-0.93)	-0.0002 (-0.13)	0.0790 (0.89)
LOGMV	-0.0011 (-4.85)***	0.0003 (1.53)	-0.0002 (-1.09)
ILLIQ ($\times 10^{8}$)	0.0077 (4.30)***	0.0049 (3.43)***	-0.00047 (-0.49)
VOL ($\times 10^{-8}$)	-0.0063 (-5.29)***	-0.0051 (-4.36)***	0.0038 (-4.43)***
Adj R-Sq	0.2041	0.2649	0.1777

注：①Model (5-1) 和 Model (5-2) 括号中为 White-t 统计量，考虑了异方差问题；* 表示在 0.10 水平上显著，** 表示在 0.05 水平上显著，*** 表示在 0.01 水平上显著。Model (5-3) 为经分位数回归后的 t 统计量。

②Model (5-1) 和 Model (5-2) 的 R-Sq 为 Adj R-Sq，Model (5-3) 的 R-Sq 为 Pseudo R-Sq。

四、结论

每个交易日，大量的信息涌向证券市场，包括经济、政治、军事、外交等宏观信息、行业信息及企业信息，影响机构投资者交易的信息集是每日变化的过程，而机构投资者短周期的交易特征却少有研究涉及。机构投资者追求利润的本质而产生的突变性投机的特性可能是基金交易风格出现频繁交易行为的原因之一。机构投资者为了获得买卖差价的频繁交易特征可能导致股价中再出售期权泡沫的产生，与我国股市的暴涨与暴跌现象密切相关。

为了对机构投资者交易与证券价格泡沫的形成进行经验检验，本章以沪、深两市上市公司的微结构交易数据为样本，测算了证券价格泡沫与机构投资者交易的关系。此外，本章由信息放大的角度分析证券价格的偏离，检验机构投资者的交易行为与内在价值信息变动交互作用的影响，分析机构投资者的交易行为是否导致 A 股市盈率的高估。本章进一步根据 Campbell、Grossman 和 Wang（1993）[①] 的模型，透过证券收益的序列相关性分析机构投资的交易造成的价格变动是基于内在价值的变动，或是噪音过程导致证券收益的反转。

本章的研究贡献如下：首先，就已知的信息而言，市场观测到的只是机构投资者本身的频繁交易行为，并未深入探讨对资本市场的实质影响。本文检验了机构投资者的微结构交易数据后发现，机构投资者的交易导致证券价格泡沫，放大了内在价值信息的反应，导致市盈率高估。本章同时发现，机构投资的交易造成的价格变动符合 Campbell、Grossman 和 Wang 模型的噪音过程。

本章的研究发现证明，机构投资者的交易风格具有“投机”特征引发了股市泡沫。本章将细分时间间隔的机构投资者的交易行为在一个非常具体的实证研究层面上实现，有助于深刻认识我国市场机制、价格形成机制的特征，对进一步提高证券市场效率也有一定的借鉴意义。

① Campbell, John Y., Sanford J. Grossman, Jiang Wang. Trading volume and serial correlation in stock returns [J]. Quarterly Journal of Economics, 1993 (108): 905 -939.

第六章

信息与价值发现过程

——基于散户微结构交易行为的中国经验数据

核心观点： 本章以面板数据检验了散户交易者在盈余公告期间的微结构交易行为，发现散户交易行为具有投机交易、注意力集中等偏离基本面的交易特征。本章构造包含散户交易因子的超额收益 4 因子模型，发现流通市值较小的公司股票超额收益受到散户交易显著影响，从而为“散户交易引发估值忧虑”的观点提供了经验数据的支持。

一、从“估值忧虑”谈起

股权分置后股价和管理层的利益挂钩使激励机制产生了转变，上市公司开始主动披露真实的业绩，股票市场也走出多年来与宏观经济背离的走势，开始真正体现多年来经济不断增长的成果。资本市场信息流动和竞价过程对中国企业的价值发现起到了非常重要的作用。

2007 年末，“全聚德”、“金风科技”等一些中小板题材股的大幅上涨，引起了市场人士和监管部门的普遍担忧和高度重视。他们认为，“‘全聚德’市盈率 196. 27 倍，较中小板平均市盈率高 121. 52%。‘金风科技’市盈率 233. 10 倍，较中小板平均市盈率高 163. 09%”。市场普遍将大幅上涨的原因归结于基本面题材的过度渲染和大量散户投资者买入。散户的投资需求似乎成为一个罪恶的指标。

股票交易的是公司现有的价值和未来收益的预期，投资者买入市盈率较高的股票可能是非理性行为，也可能是对公司未来发展潜力的认同，从市盈率高低的绝对数字并不能认定散户交易行为是非理性的，散户交易过程的合理性才是问题的根本所在。从资本市场理论来看，股票的价格应该是一条沿着基本面价值波动的线，在任何时候，信息（或假信息[①]）、噪音和投资者行为都在冲击着价格，使其偏离或者调整基本面价值（Lee，2001）[②]。基本面价值主要决定于预期的未来现金流量。在实证研究中，常用会计盈余作为未来现金流量的代理变量，如果存在其他变量，在控制会计盈余的变动后，仍然能够解释散户交易行为的变动，那么它们就是“价值”以外的交易依据，可能导致股票价值偏离基本面。散户对信息接收方式和交易过程的依据可能存在这样的变量。

本章以沪、深两市上市公司作为样本，考察盈余公告期间散户交易行为，发现散户的交易行为和投机交易呈正相关关系，它的交易行为造成资本市场超常的换手率，这是导致投机泡沫产生的因素之一。本章同时发现了散户交易有注意力集中（attention - grabbing）现象，即距离盈余公告日越近、累计涨幅越高及交易量越高的股票越能吸引散户的关注并使其进行交易；散户交易时仅能观测交易量的大小，而不能区分交易量中大户交易者真实的买卖意图，大额交易者能够顺利出清股票。此外，本章依据散户交易的日数据，构造包含散户交易因子的4因子模型，直接度量散户交易对股票超额收益的影响。这些实证结果表明，散户交易行为是非理性的，其交易行为会影响流通市值较小的公司的股票超额收益，从而为“散户交易行为引发估值忧虑”的论断提供了经验数据的支持。

本章结构安排如下：第一部分为引言；第二部分为文献综述和假说推导；第三部分为数据来源和研究设计；第四部分为实证结果；第五部分为本研究的结论和局限性。

二、散户投资者交易特性和中国资本市场的影响

（一）散户交易者的交易是否具有投机特征

大多数人在投资的时候都会认为自己是理性的，很少人在投资的时候会认为自己是不理性的。即便是那些认为股市有泡沫但仍然投资的人，其实也是在进行

---

① 不影响经济实质的信号，以这种信号进行交易也是一种噪音交易（Black，1986）。

② Lee Charles M. C. Market Efficiency and Accounting Research：a Discussion of “Cap ital Market Research in Accounting” by S. P. Kothari［J］. Journal of Accounting and Economics，2001（31）：233 - 253.

一种理性的行为，因为他们所期待的是在泡沫爆破前退出获利。

近年来，西方文献发现，在投资者由于意见分歧及卖空限制下，股票价格超过其基本面价值主要有下列两种原因：一是在静态模型下，股票价格存在一种向上偏差（upwardly biased），不同的意见差异，使较悲观的投资者只能退出市场而不能通过卖空来增加股票供应量，因此均衡价格仅仅反映乐观投资者的收益预期，造成价格的高估。二是在动态模型中，意见分歧及卖空限制这两种因素会造成股票价格超过基本面价值，也就是投机泡沫（如 Harrison and Kreps，1978）①。Scheinkman 和 Xiong（2003）② 将股票价值分解成基本面价值和投机泡沫（resale option），他们的模型指出，投资者愿意支付高于股票实际价值的价格，因为他们认为未来可以将股票转手给出价更高的买主。这种再出售的期权导致股价中产生投机泡沫。Hong、Scheikman 和 Xiong（2006）③ 以投资者的过度自信的乐观效应及再出售的期权（resale option）角度出发，证明了股票流通市值的增加，使未来对股票价值意见分歧的可能性上升，造成股票再出售期权的价值下降，从而股票价格中的投机泡沫破灭。还证明，换手率与市场过度乐观与自信呈正相关关系。Mei、Scheikman 和 Xiong（2005）④ 检验在异质信念及卖空限制下，A 股换手率和股票价格中投机成分（A、B 股的价差）呈显著正相关关系，并发现这种关系不能归因于 A 股市场具有较高的流动性。为了分析 A、B 股换手率是受到投机成分或是流动性需求的影响，他们以相关流动性理论（Duffie，Garleanu and Pedersen，2005⑤；Vayanos and Wang，2007⑥）作为理论依据，分别以 A 股和 B 股换手率对流通市值进行回归，结果分别是呈负相关和正相关关系，显示影响 A

① Harrison, J. Michael, D. M. Kreps. Investor Behavior in a Stock Market with Heterogeneous Expectations [J]. Quarterly Journal of Economics, 1978 (92): 323 - 36.

② Scheinkman Jose A, Wei Xiong. Overconfidence and Speculative Bubbles [J]. Journal of Political Economy, 2003 (111): 1183 - 1219.

③ Hong H., J. Scheinkman, Wei Xiong. Asset Float and Speculative Bubbles [J]. Journal of Finance, 2006 (3): 1073 - 1117.

④ Mei Jianping, Jose A. Scheinkman J., Wei Xiong. Speculative Trading and Stock Prices: Evidence from Chinese A - B Share Premia [R]. NBER working paper, 2005.

⑤ Duffie D., N. Garleanu, L. Pedersen. Over - the - Counter Markets [J]. Econometrica, 2005 (73): 1815 - 1847.

⑥ Vayanos D., Tan Wang. Search and Endogenous Concentration of Liquidity in Asset Markets [J]. Journal of Economic Theory, 2007, 136 (1): 66 - 104.

股换手率的主要因素是投机成分，影响 B 股换手率的主要因素是流动性需求。①

散户如果依据基本面进行投资，可以降低市场的噪音，就是价值投资；然而当它以基本面以外的动机进行投资使股价异常偏离基本面及造成异常的换手率，就可能是投机交易。投机交易直接影响的就是换手率，因此本章使用控制企业基本面变动和 A 股流通市值后的换手率作为衡量投机交易的代理变量。本章提出假设 H1：盈余公告时期如有下列情形，散户交易者具有投机特征的交易行为，即散户投资者的异常净买入和换手率呈正相关关系。

（二）散户交易者的交易行为即具有注意力集中现象的非基本面交易行为

在任何一个交易日，大量经济、政治等宏观信息、行业信息及企业信息涌向证券市场近千个股票。这些信息当中有些和证券的价值相关，会改变证券内在价值；也有一些信息表面上看起来是有用的信息，但是实质上和价值不相关。散户投资者或者受到本身能力的限制，或因分析信息的成本大于他的投资金额，他们的交易决策容易局限在引起他们注意的股票。

Lee（1992）② 及 Barber 和 Odean（2006）③ 认为在卖空限制（short - sales constraints）下投资者行为有注意力集中现象，散户投资者的注意力是有限的，且在卖空限制下，散户投资者很难卖空他们注意的股票，仅能对引起他们注意的股票进行买入。Barber 和 Odean 发现新闻覆盖度较高、异常交易量及超高额当日收益的股票有较高个人投资者的净买入。

同样地，本章提出假设 H2：盈余公告也有类似新闻公告的效果。在控制企业基本面变动和 A 股流通市值后，盈余公告时期如有下列情形，散户交易者的交易行为即具有注意力集中现象的非基本面交易行为：散户投资者的异常净买入和盈余公告日的距离呈负相关关系。

---

① 国内类似的研究有：张峥、刘力（2006）研究中国股票市场换手率与横截面股票收益之间负相关关系的原因，发现这种关系不能由流动性溢价理论完全解释，在市场卖空约束和投资者异质性信念同时存在的条件下，可能出现的投机性交易所造成的股价高估（投机性泡沫）是更为合适的解释。他们发现中国股市股票换手率与其他流动性指标的相关性弱；股票换手率与作为股票高估程度的度量股票的账面市值比（B/M）呈现一定的负相关关系，显示换手率与股票价格的投机性泡沫正相关；换手率与股票流通市值负相关，不符合流动性的含义，而其他流动性指标与股票流通市值的关系符合流动性的含义。

② Lee Charles M. C. Earnings News and Small Traders: An Intraday Analysis [J]. Journal of Accounting and Economics, 1992 (15): 265 - 302.

③ Barber B., Odean. T. All that glitters: The effect of attention and news on the buying behavior of individual and institutional investors [J]. Review of Financial Studies, 2008 (21): 785 - 818.

股票收益率是影响投资者决策、交易行为的重要因素。交易当天股票的涨跌是影响个体投资者羊群行为的重要因素（李新路、韩志萍，2007）①。本章认为在投机泡沫利益和从众跟风行为的驱使下，个股累计涨幅（以累计异常收益度量）越高和交易突然活跃（以异常交易量度量）的股票越能吸引市场的关注。因此，本章提出假设 H3：在控制企业基本面变动和 A 股流通市值后，盈余公告时期如有下列情形，散户交易者的交易行为即可能具有非基本面交易行为：散户投资者的异常净买入和个股累计异常收益及异常交易量呈正相关关系。

（三）大额投资者出货特征

大额交易者对市场的信息及交易操纵行为也是影响散户交易行为重要的议题。庄家是投机操纵的代名词，大户、机构投资者等大额交易者能够发挥他们的专业研究能力及信息的易取得性，可以达到稳定市场、提高市场效率的目的。而在资本市场法制仍不健全之时，大额交易者也可能会利用他们的规模及信息优势进行信息散布引起投机泡沫等扰乱市场行为，成为操纵市场的庄。1934 年美国 SEC 立法将股市操纵分为行动操纵（action – based manipulation）、信息操纵（information – based manipulation）。通过行动安排改变资产的真实价值来操纵股价的方式即行动操纵，如 1901 年美国钢铁的管理层通过关闭工厂，再重新开工来操纵股价；通过传播虚假消息或谣言影响股价的操纵行为即为信息操纵。此外，Allen 和 Gale（1992）② 认为通过大量的买、卖来影响价格的交易操纵（trade – based manipulation）行为，也是一种股市操纵。他们发现，在不完全信息下，投资者不能分辨大额交易者是操纵股价或者是知情者（informed）认为股价低估而进行的交易，操纵者可以因此获得超额利润。Jarrow（1992）③ 发现如果存在价格动量的情况下，即交易者交易造成的价格上升能带动未来价格的上升，操纵者

① 李新路，韩志萍．中国股市个体投资者羊群行为影响因素分析［J］．中央财经大学学报，2007（6）：35 – 45.

② Allen Franklin，Douglas Gale. Stock Price Manipulation［J］. Review of Financial Studies，1992（5）：503 – 529.

③ Jarrow R. A. Market Manipulation，Bubbles，Corners，and Short Squeezes［J］. Journal of Financial & Quantitative Analysis，1992（27）：311 – 336.

可以获得超额利润。Elliott、Morse 和 Richardson (1984)① 发现特定公告发布日前后，内幕交易的分布参数存在显著的区别，从而揭示了内幕交易与信息公告之间的联系。Aggarwal 和 Wu (2006)② 对美国股票市场操纵做了分析，发现有将近一半 (47.89%) 的操纵案件发生在市值小、成交量小和流动性差的柜台市场上。并用股票收益率、换手率（度量流动性）及波动性对被操纵的股票哑变量进行简单回归，发现呈显著正相关关系。

据2007年10月的我国基金交易风格出现类似庄股特征的频繁交易行为，例如在2006年多数基金公司年周转率在300%~800%，在2007年上半年基金平均换手率达到236%，有的基金换手率高达358.02%，折合年周转率超过600%，有的基金甚至仅一个交易日之后就从大量买进某一股票向大量卖出该股票转换。从这个角度而言，机构投资者的交易方式实际上是具备“庄”特征的短期投机交易行为。因此，本章认为大额交易者有利用盈余信息公告进行投机交易的可能。

国内有文献认为散户投资者会有“跟庄”行为。然而庄家常用一些隐蔽手段和利用消息出货，加上对于大额交易者交易方向需要专业的判断，如 Lee 和 Ready (1991)③ 提出的交易方向辨识方法，所以本章认为在盈余宣告期间散户交易时可能仅能观测交易量的大小，而不能区分交易量中大额交易者的交易方向［净买入（净卖出）］及真实的买卖意图［累计净买入（累计净卖出）］如一笔买入100万元，吸引市场注意，但分成10笔20万元卖出，当日大额交易者的意图是净卖出，而大多数的投资者可能仅以100万元作为判断趋势的依据。因此，在控制企业基本面变动和A股流通市值后，盈余宣告时期有大额交易者趁机出货而导致散户非基本面交易行为的可能性，本章提出假设H4：（大额投资者出货特征）散户投资者的异常净买入和大额投资者的异常净买入呈负相关关系。

---

① Elliott J., G. Morse, Richardson. The Association between Insider Trading and Information Announcements [J]. Rand Journal of Economics, 1984 (15): 521-536.

② Aggarwal R., G. Wu. Stock Market Manipulation—Theory and Evidence [J]. Journal of Business, 2006, 79 (4): 1915-1953.

③ Lee Charles M. C., Ready Mark J. Inferring Trade Direction from Intraday Data [J]. Journal of Finance, 1991, 46 (2): 733-746.

三、中国的经验数据和检验设计

（一）数据来源

本章所使用的数据主要包括中国股市的日内微结构交易数据、日度交易数据以及上市公司财务数据。微结构交易数据（包含每笔交易记录的证券代码、日期、成交时间、成交数量与金额、三个委买报价和三个委卖报价以及各报价上的买卖数量）来自清华金融数据库，其余股票日度交易数据和上市公司财务数据等均来自 Wind 资讯。首先，本章由 Wind 资讯中选出沪、深两市 2006 年中有 2005 年年度报表公告日的数据的 1335 家公司，在从中选取有机构预测每股收益平均值的样本公司 628 家，每家公司选取公告当日及其前后各 30 个交易日作为研究期间，因此每家样本公司有 61 天的日交易数据。其次，本章还删除了上述公司在观测期内股价记录和微结构数据不完整的数据，据此为本章研究设计中变量的计算及后续实证分析的数据来源。这样，最后确定的研究样本有 26480 个公司日度观测值。

（二）研究设计

本章的基本研究思路是，首先通过考察散户对信息接收方式和交易过程的特征是否具有“价值”以外的交易依据；其次考察散户交易行为对不同流通市值的公司的超额收益产生的影响力，来回答我国散户交易行为是否非理性及是否对流通市值较小的公司的超额收益产生影响这一经验命题。依照这个思路，本章首先以微结构数据界定交易者的类型，并计算散户的买卖交易方向，以当日买入交易量合计数和卖出交易量合计数的差额，作为度量当日买卖交易意图的依据；其次计算异常收益、异常交易量与非流动性比率，并控制代表基本面变化的盈余预期变动因子及 A 股流通市值，用以分析散户的交易特征及影响散户信息接收方式的因子；最后依据散户交易的日数据，构造包含散户交易因子的 4 因子模型，直接度量散户交易对股票超额收益的影响。

1. 交易者数据界定方法

对大额交易者和散户交易者的交易行为进行分析，最好的途径当然是获得散户交易者和机构投资者等大额交易者的交易数据。如果所得到的数据并没有区分大额交易者和散户交易者，就必须对交易数据进行界定，以分离出所需的大额交易者和散户投资者交易数据样本。本章将Ⅰ类错误定义为散户交易者被划入大额交易者的概率，将Ⅱ类错误定义为大额交易者被划入散户交易者的概率。那么降低分界金额将减少Ⅱ类错误的概率而增加Ⅰ类错误的概率。Lee 和 Radhakrishna（2000）① 提出设定一个中间区域的方法来降低两类错误的概率。例如，成交金额5000元以下定为散户投资者，成交金额50000元以上定为大额交易者，则Ⅰ类错误和Ⅱ类错误的概率都能同时降低。

以本章观测的期间为例，如果将投资者每笔交易的金额由小到大排列构成一个序列，取一个分位数，如75%，对应的成交金额为52452元作为区分大额交易者和个人投资者的标准。根据这一标准，单笔成交金额在52452元以下的大额交易者将被错判成散户交易者，这就是Ⅱ类错误；单笔成交金额在52452元以上的散户交易者将被错判成大额交易者，这就是Ⅰ类错误。如果降低分位点，如25%，所对应的单笔成交金额为6040元，由于单笔成交金额在6040元以下的大额交易者比单笔成交金额在52452元以上的大额交易者数量大大减少，这就有效地降低了Ⅱ类错误，但同时也增加了Ⅰ类错误。因此，若研究大额交易者特征，则需在提高分位点（即减少Ⅰ类错误）和研究样本减少两者间权衡。同理，若研究个人投资者特征，则需在降低分位点（即减少Ⅱ类错误）和研究样本减少两者间权衡。若研究同时涉及大额交易者和散户投资者，则应对散户投资者和大额交易者设置不同的分位点，这样可以同时减少Ⅰ类错误和Ⅱ类错误的概率，但分位点间距离越大，有效样本也损失越多。

由于本章讨论散户交易者行为，根据研究的需要，本章尽量降低Ⅱ类错误的概率（因为Ⅱ类错误越大，样本中大额交易者的信息越多）同时兼顾样本容量因素。参考 Lee 和 Radhakrishna 中间区域的界定方法，本章对于每一笔交易，如果交易金额大于或等于150000元人民币，本章将其划分为大额交易者；如果交易金额小于或等于15000元，本章将其划分为散户进行的小额交易。150000元和15000元与全部样本交易金额的90%分位数的137693元和50%位数的17432元非常接近。

① Lee Charles M. C., Balkrishna Radhakrishna. Inferring Investor Behavior: Evidence from TORQ Data [J]. Journal of Financial Markets, 2000 (3): 83-111.

2. 买卖交易方向的划分

本章采用 Lee 和 Ready（1991）[①] 提出的方法将每一笔交易划分为由买方发起的交易（Buy）或由卖方发起的交易（Sell）。过程如下：如果一笔交易的成交价格大于当前的买卖报价中点值，则该笔交易被视为由买方发起的；如果一笔交易的成交价格小于当前的买卖报价中点值，则该笔交易被视为由卖方发起的。如果成交价格等于买卖报价的中点值，则用“Tick Test”进行划分，当前成交价格高（低）于前一笔成交价格的交易划分为由买（卖）方发起的。文献中都采用这种方法来划分买卖交易，除非每一笔交易已经标识为买方或者卖方发起的。本章在划分买卖交易时首先将交易记录与买卖报价记录按照时间进行匹配，找出每一笔交易对应的最近的一次报价作为当前报价，再与当前的交易进行匹配。

3. 异常净买入的计算

为了反映交易量中散户和大户交易者真实的交易意图，本章以当日买入交易量的合计数和卖出交易量的合计数的差额，作为度量当日买卖交易意图的依据。与 Barber 和 Odean（2006）净买入计算方法类似，但不同的是分母部分，本章除以交易量以反映研究对象的买卖交易力度对个股的影响。此外，据此本章可以计算股票 i 在第 t 天的大额交易者和散户净买入 $NETBUY_{i,t}^{LARGE}$ 和 $NETBUY_{i,t}^{SMALL}$：

$$NETBUY_{i,t}^{LARGE} = \frac{BUY_{i,t}^{LARGE} - SELL_{i,t}^{LARGE}}{AVEVOL_{i,t}} \tag{6-1}$$

$$NETBUY_{i,t}^{Small} = \frac{BUY_{i,t}^{SMALL} - SELL_{i,t}^{SMALL}}{AVEVOL_{i,t}} \tag{6-2}$$

$$AVEVOL_{i,t} = \frac{1}{150}\sum_{t=-1}^{-150} VOL_{i,t} \tag{6-3}$$

其中，$BUY_{i,t}^{LARGE}$ 是股票 i 在第 t 天由大额交易者作为买方发起的买入交易量，$SELL_{i,t}^{LARGE}$ 是由大户作为卖方发起的卖出交易量。散户净买入的定义也是类似的。$AVEVOL_{i,t}$ 是用前 150 天数据估计的平均交易量。

最后，本章将股票 i 在第 t 天异常净买入（ANB）定义为净买入减去当天样本中其他股票净买入的均值：

$$ANB_{i,t} = NETBUY_{i,t} - \frac{1}{N-1}\sum_{j=1,j\neq i}^{N} NETBUY_{j,t} \tag{6-4}$$

① Lee Charles M. C.，Ready Mark J. Inferring Trade Direction from Intraday Data［J］. Journal of Finance，1991，46（2）：733－746.

因此，本章对于大额（散户）交易者在股票 i 中第 t 天异常净买入表示为 $ANB_{i,t}^{LARGE}$（$ANB_{i,t}^{SMALL}$）。

4. 异常收益（AR）与异常交易量（ABVOL）的计算

本章使用 Fama－French（1993）① 3 因子模型计算股票异常收益。为了计算股票 i 在［d1，d2］天的累计异常收益 CAR，本章首先使用盈余宣告日前第 130 天至盈余宣告日前 31 天共 100 天的日数据估计模型因子载荷，其次计算盈余宣告前后 30 日每天的异常收益：

$$AR_{i,t} = r_{i,t} - \hat{\beta}_{MKT} r_{mt} - \hat{\beta}_{SMB,i} SMB_t - \hat{\beta}_{HML,i} HML_t \quad (6-5)$$

其中，$AR_{i,t}$是股票 i 在相对于盈余宣告日第 t 天的异常收益，r_{mt}是市场报酬率在相对于盈余宣告日第 t 天对无风险利率的溢价。$\hat{\beta}_{MKT}$、$\hat{\beta}_{SMB,i}$、$\hat{\beta}_{HML,i}$是根据 Fama－French 模型估计的因子载荷，SMB_t 是市场上小股票对大股票的溢价，HML_t 是高账面价值与市值比率股票对低账面价值与市值比率股票的溢价。求出每天的异常收益之后，我们计算［d1，d2］对应的累计异常收益 CAR_i：

$$CAR_i = \sum_{t=d1}^{d2} AR_{i,t} \quad (6-6)$$

本章依照 Field 和 Hanka（2001）② 的做法计算异常交易量。首先，本章将正常交易量定义为盈余宣告日前 130 天至盈余宣告日前 31 天共 100 天的平均交易量。第 t 天异常交易量等于当天交易量超出平均交易量的比例。具体定义如下：

$$ABVOL_{i,t} = \frac{V_{i,t}}{\frac{1}{100}\sum_{j=-130}^{-31} V_{i,j}} - 1 \quad (6-7)$$

其中，$V_{i,t}$表示股票 i 第 t 天的交易量。

5. 非流动性比率（ILLIQ）的计算

非流动性比率（$ILLIQ$）等于收益率的绝对值与成交金额的比率，第 i 支股票第 t 日的日度非流动比率的计算公式为：

$$ILLIQ_{i,t} = |Dayrt_{i,t}| / Amt_{i,t} \quad (6-8)$$

其中，$Dayrt_{i,t}$是第 i 支股票第 t 日的日收益率，$Amt_{i,t}$是第 i 支股票第 t 日的成

① Fama E. F.，K. R. French. Common Risk Factors in the Returns on Bonds and Stocks［J］. Journal of Financial Economics，1993（33）：3－53.

② Field L. C.，G. Hanka. The Expiration of IPO Share Lockups［J］. Journal of Finance，2001（2）：471－500.

交金额。该比率为每单位成交金额所引起的价格变化。

6. 企业基本面变动因子（EP）的计算与盈余反应系数的定义

本章以年报的每股盈余和机构预测每股盈余均值的差除以每日收盘价，计算消除规模影响后（scaling）的比率，作为企业基本面变动［利好（空）消息］因子的代理变量（EP）。将累计异常收益对企业基本面变动的回归系数，定义为盈余反应系数。

7. 换手率（TURN）、距离盈余公告日天数（ABSDAY）与A股流通总市值对数（LOGMV）的定义

换手率（TURN）是股票交易量与发行在外股份总数的比例。由于中国股市的二元股权结构的安排，只有流通股在二级市场上交易，因此换手率为股票交易量与发行在外流通股总数的比例。距离盈余公告日天数（ABSDAY）的数据，为事件研究法中所开的窗期天数距离盈余公告日天数的绝对值。为了将盈余公告当日的影响计入回归分析中，距离盈余公告日天数（ABSDAY）的数值以盈余公告当日定义为1，盈余公告日前t天与后t天均设为$t+1$。本章对A股流通总市值取对数作为后续实证分析的控制变量（LOGMV）。

四、中国的经验数据结果分析

（一）描述性统计

主要变量间的相关性如表6－2所示。表6－2告诉我们：第一，累计异常收益和大额投资者异常净买入、换手率、异常交易量以及非流动性比率呈显著正相关关系，而和散户投资者异常净买入、A股流通市值以及距离盈余公告日天数呈显著负相关关系。第二，散户投资者和大额投资者的异常净买入呈显著负相关关系。第三，根据流动性的理论，如果投资人基于流动性需求进行交易，股票的换手率应与股票流通市值正相关（Duffie、Garleanu and Pedersen，2005[①]；Vayanos

① Duffie D.，N. Garleanu，L. Pedersen. Over－the－Counter Markets［J］. Econometrica，2005（73）：1815－1847.

and Wang，2007①），原因在于对于那些股票市值高的股票，投资者更容易找到交易的对象。但如果换手率是反映股票的投机性，股票的换手率应与股票流通市值负相关（Hong、Scheikman and Xiong，2006）②。依据表6-2的结果，观测期间股票的换手率与股票流通市值呈显著负相关关系，显示有投机交易的可能。

表6-1　变量的描述性统计

变量	样本数	均值	标准差	中位数	最小值	最大值
CAR	26480	0.028	0.147	0.017	-0.774	0.995
EP	26480	-0.004	0.017	-0.001	-0.253	0.159
ANB^{LARGE}	26480	0.001	0.308	-0.030	-1.040	1.557
ANB^{SMALL}	26480	0.000	0.027	0.000	-0.728	0.460
TURN（%）	26480	3.456	2.569	2.771	0.001	25.555
ABVOL	26480	1.507	2.115	0.925	-0.838	30.728
LOGMV	26480	20.767	0.854	20.679	18.591	24.307
ILLIQ（$\times 10^{-8}$）	26480	0.098	0.110	0.063	0.000	1.470
ABSDAY	26480	15.756	8.707	16.000	1.000	31.000

表6-2　主要变量的相关性分析

	CAR	EP	ANB^{SMALL}	ANB^{LARGE}	TURN	ABVOL	LOGMV	ILLIQ	ABSDAY
CAR	1	0.034***	-0.029***	0.140***	0.145***	0.207***	-0.123***	0.115***	-0.059***
EP		1	0.027***	0.020***	-0.047	0.012**	0.120***	-0.047***	-0.005
ANB^{SMALL}			1	-0.123***	0.078***	0.056***	0.023***	-0.021***	-0.014**
ANB^{LARGE}				1	0.111***	0.079***	-0.040***	0.141***	0.005
TURN					1	0.628***	-0.241***	-0.061***	0.035***
ABVOL						1	0.114***	-0.145***	0.022***
LOGMV							1	-0.527***	0.014**
ILLIQ								1	0.012*
ABSDAY									1

注：*表示在0.10水平上显著，**表示在0.05水平上显著，***表示在0.01水平上显著。右上角为Spearman相关系数。

① Vayanos D.，Tan Wang. Search and Endogenous Concentration of Liquidity in Asset Markets [J]. Journal of Economic Theory，2007，136（1）：66-104.

② Hong H.，J. Scheinkman，Wei Xiong. Asset Float and Speculative Bubbles [J]. Journal of Finance，2006（3）：1073-1117.

图 6－1 右侧的坐标为大额交易者异常净买入的数据轴，左边是散户投资者异常净买入的数据轴，二者为 5∶1 的比率关系（即右边数值轴每个间距的实际数值是左边的 5 倍）。图 6－1 显示观察期间的大额交易者和散户投资者异常净买入，与 Barber 和 Odean（2006）① 提出的注意力集中现象一致，盈余公告时散户投资者的异常净买入上升，显示散户交易行为受到类似新闻公告效果的盈余公告影响，且在卖空限制下，散户可能仅对引起他们注意的股票进行买入。有趣的是，盈余公告当日大额交易者的交易行为反而呈现净卖出，显示大额交易者可能利用盈余信息公告达到出货的目的。此外，在观测期间大额交易者异常净买入的波动幅度较散户投资者大。

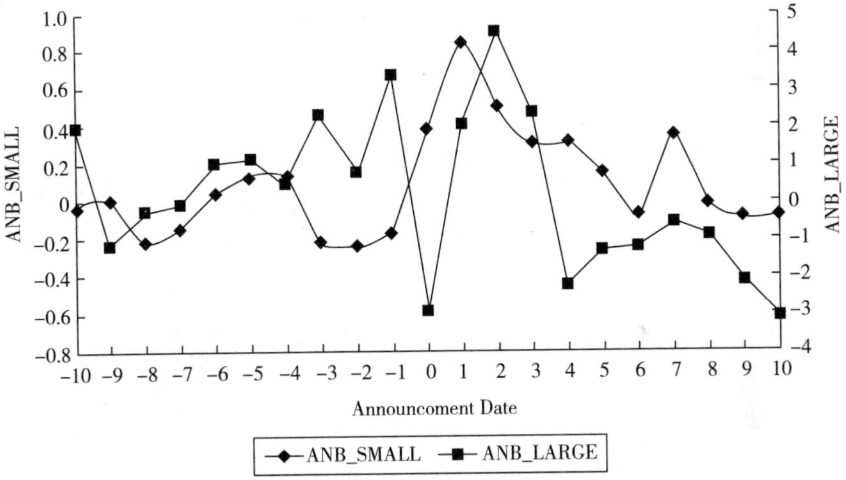

图 6－1　盈余宣告前后大额交易者和散户交易者的异常净买入

注：*ANB_ SMALL* 表散户投资者第 *t* 天异常净买入；*ANB_ LARGE* 表大额投资者第 *t* 天异常净买入。

（二）散户交易特征检验

1. 投机特征检验

为了检验散户交易者的异常净买入和换手率的关系，本章使用盈余公告日前后共 61 天的面板数据，以换手率对散户交易者的异常净买入进行回归，考察控制了企业基本面的代理变量（EP）及 A 股流通总市值对数（LOGMV）后两者之

① Barber B.，Odean. T. All that glitters：The effect of attention and news on the buying behavior of individual and institutional investors［J］. Review of Financial Studies，2008（21）：785－818.

间的相关性：

$$TURN_{i,t} = Intercept + ANB_{i,t}^{SMALL} + EP_{i,t} + LOGMV_{i,t} + \varepsilon_{i,t} \quad (6-9)$$

式（6-9）的回归结果见表6-3模型（6-1），模型解释力度达42.82%且换手率对散户交易者的异常净买入的回归系数为6.3141，t值为14.02，二者呈现显著正相关关系，意味着散户交易者的异常净买入越高，换手率越高。支持本章假设H1，我国散户交易者的交易行为具有投机交易行为特征。

此外，研究多数表明我国A股换手率与其他流动性指标的相关性弱，而与股票价格的投机性泡沫正相关。为了检验散户交易者异常净买入和换手率中纯投机交易部分的相关性，本章以非流动性比率（ILLIQ）作为控制变量控制流动性的影响，进行下式回归：

$$TURN_{i,t} = Intercept + ANB_{i,t}^{SMALL} + ILLIQ_{i,t} + EP_{i,t} + LOGMV_{i,t} + \varepsilon_{i,t} \quad (6-10)$$

式（6-10）的回归结果见表6-3模型（6-2），从中可以发现换手率对散户交易者的异常净买入的回归系数为6.4656，t值为14.46，二者呈现显著正相关关系，且和模型（6-1）的回归系数6.3141差异不大，意味着控制了流动性因素后，散户交易者的交易行为和投机交易行为相关。

2. 注意力集中现象检验

本章接着检验假说注意力集中现象，看散户交易者的异常净买入和距离盈余公告日的关系。本章以散户交易者的异常净买入对距离盈余公告日日期的绝对值（ABSDAY）进行回归，和上述的方法类似，本章加入反映企业基本面的代理变量（EP）及控制了对A股流通总市值对数（LOGMV）后，考察散户交易者的交易行为是否受到盈余公告的影响。回归式如下：

$$ANB_{i,t}^{SMALL} = Intercept + ABSDAY + EP_{i,t} + LOGMV_{i,t} + \varepsilon_{i,t} \quad (6-11)$$

式（6-11）的回归结果见表6-3模型（6-3），从中可以发现散户交易者异常净买入对距离盈余公告日日期绝对值的回归系数为-0.0001，t值为-2.43，二者呈现显著负相关关系，意味着距离公告日期越近，散户交易者的异常净买入越高，代表了散户交易者的交易行为受到盈余公告的影响，支持注意力集中假设H2。

本章接着观测散户投资者的异常净买入与个股累计异常收益及异常交易量的关系。和上述的方法相同，本章加入反映企业基本面的代理变量（EP）及控制了A股流通总市值对数（LOGMV）后，考察散户交易者交易行为是否受到个股涨幅（即累计异常收益，CAR）及异常交易量（ABVOL）的影响。回归式如下：

$$ANB_{i,t}^{SMALL} = Intercept + CAR_{i,t} + ABVOL_{i,t} + EP_{i,t} + LOGMV_{i,t} + \varepsilon_{i,t} \quad (6-12)$$

式（6－12）的回归结果见表6－3模型（6－4），从中可以发现散户交易者异常净买入对个股累计异常收益及异常交易量的回归系数分别为0.0162和0.0016，t值分别为8.03和15.47，呈现显著正相关关系，意味着散户交易者的交易行为具有“追涨杀跌”的特性及追逐交易量活跃的股票，支持本章假设H3。

3. 大额投资者出货特征检验

本章按照检验大额交易者出货假说，看散户投资者的异常净买入和大额投资者的异常净买入（净卖出）的关系。和上述的方法类似，本章加入反映企业基本面的代理变量（EP）及控制了A股流通总市值对数（LOGMV）后，考察散户交易者是否受到大额投资者的异常净买入（净卖出）的影响。回归式如下：

$$ANB_{i,t}^{SMALL} = Intercept + ANB_{i,t}^{LARGE} + EP_{i,t} + LOGMV_{i,t} + \varepsilon_{i,t} \qquad (6-13)$$

式（6－13）的回归结果见表6－3模型（6－5），从中可以发现散户交易者对大额交易者异常净买入的回归系数为－0.0072，t值为－13.26，二者呈现显著负相关关系，意味着大额交易者的异常净卖出越高散户交易者异常净买入越高。显示盈余宣告期间散户交易时可能不能区分出交易量中大额交易者交易行为的影响，而使得大额交易者在盈余公告期间达到顺利出货的目的，支持大额交易者出货假设H4。

4. 合并检验

前述结果单独检验了投机特征、注意力集中现象，以及大额投资者出货特征，为了更完整分析具有相同因变量的各个特征的待检验变量对散户交易的联合影响，也为了避免变量间表征的特质可能具有替代的效果，而产生不同的实证结果。本章以散户投资者的异常净买入对距离盈余公告日日期的绝对值、个股累计异常收益、个股异常交易量和大额投资者的异常净买入进行回归。和上述的方法相同，本章同时控制了企业基本面的代理变量（EP）及A股流通总市值的影响，回归式如下：

$$ANB_{i,t}^{SMALL} = Intercept + ABSDAY + CAR_{i,t} + ABVOL_{i,t} + ANB_{i,t}^{LARGE} + EP_{i,t} + LOGMV_{i,t} + \varepsilon_{i,t} \qquad (6-14)$$

式（6－14）的回归结果见表6－3模型（6－6），当本章加入假设H2、假设H3及假设H4中待检验所有变量之后，上述变量的符号和显著性都没有发生改变，代表变量间不存在替代的效果。此外，上述变量共同解释了散户异常净买入，提高了模型的解释力；各个变量间也互为控制变量，因此将使得实证结果较单一假说检验更具有说服力。需要指出的是，模型（6－6）能够解释10.28%的散户投资者异常净买入，而模型（6－4）（仅考虑假设 H3）中就能够解释 8.39%。从这个角度上来说，假设 H3 是 3 个待检验假设中最具有解释能力的一个，亦即散户交易主要是受到个股累计异常收益及异常交易量的影响。

表 6－3 散户交易者交易效应检验结果

Model	(6－1)	(6－2)	(6－3)	(6－4)	(6－5)	(6－6)
	TURN (%)	TURN (%)	ANB^{SMALL}	ANB^{SMALL}	ANB^{SMALL}	ANB^{SMALL}
Intercept	－116.6440 (－66.02)***	－110.0890 (－61.63)***	－0.0507 (－2.05)**	0.2226 (7.62)***	－0.0605 (－2.48)**	0.1324 (9.19)***
ANB^{SMALL}	6.3141 (14.02)***	6.4656 (14.46)***				
ILLIQ ($\times 10^{-8}$)		－2.5840 (－19.42)***				
ABSDAY			－0.0001 (－2.43)**			－0.0001 (－6.45)***
ABVOL				0.0016 (15.47)***		0.0006 (12.22)***
CAR				0.0162 (8.03)***		0.0083 (9.21)***
ANB^{LARGE}					－0.0072 (－13.26)***	－0.0187 (－33.36)***
$LOGMV_{i,t}$	5.7357 (68.33)***	5.4297 (64.01)***	0.0025 (2.09)**	－0.0107 (－7.67)***	0.0029 (2.49)**	－0.0063 (－8.83)***
EP	2.0792 (0.36)	－1.4969 (－0.26)	0.2032 (2.54)**	0.1528 (1.91)*	0.1944 (2.43)**	0.1333 (3.57)***
Fix Effect	Yes	Yes	Yes	Yes	Yes	Yes
N	26480	26480	26480	26480	26480	26480
R－Square	0.4282	0.4571	0.0738	0.0839	0.0798	0.1028

注：①Model（6－1）是对式（6－9）的回归结果；Model（6－2）是对式（6－10）的回归结果；Model（6－3）是对式（6－11）的回归结果；Model（6－4）是对式（6－12）的回归结果；Model（6－5）是对式（6－13）的回归结果；Model（6－6）是对式（6－14）的回归结果。

②表中 Fix Effect 为 Yes 表示面板数据在使用随机效应模型时，Hausman 检验被拒绝，使用了固定效应模型。括号内数为 t 值；***表示在 0.01 水平上显著，**表示在 0.05 水平上显著，*表示在 0.1 水平上显著。

5. 散户交易因子模型（ANB）

本章用面板数据将 Fama－French 模型扩展，依 A 股流通总市值对数（LOG-MV）分成5 组（Quantile），并加入散户交易者异常净买入，作为度量市场散户交易过程的4 因子模型，看散户交易对不同市值组合的股票的超额收益解释力。模型如下：

$$R_{i,t}-R_{ft}=Alpha+\hat{\beta}_{MKT}r_{mt}+\hat{\beta}_{SMB,i}SMB_t+\hat{\beta}_{HML,i}HML_t+\hat{\beta}_{ANB,i}ANB_t+\varepsilon_{i,t} \quad (6-15)$$

其中，$R_{i,t}$是股票 i 在相对于盈余宣告日第 t 天的收益，R_{ft}是股票 i 在相对于盈余宣告日第 t 天的无风险利率。r_{mt}是市场报酬率在相对于盈余宣告日第 t 天对无风险利率的溢价。$\hat{\beta}_{MKT}$、$\hat{\beta}_{SMB,i}$、$\hat{\beta}_{HML,i}$是根据 *Fama－French* 模型估计的因子载荷，SMB_t 是市场上小股票对大股票的溢价，HML_t 是高账面价值与市值比率股票对低账面价值与市值比率股票的溢价。交易因子（ANB）是散户交易者异常净买入。

式（6－15）的回归结果见表 6－4，从中可以发现 A 股流通总市值较大（Quantile 4 和 Quantile 5）组的公司，散户交易因子回归系数不显著，说明散户交易未对这类公司的超额收益造成影响。而 Quantile1 到 Quantile3 的公司，股票超额收益对散户交易因子的回归系数分别为 0.1048、0.0645、0.0707，t 值分别为6.42、4.03 和3.52，呈显著正相关关系，代表流通市值较小的公司的股票超额收益受到散户交易的影响。此外，Quantile1 到 Quantile3 的公司，在加入散户交易因子后，原 Fama－French 模型中的3 因子的符号和显著性都没有发生改变，说明散户交易因子与这 3 个因子不存在替代的效果，显示散户交易因子对股票的超额收益具有单独解释能力，上述实证结果对流通市值较小的公司受到散户交易影响提供了经验数据的支持。①

表 6－4 散户交易因子模型

Model	Alpha	r_{mt}	SMB	HML	ANB	Fix Effect	R－Square
Size Quantile1							
Fama－French	0.0028 (4.65)***	1.1637 (33.72)***	0.1430 (1.96)**	0.2246 (2.00)**		No	0.3193

① 国外类似的研究有：Lee、Shleifer 和 Thaler（1991），他们发现市值较小的公司及散户投资者持股比率较高的公司，容易受到散户投资者交易行为的影响。

续表

Model	Alpha	r_{mt}	SMB	HML	ANB	Fix Effect	R - Square
ANB	0.0029 (4.73)***	1.1612 (33.87)***	0.1595 (2.20)**	0.2251 (2.02)**	0.1048 (6.42)***	No	0.3290
Size Quantile2							
Fama - French	0.0013 (2.33)**	1.1825 (37.93)***	-0.0250 (-0.38)	0.2342 (2.34)**		No	0.3423
ANB	-0.0022 (-0.64)	1.1871 (37.62)***	-0.0230 (-0.34)	0.2165 (2.09)**	0.0645 (4.03)***	Yes	0.3600
Size Quantile3							
Fama - French	0.0013 (2.39)**	1.1260 (35.19)***	-0.0255 (-0.38)	0.1373 (1.34)		No	0.2858
ANB	0.0012 (2.22)**	1.1396 (35.41)***	-0.0242 (-0.36)	0.12864 (1.25)	0.0707 (3.52)***	No	0.2882
Size Quantile4							
Fama - French	0.0010 (1.68)*	1.1287 (38.51)***	-0.0832 (-1.32)	0.1587 (1.65)*		No	0.3212
ANB	0.0010 (1.64)	1.1347 (38.35)***	-0.0845 (-1.34)	0.1583 (1.65)*	0.0292 (1.49)	No	0.3216
Size Quantile5							
Fama - French	0.0006 (1.26)	0.9308 (33.91)***	-0.1861 (-3.14)***	0.1829 (2.04)**		No	0.2676
ANB	0.0006 (1.21)	0.9362 (32.12)***	-0.1835 (-3.09)***	0.1808 (2.01)**	0.0146 (0.56)	No	0.2677

注：①Size Quantile1 - 5 为以第一季末 A 股流通总市值对数（LOGMV）分成 5 组（Quantile）进行检验。表中 Fix Effect 为 Yes 表示面板数据在使用随机效应模型时，Hausman 检验被拒绝，使用了固定效应模型。Fix Effect 为 No 表示面板数据使用随机效应模型。

②括号内数为 t 值；*** 表示在 0.01 水平上显著，** 表示在 0.05 水平上显著，* 表示在 0.1 水平上显著。

五、结论和局限性

股权分置解决了非流通股上市的问题，市场的运行基础从此发生根本性的变化，股票市场开始真正体现多年来经济不断增长的成果。然而，在我国政府—市场混合资本市场机制下，国内的股票大部分是政府持有，资源供应出现短缺是不可避免的，过剩的资金追逐有限的股票，也就容易形成价值泡沫与投机交易。从市场参与者的环境分析，国内的基金公司，利用政府的支持（市场准入的审批）和公众的获利期待，短期内规模发展迅猛。在这个环境下国内几只基金联合就可以形成对特定股票的垄断，达到做庄的效果。与此同时，基本面题材的过度渲染和大量散户投资者买入使得深圳交易所中小板股票大幅上涨，引起了市场人士和监管部门的普遍担忧和高度重视。散户的交易方式也成为资本市场上关注的焦点。本章直接针对国内资本市场争论的议题，说明问题的症结所在及借鉴了国际规范的计算方法，运用完整微结构交易数据提出经验数据的支持，对股改后市场信息流动和参与者竞价过程的研究做出贡献。

本章直接度量散户交易者的异常净买入，对散户信息接收方式和交易过程进行研究，披露了中国资本市场散户交易的微结构世界。据此，本章检验了散户交易者非基本面交易行为因素—投机交易、注意力集中和大额交易者出货。以这个角度而言，散户的交易会使股票偏离基本面价值。因此，对具有散户介入过多特征的股票所引发的市场估值忧虑，提供了经验数据的支持。

本章的研究贡献如下。首先，就已知的信息，市场观测到的只是站在散户投资者本身的频繁交易行为，还没有发现市场或研究观测到中国资本市场散户交易者和个股换手率的关系，后者对个股造成了更直接的影响。本章发现散户交易者的异常净买入和投机交易呈正相关关系，它的交易行为造成资本市场超常的换手率，是导致投机泡沫的因素之一。其次，本章发现了散户交易者的交易行为具有注意力集中现象。散户交易者的交易行为受到盈余公告的影响：距离公告日期越近，散户交易者的异常净买入越高。并且散户交易者的异常净买入与个股累计异常收益率及异常交易量呈正相关关系，在投机泡沫利益的驱使下，个股累计涨幅和交易量越高的股票越能吸引散户的关注并使其进行交易。再次，本章发现散户的交易时仅能观测交易量的大小，而不能区分交易量中大户交易者的交易方向[净买入（净卖出）]及真实的买卖意图，大额交易者能够顺利出清股票。本章还扩展了 Fama - French 3 因子模型，构造包含散户交易因子的超额收益 4 因子模型，对 A 股流通总市值较小的公司股票超额收益受到散户交易的影响提供了经验数据的支持。最后，本章的研究对证券市场监管部门对股市投机行为实现更及时的监管起到了一定的参考作用。

本章的研究局限性在于，基于数据的限制，所以采用分位数法，对投资者数据进行划分。不可避免地具有Ⅰ类和Ⅱ类错误的可能性。在此仅提供相关的理论及实证结果，供证券市场监管部门做进一步的扩展及提供投资者交易决策的参考。

第七章

信息透明度与散户的交易选择

——基于深圳交易所上市公司的实证研究

核心观点：股市的风险往往归因于散户的交易，大力发展机构投资者成为提高市场效率的不可挑战的信条。透过微结构数据的分析，本章发现散户交易存在过度自信特征，可能过度高估私有信息精确度，导致错误定价信息。分离了过度自信的因素后，本章发现信息透明度为散户交易的重要依据。更为重要的是，本章发现，相对于散户而言，信息透明度对机构投资者交易的影响较低，说明了信息透明度对于处于信息劣势的投资者具有更重要的现实意义。

一、散户在中国资本市场的特殊地位以及起到的作用

在投机氛围浓厚以及信息中介传递偏差的新兴资本市场发展过程中，散户往往容易被市场误导，进而在一定程度上成为市场风险的根源。2007 年末，“全聚德”、“金风科技”等一些中小板题材股的大幅上涨，引起了市场人士和监管部门的普遍担忧和高度重视。他们认为，“‘全聚德’市盈率 196. 27 倍，较中小板平均市盈率高 121. 52%。‘金风科技’市盈率 233. 10 倍，较中小板平均市盈率高 163. 09%”。市场普遍将大幅上涨的原因归结于证券基本面价值的过度渲染和大量散户投资者的买入行为，散户的交易成为了资本市场非理性的指标。

首先，基于散户在我国资本市场的特殊地位以及起到的重要作用，理解散户的投资行为及其影响因素则成为了规范市场秩序、提高资本市场效率的一个重要课题。本章从信息披露的角度出发，研究公司的信息披露如何影响散户的交易行为。我们认为相对于机构投资者，散户是资本市场中的信息弱势群体。一方面，散户不能像机构投资者那样有渠道能够直接收集公司的相关信息，如直接调研上

市公司。因而，他们往往只能依赖于公司的主动或者被动信息披露[①]。另一方面，散户的时间和精力都十分有限，即使有直接收集信息的渠道也无法真正实施。因此，这两方面原因使我们相信研究信息披露质量对散户的行为有着重要的意义。

其次，公司的信息披露也是中国证监会近年来着重强调的一个监管目标。例如，证监会2010年第37号公告就对上市公司的信息披露做出了严格的规定，包括信息披露内容与格式以及对审计师的相关要求。证监会这些要求的重要目的之一就是充分保护散户投资者的利益，规范散户投资者的行为。虽然这是监管者的重要目标之一，然而据我们所知国内很少有研究对这一问题提供实证证据。因此，本章试图弥补这一研究空白，检验信息披露是否的确影响了散户的行为。

我们同时注意到散户的交易确实可能存在一定的偏差。以往研究发现散户存在过度自信的特征（Odean，1998）[②]。过度自信的投资者往往高估私有信息的精确性而低估了公开信息的信息含量，形成对证券预期价格的偏见，导致对信息产生过度反应或者反应不足，进而推动证券的价格偏离其价值，因而造成错误定价（Scheinkman and Xiong，2003）[③]。因此，我们进一步考察了过度自信是不是影响信息披露和散户交易之间的关系。

在本章中，我们利用了微结构数据来检验散户的交易行为。以往研究发现信息披露透明度的提高，降低了非知情交易者的信息劣势（Easley and O'Hara，2004）[④] 和逆向选择成本，从而提高交易需求进而增加证券的流动性（Diamond and Verrecchia，1991[⑤]；Kim and Verrecchia，1994[⑥]）和降低权益资金成本。因此，我们预测在其他条件相同的情况下，散户会更倾向于买入信息披露透明程度

---

① 这里主动披露主要指上市公司通过媒体等渠道向投资者传输信息，而被动披露主要指上市公司面临的一些强制披露要求，例如年报。

② Odean T. Volume, volatility, price, and profit when all traders are above average [J]. Journal of Finance, 1998, 53 (6): 1887 - 1934.

③ Scheinkman Jose A. Wei Xiong. Overconfidence and Speculative Bubbles [J]. Journal of Political Economy, 2003 (111): 1183 - 1219.

④ Easley D., M. O'Hara. Information and the cost of capital [J]. Journal of Finance, 2004, 59 (4): 1553 - 1583.

⑤ Diamond, D., R. Verrecchia. Disclosure, liquidity, and the cost of capital [J]. Journal of Finance, 1991, 46 (4): 1325 - 1359.

⑥ Kim Oliver, R. Verrecchia. Market liquidity and volume around earnings announcements [J]. Journal of Accounting & Economics, 1994, 17 (1 - 2): 41 - 67.

更高公司的股票。

作为对比样本，我们同时还考察了机构投资者。由于机构投资者通常具有信息优势，并且往往依据拥有的私有信息进行市场交易（Bushee and Goodman, 2007）①，因而对公开信息的需求较低。此外，Easley、Hvidkjaer 和 O'Hara（2002）② 发现信息不对称下知情交易者会利用本身信息的优势进行交易，使不知情的交易者产生损失。Kim（1993）③ 发现较低信息分析成本的投资者能够取得较多的私有信息，信息披露反而降低了这类投资者的信息优势。由此，我们预测对机构投资者而言，信息披露质量将降低他们交易的相对优势，从而减少他们的交易行为。

本章的研究结果显示，散户交易和过度自信程度呈现正相关的关系。在控制了过度自信的因素后，本章发现散户的交易和信息披露透明程度呈现正相关的关系，表明信息披露透明程度对散户买入交易有重要的影响。更为重要的是，本章发现，相对于散户而言，信息披露透明度对具有信息分析优势的机构投资者交易的影响程度较低，说明了信息披露透明度对于处于信息劣势的投资者具有更重要的现实意义。本章结构安排如下：第一部分为引言；第二部分为文献综述和假说推导；第三部分为数据来源和研究设计；第四部分为实证结果；第五部分为本章的结论。

二、散户的交易选择

证券的价值为基于现有信息集下预期未来现金流量的折现值。每个交易日，大量的信息涌向证券市场，包括经济、政治、军事、外交等宏观信息、行业信息及企业信息。当中有一些信息和证券的价值相关，引起证券内在价值的变化；有一些信息表面上看起来是有用的，但是实质上和价值不相关，是噪音；也有一些信息真真假假，是传言。投资者面对着这样庞大的信息集合，其收集、整理、分

① Bushee B., T. Goodman. Which institutional Investors' trade based on private information about earnings and returns? [J]. Journal of Accounting Research, 2007, 45 (2): 289-321.

② Easley D. Hvidkjaer, M. O'Hara. Is Information Risk a Determinant of Asset Returns? [J]. Journal of Finance, 2002, 57 (5): 2185-2221.

③ Kim O. Disagreements among shareholders over a firm's disclosure policy [J]. Journal of Finance, 1993, 48 (2): 747-760.

析信息的成本是十分巨大的。

现有研究发现散户交易的信息受到信息中介，如分析师、媒体的影响。此外，信息披露质量对于投资者信息集合的形成构成了重要的影响。研究表明，高质量的信息披露和市场流动性（Diamond and Verrecchia，1991）①、机构投资者的持股（Bushee and Noe，2000）②、分析师的关注度和准确性等呈现正相关的关系，而与权益资金成本、代理成本呈现负相关的关系。

曾颖、陆正飞（2006）③ 发现信息披露质量较高的样本公司边际权益资金成本较低，这说明我国上市公司的信息披露质量会对其权益资金成本产生积极影响。潘越、戴亦一和林超群（2011）④ 发现信息透明度越低的个股发生暴跌的风险越大，而现有对于信息披露的法规（如 2006 年出台的新证券法提高了信息披露责任）并没有显著减弱信息不透明的负面影响。作为一个有效法律外的替代机制，分析师对信息的生产、传递和吸收环节的介入，能够更真实地披露公司的真实面貌，降低信息不透明对证券暴跌风险的影响。

此外，信息透明度的提高，降低了非知情交易者的信息劣势和逆向选择成本，从而提高交易需求进而增加证券的流动性。散户在信息分析能力较低、私有信息取得成本较高的限制下，倾向于投资信息披露透明度较高的公司。近年来，国外调查研究发现 56% 散户投资者会分析证券会计报表进行投资，并且绝大多数的散户投资者认为会计报表提供了价值攸关信息对于其投资决定起到重要的作用。因此，信息披露透明程度成为了散户降低信息劣势的重要工具，本章提出假设 H1：散户的买入和信息透明程度呈正相关关系。

过度自信指投资者对自己能力的评估往往高过自己实际的能力，这种特性同样存在于散户和专业投资者身上。例如：研究表明投资者对盈余的预测呈现系统性的过度自信。Grinblatt 和 Keloharju（2009）⑤ 发现过度自信的投资者的交易容

① Diamond D.，R. Verrecchia. Disclosure，liquidity，and the cost of capital［J］. Journal of Finance，1991，46（4）：1325－1359.

② Bushee B. C. Noe. Corporate disclosure practices，institutional investors，and stock return volatility［J］. Journal of Accounting Research（Supplement），2000，171－202.

③ 曾颖，陆正飞. 信息披露质量与股权融资成本［J］. 经济研究，2006（2）：69－91.

④ 潘越，戴亦一，林超群. 信息不透明、分析师关注与个股暴跌风险［J］. 金融研究，2011（9）：138－151.

⑤ Grinblatt M.，M. Keloharju. Sensation seeking，overconfidence，and trading activity［J］. Journal of Finance，2009，64（2）：549－578.

易受到情绪性的因素影响（sensation－seeking trading）。此外，过度自信往往导致投资者高估自有信息的精确度，因而对公开信息反应不足（Odean，1998）①，从而导致信息公开后，证券收益的持续性同方向变动现象，如盈余漂移。更重要的是，过度自信将导致投资者忽略市场上的信息风险，更大程度地以投资者的私有信息进行交易，这将低估信息披露过程中逆向选择的成本，降低信息透明度的作用，因此，本章提出假设 H2：散户的过度自信会降低交易过程中信息透明程度的作用。

由于机构投资者往往具有信息优势，并依据他们拥有的私有信息于市场上交易。虽然高质量的信息有助于机构投资者进行投资决策，但是凭着他们的信息优势他们同样能够于较差的信息环境中获利。而散户由于资源的限制，往往处于信息劣势（De Franco et al.，2007）②，难以获得与价值相关的信息，因此信息披露透明能够缩小和知情交易者或者机构投资者信息优势的差距，同时降低他们的信息风险。

Kim（1993）③ 发现，相较于非知情交易者，具有信息优势和较低信息分析成本的投资者对公开信息的需求较低。Kim 的模型说明了较低信息分析成本的投资者取得了较多的私有信息，因此信息披露降低了这类投资者的信息优势。因此，本章提出假设 H3：相对于散户而言，信息披露透明度对机构投资者交易的影响程度较低。

三、散户的交易选择检验设计

（一）模型设定

1. 信息透明程度与散户交易模型

为了检验信息透明程度对散户交易的影响，模型设定如下：

---

① Odean T.，Volume，volatility，price，and profit when all traders are above average［J］. Journal of Finance，1998，53（6）：1887－1934.

② De Franco G.，H. Lu，F. Vasvari，Wealth transfer effects of analysts' misleading behavior［J］. Journal of Accounting Research，2007，45（1）：71－110.

③ Kim O. Disagreements among shareholders over a firm's disclosure policy［J］. Journal of Finance，1993，48（2）：747－760.

$$BSI_{i,t}^{Small} = \alpha + \beta_1 Benviro_t + \beta_2 Overcon\_ Small_{i,t} + \beta_3 Overcon\_ Small_{i,t} \times Benviro_t + \sum \beta_j Controls + \varepsilon_{i,t} \quad (7-1)$$

其中，BSI^{Small}表示散户买入交易，Benviro 为哑变量，为公司深交所信息披露考核等级，“优秀”和“良好”为0，“及格”和“不及格”为1。因此，Benviro 为1 表明信息透明程度较差。Overcon_ Small 为散户累积过度自信程度，Benviro × Overcon_ Small 表示累积过度自信程度对信息透明程度的影响，Controls 为其他控制变量。

根据假设，本章预期：（1）$\beta_1 < 0$，表明信息透明度较差的证券，散户的买入交易较低；（2）$\beta_3 > 0$，意味着过度自信会减弱信息透明度对散户的作用。

2. 市场交易者信息需求模型

为了检验信息透明程度对散户和机构投资者交易的影响，模型设定如下：

$$BSI_{i,t} = \alpha + \beta_1 Benviro_t + \beta_2 Institutional_{i,t} + \beta_3 Institutional_{i,t} \times Benviro_t + \sum \beta_j Controls + \varepsilon_{i,t} \quad (7-2)$$

其中，BSI 表示散户和机构投资者的交易，Institutional 为机构投资者哑变量，如果是机构投资者的交易数据 Institution 哑变量为 1，否则为 0。Institutional × Benviro 表示机构投资者对信息透明程度的边际需求，Controls 为其他控制变量。根据假设 H3，本章预期：$\beta_3 > 0$，意味着相较于散户，机构投资者更倾向于买入信息透明度较差的证券，以提高交易的相对优势。换句话说，由于机构投资者有其他渠道收集公司的信息，他们的投资行为受到公司信息透明度的影响相对较小。

（二）变量定义

1. 信息透明程度的度量（Benviro）

研究信息透明度中最关键的因素是对信息透明度进行定义、确定其衡量标准。但迄今为止，国内外对信息透明度的表述尚无统一的说法。从实证角度看，学术界和一些相关的研究机构都认同信息透明度包含了上市公司信息披露的数量和质量的综合评价。深圳交易所对上市公司展开结合质和量的考察调研所公布的上市公司信息披露考评，较好地反映了我国信息环境的情况，同时兼具独立性和权威性的特点。因此，本章沿用曾颖、陆正飞（2006）① 的研究方法，采用深圳

① 曾颖，陆正飞．信息披露质量与股权融资成本［J］．经济研究，2006（2）：69－91.

交易所公布的上市公司信息披露考评作为度量我国上市公司信息透明度的变量。

Benviro 为哑变量，为公司深交所信息披露考核等级，“优秀”和“良好”为 0，“及格”和“不及格”为 1。因此，Benviro 为 1 表明信息透明程度较差。

2. 过度自信的定义

过度自信往往导致散户过度交易（Odean，1998）①。本章以散户每日交易频率（交易笔数）取对数后的值作为度量过度自信的变量（Con_ Small）。并计算事件期间［d1，d2］天对应的累积过度自信程度（Overcon_ Small），定义如下：

$$Overcon\_\ Small_{i,t} = \sum_{t=d_1}^{d_2} Con\_\ Small_{i,t} \tag{7-3}$$

3. 交易者数据界定方法

对投资者的交易行为进行分析，最好的途径当然是获得投资者的交易数据。如果所得到的数据并没有区分机构投资者和散户投资者，就必须对交易数据进行界定，以分离出所需的交易数据样本。我们将Ⅰ类错误定义为散户被划入机构投资者的概率，将Ⅱ类错误定义为机构投资者被划入散户的概率。那么降低分界金额将减少Ⅱ类错误的概率而增加Ⅰ类错误的概率。Lee 和 Radhakrishna（2000）②提出设定一个中间区域的方法来降低两类错误的概率。例如，成交金额 5000 元以下定为散户投资者，成交金额 500000 元以上定为机构投资者，则Ⅰ类错误和Ⅱ类错误的概率都能同时降低。

参考 Lee 和 Radhakrishna 提出的中间区域的界定方法，我们以样本中每笔成交金额于 15000 元以下定为散户投资者的交易，成交金额 300000 元以上定为机构投资者的交易。

4. 买卖交易方向的划分

本章采用 Lee 和 Ready（1991）③ 提出的方法，将每一笔交易划分为由买方发起的交易（Buy）或由卖方发起的交易（Sell）。过程如下：如果一笔交易的成交价格大于当前的买卖报价中点值，则该笔交易被视为由买方发起的；如果一笔交易的成交价格小于当前的买卖报价中点值，则该笔交易被视为由卖方发起的。

① Odean T. Volume, volatility, price, and profit when all traders are above average［J］. Journal of Finance, 1998, 53 (6): 1887–1934.

② Lee Charles M. C, Balkrishna Radhakrishna. Inferring Investor Behavior: Evidence from TORQ Data［J］. Journal of Financial Markets, 2000 (3): 83–111.

③ Lee Charles M. C, Ready Mark J. Inferring Trade Direction from Intraday Data［J］. Journal of Finance, 1991, 46 (2): 733–746.

如果成交价格等于买卖报价的中点值，则用“Tick Test”进行划分，当前成交价格高（低）于前一笔成交价格的交易划分为由买（卖）方发起的。本章在划分买卖交易时首先将交易记录与买卖报价记录按照时间进行匹配，找出每一笔交易对应的最近的一次报价作为当前报价，再与当前的交易进行匹配。

5. 散户（机构投资者）买入交易的计算（$BSI^{Small(Large)}$）

为了反映交易量中散户（机构投资者）真实的交易意图，本章采用 Kaniel 等（2008）[①] 的方法，以每个交易日散户（机构投资者）买入交易金额的合计数和卖出交易金额的合计数的差额除以交易日前 90 日平均交易量，作为度量散户（机构投资者）当日买卖交易的依据，据此本章可以计算股票 i 在第 t 天的散户（机构投资者）交易（buy - sell imbalance），$BSI^{Small(Large)}$：

$$BSI_{i,t}^{Small(Large)} = \frac{BUY_{i,t}^{Small(Large)} - SELL_{i,t}^{Small(Large)}}{AVEVOL_{i,t}} \tag{7-4}$$

$$AVEVOL_{i,t} = \frac{1}{90}\sum_{t=-1}^{-90} VOL_{i,t} \tag{7-5}$$

其中，$BUY^{Small(Large)}$是股票 i 在第 t 天由散户（机构投资者）作为买方发起的买入交易金额，$SELL^{Small(Large)}$是由散户（机构投资者）作为卖方发起的卖出交易金额。AVEVOL 是用事件日前 90 天数据估计的平均日交易量。

6. 企业内在价值变化（ΔROE）与其他控制变量（Controls）的定义

从资产定价理论来看，股票价值主要决定于预期的未来现金流量和与该现金流量风险水平相适应的预期报酬率。在实证研究中，许多研究者用股票发行公司的盈利能力作为未来现金流的代理变量，即内在价值的代理变量。

企业盈利能力的变化（ΔROE）采用净资产收益率的变化表征，即当年净利润/所有者权益（ROE）减去上年净利润/上年所有者权益。如果此数值为正数（负数）则定义为利好（利空）消息。

其他控制变量（Controls）包括：企业上市年限（Age）、规模（A 股流通总市值对数，LOGSIZE）、交易量（交易量对数，LOGVOL）、资本结构（期末总资产负债率，Lev）、当期审计意见（OP，1 表示非标准审计意见，否则为 0）、是否四大事务所审计（Big4，1 表示审计师为“四大”，否则为 0）、行业因素（采用证监会行业分类标准），以及是否为沪深 300 指数成分股，HS300 为 1 表示为

① Kaniel Ron, G. Saar, Titman. Individual Investor Trading and Stock Returns［J］. Journal of Finance, 2008（1）: 273 - 310.

指数成分股，否则为0。

7. 媒体的选择与媒体关注的定义

本章选择了7份报纸作为媒体的来源，分别是《中国证券报》、《证券日报》、《证券时报》、《中国经营报》、《经济观察报》、《上海证券报》和《21世纪经济报道》。我们收集了前述7份报纸对样本公司于本章研究期间的全部报道，数据来自《中国重要报纸全文数据库》，该数据库对这7份报纸内容的覆盖率超过99%。我们使用"主题查询"对样本公司的全称及简称进行搜索。

本章有将网站和杂志作为媒体报道的来源，主要原因有：第一，许多网络信息来自对报纸杂志的转载，造成计算媒体关注率的重复，而分离这些信息是相当困难的；第二，虽然杂志报道更有深度，但整体而言，信息覆盖面较窄，而且缺乏时效性。我们采用Fang和Peress（2009）① 的做法，以媒体报道的绝对数量为媒体关注的度量依据。我们以事件期间样本公司每个交易日前述7份报纸的新闻报道合计数度量样本公司该交易日的媒体关注程度（Coverage），求出每天的媒体关注程度之后，我们计算［d1，d2］天对应的累计媒体关注程度（Coveragesum），定义如下：

$$Coveragesum_{i,t} = \sum_{t=d_1}^{d_2} Coverage_{i,t} \tag{7-6}$$

由于较高的媒体关注程度可以提高信息环境的质量，本章参考Ng（2011）的转换方法，以事件期间累计媒体关注度（Coveragesum）乘以负1的值Benviro_Media，作为信息透明程度的代理变量，Benviro_ Media越大表明信息透明程度越差。

8. 累计日均买卖价差（Cumulated Proportional Quoted Spread，CQRSP）的计算

本章沿用Leuz和Verrecchia（2000）② 以每笔交易的买卖价差度量信息不对称的思路，采用Hameed等（2010）③ 计算日均买卖价差（QRSP）的方法，以证券 i 每笔交易的买卖价差除以该笔买卖报价中点值的日度均值。求出每天的日均相对买卖价比之后，我们计算［d1，d2］天对应的累积日均相对买卖价差

① Fang Lily，Joel Peress. Media Coverage and the Cross – Section of Stock Returns［J］. Journal of Finance，2009，64（5）：2023 –2052.

② Leuz C.，R. Verrecchia. The economic consequences of increased disclosure［J］. Journal of Accounting Research（Supplement），2000：91 –124.

③ Hameed A.，Kang，W.，Viswanathan S. Stock market declines and liquidity［J］. Journal of finance，2010（1）：257 –293.

(CQRSP)，定义如下：

$$CQRSP_{i,t} = \sum_{t=d_1}^{d_2} ARSP_{i,t} \tag{7-7}$$

本章以事件期间累计日均相对买卖价差（CQRSP）作为事件期间信息透明程度的代理变量 Benviro_ QRSP。

（三）样本数据

本章所使用的数据主要包括中国股市的日内微结构交易数据、日度交易数据、上市公司财务数据、媒体数据以及行业分类数据。微结构交易数据（包含每笔交易记录的证券代码、日期、成交时间、成交数量与金额、三个委买报价和三个委卖报价以及各报价上的买卖数量）来自清华金融数据库，媒体数据来自《中国重要报纸全文数据库》，其余股票日度交易数据、上市公司财务数据和行业分类标准来自 Wind 资讯。首先，本章由 CSMAR 数据库中选出深圳交易所上市公司 2007 年度公告年度会计报告和信息披露考评的公司，每家公司选取盈余披露当日及其前后各 20 个交易日作为研究期间，因此每家样本公司有 41 天的日交易数据。其次，本章分别对每个样本公司中交易者的微结构数据进行界定，以分离出散户交易者的交易数据，同时还删除了样本公司在观测期内股价记录和微结构数据不完整的数据。这样，确定的研究样本有 17271 个日度观测值。

四、中国散户的交易选择经验数据结果分析

（一）描述性统计

表 7 –1 给出了研究数据的描述性统计量。从表 7 –1 我们可以看出散户交易平均值为 0. 0669，表明盈余信息披露期间散户呈现买入的交易，或者说信息披露可能引起散户进行交易。再者，机构投资者交易平均值为 0. 5499，表明盈余信息披露期间机构投资者同样呈现买入的交易。Benviro 平均值为 0. 2951，表明约有 1/3 的上市公司观测值存在信息披露透明程度较差的情况。

表 7-1　描述性统计

变量	样本数	均值	标准差	25%	50%	75%
BSI^{Small}	17271	0.0669	0.1186	0.0043	0.0321	0.0891
BSI^{Big}	17271	0.5499	1.8132	-0.3397	0.2668	1.1781
Benviro	17271	0.2951	0.4561	0.0000	0.0000	1.0000
Overcon_ Small	17271	112.1318	63.8715	57.1997	111.2022	165.6101
ΔROE	17271	3.3201	21.7833	-1.8500	0.6200	4.1700
LOGSIZE	17271	21.1740	0.8914	20.5455	21.0712	21.6968
LOGVOL	17271	15.8729	1.0325	15.2060	15.9378	16.5973
Age	17271	8.9065	3.7812	7.0000	10.0000	11.0000
Lev	17271	49.7863	18.0443	38.2981	52.2605	62.6940
HS300	17271	0.1444	0.3515	0.0000	0.0000	0.0000
Big4	17271	0.0302	0.1711	0.0000	0.0000	0.0000
OP	17271	0.0382	0.19158	0.0000	0.0000	0.0000

注：BSI^{Small}为散户投资者买入，BSI^{Big}为机构投资者买入；Overcon_ Small 为年报披露日前后各 20 个交易日的累计过度自信程度；Age 为上市年限长度；LOGVOL 为交易量的自然对数；LOGSIZE 为流通市值的自然对数；Lev 为期末总资产负债率；ΔROE 为净资产收益率（%）的增减变化；HS300 为沪深 300 指数成分股，1 表示为指数成分股，否则为 0；OP 为审计意见（OP，1 表示非标准审计意见，否则为 0）；Big4 为是否四大事务所审计（Big4，1 表示审计师为“四大”，否则为 0）。

表 7-2 列示了本章主要变量的相关性。我们发现 BSI^{Small} 同其他主要变量都有显著的相关性。然而，单变量分析并没有控制其他因素的影响，我们着重在下文回归分析中考察信息透明度是否影响了散户投资行为。

表 7-2　主要变量的相关性分析

	BSI^{Small}	BSI^{Big}	Benviro	Overcon_ Small	ΔROE
BSI^{Small}	1.0000	0.0531***	0.1208***	0.4451***	0.0415***
BSI^{Big}		1.0000	0.1150***	0.1891***	0.1140***
Benviro			1.0000	0.0119	0.0675***
Overcon_ Small				1.0000	0.0087
ΔROE					1.0000

注：*** 表示在 0.01 水平上显著。表中为 Spearman 相关系数。

（二）回归分析

1. 信息透明程度和散户交易

表7－3第一列为我们的基本模型，探讨散户交易和控制变量的关系。回归结果表明控制其他控制变量后散户交易和企业内在价值变化（ΔROE）呈现显著正相关的关系，表明散户的买入、卖出和公司的基本面呈现正相关的关系，表示公司价值相关信息对散户有着重要的影响，反映了散户有限理性的特性。

表7－3　信息透明程度和散户交易检验结果

Model	(1) BSI^{Small}	(2) BSI^{Small}	(3) BSI^{Small}
Intercept	0.8566 (31.58)***	1.0164 (40.38)***	1.0033 (39.82)***
Benviro			－0.0141 (－3.99)***
Overcon_ Small		0.0007 (55.33)***	0.0006 (41.08)***
Benviro × Overcon_ Small			0.0003 (10.27)***
ΔROE	0.0003 (8.03)***	0.0003 (7.2)***	0.0003 (6.94)***
LOGSIZE	－0.0409 (－29.22)***	－0.0493 (－37.95)***	－0.0480 (－36.90)***
LOGVOL	0.0008 (0.71)	－0.0033 (－3.41)***	－0.0037 (－3.81)***
Age	0.0047 (17.33)***	0.0052 (20.67)***	0.0050 (20.09)***
Lev	0.0003 (5.07)***	0.0003 (5.73)***	0.0002 (5.09)***
HS300（$\times 10^{-4}$）	－0.0024 (－0.76)	0.0173 (5.81)***	0.0186 (6.28)***
Big4	0.0182 (3.48)***	0.0271 (5.62)***	0.0295 (6.13)***

续表

Model	(1) BSI^{Small}	(2) BSI^{Small}	(3) BSI^{Small}
OP	0.0336 (7.39)***	0.0365 (8.71)***	0.0292 (6.90)***
Inds	Control	Control	Control
N	17271	17271	17271
Adj R - Sq	0.1125	0.2463	0.2544

注：括号内数为 t 值；*** 表示在 0.01 水平上显著，** 表示在 0.05 水平上显著，* 表示在 0.1 水平上显著。

表 7 - 3 第二列为检验散户过度自信和散户交易的关系。从中可以发现过度自信程度越高，散户买入越高，可能的原因是过度自信扩大散户意见分歧程度、情绪化交易、强化散户注意力集中现象（徐浩峰，2009）①，或者导致散户对信息过度反应，从而产生过度交易。

表 7 - 3 第三列为联合检验散户过度自信、信息透明程度和散户交易的关系。我们发现控制了散户过度自信因素后，散户的交易和 Benviro 在 0.01 水平上高度显著负相关，表明散户买入了信息透明程度较好的公司，卖出了信息透明程度较差的公司。同时说明了信息透明程度对散户的重要性。支持假设 H1：散户的买入和信息透明程度呈正相关关系。

此外，Benviro × Overcon_ Small 的系数显著为正，说明散户的过度自信会降低交易过程中信息透明程度的作用，买入了信息透明程度较差的公司。支持假设 H2。

2. 信息透明程度和散户、机构投资者的关系

表 7 - 4 第一列为我们的基本模型，探讨市场交易者（散户和机构投资者）和控制变量的关系。回归结果表明，控制其他控制变量后市场交易者（散户和机构投资者）和企业内在价值变化（ΔROE）呈现显著正相关的关系，市场交易者倾向于投资基本面利好的公司。

① 徐浩峰. 信息与价值发现过程：基于散户微结构交易行为的实证研究［J］. 金融研究，2009（2）：133 - 143.

表 7-4 信息透明程度和散户、机构投资者的检验结果

Model	(1) BSI	(2) BSI	(3) BSI
Intercept	1.0374 (4.67)***	0.8937 (4.00)***	0.7006 (3.20)***
Benviro		0.1001 (6.11)***	-0.0637 (-2.90)***
Institution			0.3863 (23.76)***
Benviro × Institution			0.3275 (10.94)***
ΔROE	0.0015 (4.53)***	0.0015 (4.37)***	0.0015 (4.45)***
LOGSIZE	-0.0541 (-4.72)***	-0.0453 (-3.93)***	-0.0453 (-4.00)***
LOGVOL	0.0115 (1.33)	0.0078 (0.90)	0.0078 (0.92)
Age	0.0213 (9.52)***	0.0203 (9.07)***	0.0203 (9.25)***
Lev	0.0018 (4.33)***	0.0016 (3.88)***	0.0016 (3.96)***
HS300 ($\times 10^{-4}$)	-0.12069 (-4.59)***	-0.1122 (-4.26)***	-0.1122 (-4.35)***
Big4	-0.41190 (-9.62)***	-0.3944 (-9.20)***	-0.3944 (-9.38)***
OP	0.32359 (8.69)***	0.2815 (7.44)***	0.2815 (7.59)***
Inds	Control	Control	Control
N	34542	34542	34542
Adj R-Sq	0.0204	0.0214	0.0588

注：括号内数为 t 值；*** 表示在 0.01 水平上显著，** 表示在 0.05 水平上显著，* 表示在 0.1 水平上显著。

本章于表 7-4 第二列检验信息透明程度和市场交易者（散户和机构投资者）

的关系。回归结果表明控制了代表内在价值变动等变量后，市场交易者的交易和Benviro的系数在0.01水平上高度显著正相关，表明信息透明程度较差会造成更高的市场交易者（散户和机构投资者）买入。

表7-4第三列为检验信息透明程度对不同市场交易者（散户和机构投资者）的关系。我们发现Benviro×Institution在0.01水平上高度显著正相关，表明信息环境较差的公司，机构投资者呈现较高的买入的交易。说明相较于机构投资者而言，信息披露透明程度对散户的重要性更大。支持假设H3：相对于散户而言，信息披露透明度对机构投资者交易的影响程度较低。

（三）稳健性检验①

首先，为了提高信息透明程度衡量的完善性，本章于稳健性检验中使用累计媒体关注度以及累计日均买卖价差，作为信息透明程度的代理变量。由于媒体披露强化了信息传递的速度降低了信息风险（Fang and Peress，2009）②，较高的媒体关注度可以提高信息环境的质量，本章参考Ng（2011）的转换方法，以事件期间累计媒体关注度③乘以负1的值Benviro_ Media，作为信息透明程度的代理变量。因此，Benviro_ Media越大则媒体的关注度越低，表明信息透明程度越差。

其次，本章以事件期间累计日均买卖价差④作为信息透明程度的代理变量Benviro_ QRSP，买卖价差越大表明交易双方的逆向选择成本越高，信息不对称程度越高（Leuz and Verrecchia，2000）⑤，因此，Benviro_ QRSP越大表明信息透明程度较差。

1. 信息透明程度和散户交易的稳健性检验

表7-5为联合检验散户过度自信、信息透明程度和散户交易的关系。我们发现控制了散户过度自信因素后，散户的交易和信息透明程度代理变量Benviro_ Media呈显著负相关，表明散户买入了信息透明程度较好的公司，卖出了信息透

① 稳健性检验是在接受审稿专家意见后所进行的检验，这些意见包括变量选择和相关文献建议，作者深表感谢。

② Fang Lily，Joel Peress：Media Coverage and the Cross - Section of Stock Returns，Journal of Finance，2009，64（5）：2023-2052.

③ 媒体的选择与媒体关注的定义，见附录。

④ 累计日均买卖价差的计算，见附录。

⑤ Leuz，C.，R. Verrecchia.：The economic consequences of increased disclosure，Journal of Accounting Research（Supplement），2000：91-124.

明程度较差的公司。说明了信息透明程度对散户的重要性。

表 7－5 信息透明程度和散户交易检验结果

Model	(1) BSI^{Small}	(2) BSI^{Small}
Intercept	0.9806 (38.05)***	1.014 (40.69)***
Benviro_ Media	−0.0127 (−7.77)***	
Benviro_ QRSP		0.0063 (1.01)
Overcon_ Small	0.0008 (56.55)***	0.0007 (52.93)***
Benviro_ Media × Overcon_ Small	0.0001 (11.05)***	
Benviro_ QRSP × Overcon_ Small		0.0002 (4.29)***
ΔROE	0.0003 (7.21)***	0.0003 (7.18)***
LOGSIZE	−0.0474 (−36.03)***	−0.0491 (−38.20)***
LOGVOL	−0.0043 (−4.44)***	−0.0031 (−3.20)***
Age	0.0055 (21.94)***	0.0052 (20.87)***
Lev	0.0003 (6.20)***	0.0002 (4.73)***
HS300 ($\times 10^{-4}$)	0.0191 (6.37)***	0.017 (5.75)***
Big4	0.0283 (5.74)***	0.0189 (3.94)***
OP	0.0361 (8.67)***	0.0274 (6.54)***

续表

Model	(1) BSI^{Small}	(2) BSI^{Small}
Inds	Control	Control
N	17271	17271
Adj R - Sq	0. 2548	0. 2612

注：括号内数为 t 值；*** 表示在 0. 01 水平上显著，** 表示在 0. 05 水平上显著，* 表示在 0. 1 水平上显著。

此外，Benviro_ Media × Overcon_ Small 和 Benviro_ QRSP × Overcon_ Small 的系数显著为正，说明散户的过度自信会降低交易过程中信息透明程度的作用，买入了信息透明程度较差的公司。总体而言，稳健性检验的结果并未改变本章的基本结论。

2. 信息透明程度和散户、机构投资者的关系的稳健性检验

表 7 - 6 为检验信息透明程度对不同市场交易者（散户和机构投资者）的关系。我们发现 Benviro_ Media × Institution 和 Benviro_ QRSP × Institution 在 0. 01 水平上显著为正，表明信息环境较差的公司，机构投资者呈现较高的买入的交易。说明相较于机构投资者而言，信息披露透明程度对散户的重要性更大，稳健性检验的结果并未改变本章的基本结论。

表 7 - 6 信息透明程度和散户、机构投资者的检验结果

Model	(1) BSI	(2) BSI
Intercept	0. 6503 (2. 88) ***	0. 8627 (4. 00) ***
Benviro_ Media	- 0. 0121 (- 2. 15) **	
Benviro_ QRSP		0. 0449 (2. 09) **
Institution	0. 5181 (34. 76) ***	0. 4393 (32. 12) ***
Benviro_ Media × Institution	0. 0435 (5. 93) ***	

续表

Model	(1) BSI	(2) BSI
Benviro_ QRSP × Institution		0. 6045 (20. 14)***
ΔROE	0. 0015 (4. 65)***	0. 0013 (4. 01)***
LOGSIZE	−0. 0485 (−4. 22)***	−0. 0567 (−5. 11)***
LOGVOL	0. 0119 (−1. 40)	0. 0132 (−1. 58)
Age	0. 0217 (9. 85)***	0. 0214 (9. 85)***
Lev	0. 0018 (4. 49)***	0. 0013 (3. 14)***
HS300 ($\times 10^{-4}$)	−0. 1138 (−4. 38)***	−0. 1135 (−4. 45)***
Big4	−0. 3948 (−9. 24)***	−0. 4917 (−11. 80)***
OP	0. 3234 (8. 85)***	0. 2179 (5. 99)***
Inds	Control	Control
N	34542	34542
Adj R − Sq	0. 0556	0. 0790

注：括号内数为 t 值；*** 表示在 0. 01 水平上显著，** 表示在 0. 05 水平上显著，* 表示在 0. 1 水平上显著。

五、结论

基于财务报表信息透明度和交易者的交易选择的研究具有重要的理论和现实意义。它直接关系到有效资本市场假说和行为金融学之间的论争和联系，影响着我们对市场机制、价格形成机制等问题的认识；同时，它影响着会计信息的重要服务对象——证券投资者，是否有效利用会计信息和认识信息风险，尤其是影响散户投资者在交易选择时如何根据会计信息以及信息披露环境制定投资策略。本章的研究对提高我国证券市场的效率，保护投资者的利益都有重要的意义。

每一个交易日，大量经济、政治、军事等宏观信息、行业信息及企业信息涌向证券市场，这些信息当中有些和证券的价值相关，会改变证券内在价值；也有一些信息表面上看起来是有用的信息，但是实质上和价值不相关。散户受到本身能力与随机因素的影响，他们的交易容易更依赖信息透明程度高的环境。透过微结构数据的分析，本章发现散户的交易受到本身过度自信的影响而容易产生交易，然而控制了过度自信的因素后，本章发现散户的交易和信息披露透明程度呈现正相关的关系，这表明信息披露环境的提升有助于散户的买入交易，对散户的有限理性行为提出了经验数据的支持。

本章利用大量关于价格委托单以及其他与市场有关的信息，将细分时间间隔的经济行为在一个非常具体的实证研究层面上实现，有助于深刻认识我国市场机制、价格形成机制的特征，对进一步提高证券市场效率有一定的借鉴意义。

第八章

稳健会计原则、成长能力与过度现金股利支付

核心观点：稳健会计原则或称会计稳健性，是从对财务报告的限制角度出发保护投资者利益的一种有效机制，能够发挥公司治理的功能。采用中国 2001～2006 年上市公司数据，本章研究发现：稳健会计原则能够有效降低过度现金股利的支付可能，体现其公司治理作用。但是，由于不同成长能力下控股股东的“掏空动机”不同，因此稳健会计原则的治理作用也存在一定差异。在成长能力较低时，较强的掏空动机使稳健会计原则抑制过度现金股利支付的作用更加明显。

一、稳健会计原则和公司治理的功能

代理理论认为公司可能倾向于向股东支付现金股利，而且股东与债权人之间的冲突和委托问题越严重，支付的现金股利就越多。而稳健会计原则（稳健原则或会计稳健性）[①] 能够降低过度股利支付，起到保护债权人利益的作用，因为稳健原则能够影响债务合约中的会计数字，如净利润和留存收益。但是，目前国内外关于稳健原则在债务契约中是否发挥作用还没有一致的结论，稳健原则能否抑制过度现金股利支付也鲜有相关研究。另外，跨国研究表明在法制环境较好的国家和地区，财务报告的稳健程度更高（Bushman and Piotroski，2006）[②]。在不同的法制环境下，稳健原则发挥的作用可能也存在差异。那么，在法制建设和契约保护相对不够健全的转型经济国家，稳健原则能否发挥治理作用，抑制过度的现

① 也称稳健性或谨慎性。采用稳健的会计政策和会计估计，所产生的会计信息也就是稳健的会计信息，本章将两者统称为会计的稳健性。采用稳健的会计政策和会计估计不是出于财务报告目的而实施的盈余管理。

② Bushman R.，Piotroski. J. Financial Reporting Incentives for Conservative Accounting：The Influence of Legal and Political Institutions［J］. Journal of Accounting and Economics，2006（42）：107－148.

金股利，从而保护债权人的利益呢？

本章研究发现：稳健会计原则能够降低现金股利的过度支付，体现出其公司治理功能。但是，稳健原则的治理作用受到控股股东掏空动机的影响，在不同成长能力下抑制过度现金股利支付的作用有所差异。在低成长能力下，控股股东掏空动机较强，因此稳健性能够发挥一定的治理作用。而随着企业成长能力的增加，控股股东掏空动机会逐渐转变为支持上市公司，从而降低对稳健原则的需求，进一步降低稳健原则发挥其治理作用。

本章的研究结论与 Ahmed 等（2002）[①] 存在差异，可能的原因在于：①Ahmed等以现金股利支付水平表征代理问题，研究了代理成本与稳健性之间的关系；而本章则从稳健性的经济后果角度考虑，探讨稳健性在降低代理成本方面的作用。前者属于前因研究，本章属于后果研究。②Ahmed 等并没有考虑到现金股利政策与稳健会计原则之间的双向影响，而本章则基于联立方程模型考察了双向影响。③制度环境的差异导致代理成本对稳健原则的影响不同。Ahmed 等利用美国的数据发现代理成本越高，利益相关者对稳健原则的需求越高，而市场对企业管理层的压力导致企业会采用较为稳健的会计方法报告盈余；本章采用的是中国的企业数据。在中国，控股股东对企业各项决策具有决定权，“一股独大”的股权结构导致市场难以对企业决策产生实质影响，反而表现为代理问题越严重，企业财务报告表现出的稳健原则越低，因为控股股东会利用会计报告的主观决策原则操纵企业利润，尤其是当控股股东存在掏空动机时，会采用激进的报告原则发放股利。因此，代理问题更为严重的，反而表现出稳健性更低。另外，不同于 Ahmed 等的研究在于，本章对不同成长能力下控股股东的掏空动机进行了分析和分组检验，这种分组分析进一步明确了控股股东在什么情况下表现出更高的代理问题，从而影响会计原则的选择以及对应的融资决策。

本章第二部分为相关文献回顾，第三部分为研究假设，第四部分和第五部分分别为研究设计和实证分析，第六部分为本章结论。

---

① Ahmed A. S., Billings B. K., Morton R. M., Stanford – Harris M. The role of accounting conservatism in mitigating bondholder – shareholder conflicts over dividend policy and in reducing debt costs [J]. The Accounting Review, 2002 (77): 867 – 890.

二、稳健会计原则的进一步探讨

由于稳健性在收入确认要求上更加严格，降低了管理层不披露预期损失的可能性（Watts，2003）①，因此能够抑制管理层高估盈余和净资产的动机和能力，从而使稳健性成为降低代理问题、保护投资者利益的一种有效机制。作为信息供给方，企业也有动机提供稳健的会计报告，因为财务报告越稳健，企业融资成本越低（La Fond and Watts，2008）②。也就是说，稳健的财务报告对股东和债权人都是有利的，尤其是当代理问题越严重时，稳健会计原则越有利于股东和企业从外部获取资金。因此，一些学者对代理问题与稳健性之间的关系进行了研究。Ahmed 等（2002）③ 采用现金股利支付水平衡量股东和债权人之间潜在的代理冲突，发现代理冲突越严重时，财务报告越稳健。La Fond and Roychowdhury（2008）④ 采用 CEO 持股比例作为代理成本的衡量，也得到了同样的结论。也就是说，债权人和其他投资者要求财务报告更高的稳健性从而保障自身的利益，而稳健原则也确实发挥了这样的作用。

跨国研究发现制度环境、法律体系以及执法力度的不同决定了不同监管机构的政治成本，从而影响了稳健会计政策的制定和执行（Bushman and Piotroski，2006）⑤。虽然准则制定是决定会计稳健程度的重要因素，但规定的执行以及管理层的动机的影响则更大（Ball et al.，2003）⑥。在中国，虽然中国资本市场有很多的规章制度，但是在执行上依旧存在很大问题，而且中国企业的治理特征与

① Watts R L. Conservatism in accounting part I: explanations and implications [J]. Accounting horizon, 2003 (17): 207 - 221.

② La Fond R., Watts R. The Information Role of Conservatism [J]. The Accounting Review, 2008 (83): 447 - 478.

③ Ahmed A. S., Billings B. K., Morton R. M., Stanford - Harris M. The role of accounting conservatism in mitigating bondholder - shareholder conflicts over dividend policy and in reducing debt costs [J]. The Accounting Review, 2002 (77): 867 - 890.

④ La Fond R., Roychowdhury S. Managerial Ownership and Accounting Conservatism [J]. Journal of Accounting Research, 2008 (46): 101 - 135.

⑤ Bushman R., Piotroski. J. Financial Reporting Incentives for Conservative Accounting: The Influence of Legal and Political Institutions [J]. Journal of Accounting and Economics, 2006 (42): 107 - 148.

⑥ Ball R., Robin A., Wu, J. Incentives vs. standards: Properties of accounting income in four East Asian Countries [J]. Journal of Accounting & Economics, 2003 (36): 235 - 270.

国外企业存在很大的差异。通过对美国企业进行研究发现，当债权人和股东在股利政策上出现较大冲突时企业会采用稳健的会计政策（Ahmed et al.，2002）①，这说明代理问题对稳健报告产生了需求。但是，在法制环境相对较差和契约保护不够健全的中国，在缺乏稳健原则实施的外部环境的情况下，稳健性是否具有治理功能，能否抑制过度的现金股利支付，目前并没有相关研究。

中国资本市场历经了近20年的发展，上市公司的股利政策是投资者和研究者非常关注的问题，很多学者都进行了研究，尤其是针对现金股利政策。“掏空”假设认为，在制度环境较差的地区，企业的代理问题更多地表现为控股股东与中小股东之间的利益冲突。从控股股东的“掏空”动机来看，控股股东具有通过股利政策实施资源转移的倾向。集中的控制权使得大股东出于自身对现金的需要，可以从上市公司获取“掏空性股利”，而且，控股股东发放现金股利的动机不受股东性质的影响。但是，目前关于掏空性股利的研究基本上还是在验证“掏空”假设，以及不同成长能力、股权性质下的“掏空”情况。而投资者以及监管机构更为关心的是，如何更好地防治和解决这种掏空性股利给债权人和中小投资者带来的损害。对于如何限制大股东的这种掏空行为，一方面可以通过建立更加完善的投资者保护机制，如更加严格执行投资者保护制度，或者通过诉讼机制。另一方面可以基于利润分配的财务报告对现金股利进行更加严格的规定和限制，其中稳健原则就是从对财务报告的限制角度出发，保护投资者利益的一种有效机制。而稳健原则是否在中国发挥了这样的作用，目前也没有相关研究。

三、稳健会计原则和公司治理的作用机制

当公司面临破产清算风险时，债务契约就会要求公司的控制权从股东手中转移到债权人手中。过度的股利支付会将债权人的财富转移给股东，因为过度支付会降低企业可用于支付给债权人的回报，因此会提高债权人的违约风险（Ahmed

① Ahmed A. S., Billings B. K., Morton R. M., Stanford - Harris M. The role of accounting conservatism in mitigating bondholder - shareholder conflicts over dividend policy and in reducing debt costs [J]. The Accounting Review, 2002 (77): 867 - 890.

et al.，2002)[①]。大多数债务契约是基于会计数字，当公司经营业绩变差时，契约就会发挥效率。对损失的及时确认（稳健性）可能在签订契约之前就已经作了规定，而契约签订之后，稳健性依旧可以向债权人提供更多新的信息，比如反映契约违反情况，从而使债权人能够更加及时地对契约进行限制和更改，如限制公司进一步借债，限制公司的投资和股利政策等（Zhang，2008)[②]。在公开债务契约中存在两种对于股利的限制，直接限制和间接限制。直接限制通过对累计净利润和留存收益的限制从而限定了对于股利支付的上限，而间接限制则要求公司保持一定的资产负债比率从而间接限定了股利支付水平。如果会计系统能够产生关于企业经济价值变化的及时信号，即会计系统稳健的话，那么契约就变得更加具有价值（Nikolaev，2010)[③]。稳健的会计会直接影响债务契约中的累计净利润和留存收益，导致较低的报告盈余。同样地，通过降低债务合同中所用的资产数据，稳健会计就会对现金股利产生更加严格的限制，从而限制过度股利的支付。如果稳健的会计报告能够抑制过度的现金股利支付，那么当期的现金股利与财务报告稳健程度之间应当呈现负相关关系。因为现金股利政策通常是在公司财务报告出来之后决定，即股利政策在稳健或者激进的报告数字之后产生。因此，本章提出假设 H1：稳健会计原则能够有效抑制上市公司过度支付现金股利的可能。

由于具有相对集中的控制权，控股股东在掏空动机的驱使下往往从其控制的上市公司中转移资源（La Porta et al.，1999)[④]。大股东能够控制上市公司的现金股利政策，因此为了满足他们的现金需要，上市公司倾向于派发较多的现金股利。但是，如果企业处于高速成长阶段，那么他们会需要更多的资金支持未来的投资和发展，现金股利会显著降低企业可以用于其他投资和扩张的资源，阻碍企业的高速发展。为了获得更多的资源，企业需要向资本市场筹集更多的资金，但

---

① Ahmed A. S.，Billings B. K.，Morton R. M.，Stanford－Harris M. The role of accounting conservatism in mitigating bondholder－shareholder conflicts over dividend policy and in reducing debt costs［J］. The Accounting Review，2002（77）：867－890.

② Zhang J. The contracting benefits of accounting conservatism to lenders and borrowers［J］. Journal of Accounting and Economics，2008（45）：27－54.

③ Nikolaev V. Debt Covenants and Accounting Conservatism［J］. Journal of Accounting Research，2010（48）：137－175.

④ La Porta R.，Lopez－de－Silanes F.，Shleifer A. Corporate ownership around the world［J］. Journal of Finance，1999（54）：471－518.

是相对于自有资金来讲外部融资成本十分高昂。因此，在这种情况下，控股股东需要在企业未来预期成长能力产生的收益和掏空性股利造成的高融资成本之间进行权衡。当上市公司成长能力较低时，预期成长能力产生的收益可能较小，低于控股股东可以得到的短期掏空性股利，因此控股股东更倾向于尽早从企业中获得的现金股利，因为到手的资金是最保险的，而未来的发展是不确定的。也就是说，成长能力越低，掏空性股利可能越多。如果企业过去的成长能力非常高，传递了未来高速成长的信号，而且企业也有很好的投资机会时，预期成长能力产生的收益可能要高于控股股东短期的掏空性股利收益，控股股东就会放弃掏空性股利，转而将现金资源留在企业支持企业的发展，以便将来获得更多的收益。也就是说，上市公司的现金股利政策取决于控股股东对企业未来成长能力的判断。较低的成长能力会使得控股股东有更高的掏空动机，而较高的成长能力可能会产生支持动机，降低掏空性现金股利。

控股股东的动机会严重影响企业对于会计政策的选择，从而影响上市公司的各项决策。控股股东可能直接通过要求较高的现金股利或者间接通过操纵会计数字和会计政策的方法获得更多的现金股利。企业代理问题越严重，即控股股东与小股东以及债权人之间的代理成本越高，那么对于稳健会计的需求就越大，从而使稳健会计原则发挥的作用就越明显（Ahmed et al.，2002①；La Fond and Roychowdhury，2008②；Zhang，2008③）。而当控股股东掏空动机较低时，利益相关者对于稳健会计的需求也相对下降，因此，稳健会计原则抑制过度现金股利的作用相应有所降低。也就是说，不同代理成本下利益相关者对稳健会计需求程度不同，稳健会计原则发挥作用的程度就会有所差异。因此，本章提出假设 H2：稳健会计原则对过度现金股利的抑制作用在不同成长能力下存在差异，即低成长能力下稳健会计原则的作用更加明显。

---

① Ahmed A. S.，Billings B. K.，Morton R. M.，Stanford – Harris M. The role of accounting conservatism in mitigating bondholder – shareholder conflicts over dividend policy and in reducing debt costs [J]. The Accounting Review，2002 (77)：867 – 890.

② La Fond R.，Roychowdhury S. Managerial Ownership and Accounting Conservatism [J]. Journal of Accounting Research，2008 (46)：101 – 135.

③ Zhang J. The contracting benefits of accounting conservatism to lenders and borrowers [J]. Journal of Accounting and Economics，2008 (45)：27 – 54.

四、中国场景的检验

（一）模型与变量

为了检验稳健会计原则对过度现金股利支付的影响，本章模型设定如下：

$$Overpay(Overyield) = \alpha_0 + \alpha_1 Conserv + \alpha_2 Grow + \alpha_3 InvestQ + \alpha_4 CF + \alpha_5 ROE + \alpha_6 Manown + \alpha_7 \mathrm{Prepay} + \alpha_8 Stockdiv + \alpha_9 Lev + \alpha_{10} Age + \alpha_{11} Size + \alpha_{12} V + \alpha_{13} CV + \alpha_{14} State + \alpha_i \sum Inds + \alpha_j \sum Year + \varepsilon \tag{8-1}$$

被解释变量（Overpay 和 Overyield）为过度现金股利支付变量。如何界定现金股利的过度支付问题比较困难。虽然说 40% 的现金股利支付率可能相对于市场平均水平来讲较高，但是对于某些行业来讲 40% 甚至低于平均水平。因此，本章定义的过度支付是相对于当年行业平均来讲，公司的现金股利支付水平高于当年行业平均水平，则为过度支付。Overpay 为过度支付率，哑变量，1 表示公司的现金股利支付率超过当年行业平均水平，否则为 0；现金股利支付率（Payout）等于当期每股现金股利除以每股收益。Overyield 为过度股息率水平，哑变量，1 表示公司的股息率超过当年行业平均水平，否则为 0；现金股利收益率（股息率 Yield）等于当期每股现金股利除以期初每股股价。敏感性检验中，本章采用另一种方法衡量过度现金股利支付水平，即类似于计算未预期盈余和超额收益的方法，采用当期现金股利支付水平减去上期现金股利支付水平，超过去年支付水平的为过度支付。

Conserv 为会计稳健性指标，采用 3 年累计应计项来表征。本章分别采用净利润和非经常性损益前净利润计算应计项目。应计项 1 = （净利润 - 经营活动现金流量）/期初总资产，累计应计项 1 = 3 年累计应计项 1。应计项 2 = （非经常性损益前净利润 - 经营活动现金流量）/期初总资产，累计应计项 2 = 3 年累计应计项2[①]。为了解释上的方便，将3年累计应计项乘以-1，这一数值越大（Conserv1、Conserv2），则稳健程度越高[②]。本章同样也采用了哑变量来表征稳健报告和激进报告。当Conserv1 and Conserv2大于0时定义为稳健的会计报告，否则为激进的会计报告。DumConserv1，哑变量，1表示Conserv1为正，否则为0。DumConserv2，哑变量，1表示Conserv2为正，否则为0。敏感性检验中也采用另一种稳健性指标，即市值与账面值比（M/B）（Moerman，2008[③]；Khan and Watts，2009[④]）替代累计应计项进行检验。

Grow为企业成长能力，采用营业收入增长率表征，即（当期营业收入-上期营业收入）/上期营业收入。本章将全部样本按照成长能力分为高成长组、中成长组、低成长组3组分别进行检验。敏感性检验中，也根据成长能力分为高成长组和低成长组2组。

InvestQ为投资机会，采用上一年度股票回报[⑤]表征（Bushman et al.，2006）[⑥]，因为较高的市场回报意味着公司在资本市场中有更多的并购机会。虽然Tobin'Q能够更好地表征投资机会，但Tobin'Q同时也是稳健性和成长机会的衡量指标。为了简化，本章采用股票市场回报表征企业的投资机会，同时也采用

---

① Givoly和Hayn（2000）、Ahmend和Duellaman（2007）在计算应计项时将折旧与摊销剔除，而实际上不同的折旧和摊销方法也体现出企业的稳健程度，尤其是对于固定资产较大的企业而言，而中国很多同一行业内的企业也在折旧方法和折旧参数的选择上存在一定差异，体现出稳健程度的不同。因此，本章在计算应计项时含有摊销和折旧因素。

② 基于累计应计项衡量的稳健性体现了条件稳健性与非条件稳健性的总体效应，不仅涵盖了对于坏消息的提前确认（条件稳健性），还包括了研发支出费用化等非条件稳健性。当然，这种基于累计应计项的稳健性衡量指标也存在一定的误差，比如通过坏账和资产减值等进行的盈余管理。但是，存货减值和坏账计提等经营性应计项的变化在一定程度上也体现了稳健性（条件稳健性）。只是这种计提在多大程度上是稳健的体现比较难以衡量，数据处理上也有难度。因此，本章采用了基于累计应计项的稳健性指标，也采用了市值与账面值比（M/B）比率（条件稳健性）进行了敏感性测试。由于无法单独分离出条件稳健性和非条件稳健性，因此实证分析中只能是用全部稳健性（包含条件稳健性和非条件稳健性）以及对条件稳健性分别进行分析。这一结果能够说明稳健性是否发挥了作用，但是无法表明非条件稳健性是否真的发挥了作用，或者发挥了比条件稳健性更大的作用。

③ Moerman R. The role of information asymmetry and financial reporting quality in debt trading: evidence from the secondary loan market [J]. Journal of Accounting and Economics, 2008 (46): 240-260.

④ Khan M, Watts R L. Estimation and empirical properties of a firm-year measure of accounting conservatism [J]. Journal of Accounting and Economics, 2009 (48): 132-150.

⑤ 上一年度股票回报为该样本公司在样本年度之前一年的年度股票收益率，数据来自CSMAR数据库。

⑥ Bushman R., Piotroski. J. Financial Reporting Incentives for Conservative Accounting: The Influence of Legal and Political Institutions [J]. Journal of Accounting and Economics, 2006 (42): 107-148.

Tobin'Q[①] 进行敏感性检验。

CF 为现金流，采用经营活动现金流占期末总资产的比例表征。ROE 为企业盈利能力，采用净资产收益率表征，ROE 等于净利润除以期末所有者权益。Manown 为管理层持股。如果管理层持有一定比例的本公司股票，可能也会出于自身稳定现金流的考虑，要求企业进行现金股利分配。管理层持股比例越高的公司发放现金股利的可能性也越高。因此，回归中采用期末管理层持股比例控制这种影响。Prepay 表示上年度现金股利支付率（Prepayout）或上年度股息率（Preyield），因为 Lintner（1956）[②] 发现企业管理层会倾向于平稳的股利政策，所以本章也加入了前期现金股利发放情况控制这种政策延续性的影响。Stockdiv 为哑变量，1 表示公司当年发放股票股利，否则为 0。因为现金股利和股票股利是股利的两种形式，对于企业来讲可以选择其中一种回报股东，不同的投资者对于两种形式也有不同的偏好。如果企业无法采用现金股利的形式回馈股东，可能会选择股票股利从而吸引投资者。为了控制这种影响，本章采用股票股利哑变量控制。

V 为最终控制人控制权比例。中国企业的代理问题在很大程度上表现为大股东与中小股东之间的冲突，虽然管理层会出于自身动机影响企业的现金股利政策，但很多时候是由大股东或者最终控制人决定的。大股东和最终控制人对现金的需求决定了企业的现金股利政策，大股东或者最终控制人可能会利用现金股利等手段从上市公司转移资源，因此本章采用最终控制人的控制权比例（投票权比例）来控制，为最终控制人直接和间接控制上市公司的控股权总和（根据股东之间的关联关系统计了前十大股东中同一最终控制人的控制权比例）。CV 为最终控制人投票权（控制权）与现金流收益权的背离程度，表征最终控制人对上市公司可能的掏空行为，指标计算与 La Porta et al.（1999）[③] 相同，即 CV = 所有权比例（现金流收益权）/控制权比例（投票权）。在中国，由于企业与政府和银行的关系存在较大差异，因此 SOEs（国有企业）与 NSOEs（非国有企业）面临的融资约束也显著不同，从而影响企业的股利政策。因此也控制了不同最终控

---

① Tobin'Q 采用股票市值/权益账面值，股票市值等于 A 股股份数乘以年末股票价格。

② Lintner J. Distribution of Incomes of Corporations Among Dividends, Retained Earnings and Taxes [J]. American Economics Review, 1956 (46): 97 – 113.

③ La Porta R., Lopez – de – Silanes F., Shleifer, A. Corporate ownership around the world [J]. Journal of Finance, 1999 (54): 471 – 518.

制人属性，State 为哑变量，1 表示最终控制人为国家，否则为 0。

Lev 为财务杠杆，采用总资产负债率表征；Size 为规模，采用总资产自然对数表征；Age 为生命周期，控制企业在不同生命周期或者成长阶段的差异（从 IPO 年份到样本当年）。Inds 为行业哑变量，行业分类参见证监会行业分类，剔除金融行业后采用 11 个行业哑变量（Inds）。Years 为年度变量，6 年采用 5 个哑变量表征。

（二）样本选择

为了降低准则差异导致的计量指标的偏差，本章采用了 1999～2006 年全部在市的相同公司进行分析。由于稳健性指标需要 3 年的数据，因此回归样本最终为 2001～2006 年。剔除最终控制人数据不全、财务数据缺失、营业增长超过 500% 以及金融行业的公司，最终样本为 2001～2006 年的 4584 个样本。为了降低异常值的影响，本章对被解释变量上下限 1% 样本进行了缩尾（Winsorize）处理。

现金股利数据以及其他财务数据来自 Wind 和 CSMAR 数据库，最终控制人数据来自上市公司年度财务报告，手工收集。

五、中国场景的经验数据分析

（一）描述性统计

表 8－1 给出了回归变量的描述性统计情况。Payout 平均为 21.9%，但有些公司现金股利派发金额超过其盈利。从股息率来看，Yield 为 0.69%。总体来讲，中国上市公司的现金股利支付水平较低。但是，如果以超过行业平均股利水平作为过度支付标准，那么，大约 30% 的企业存在过度支付的问题①。

Conserv1 平均为 0.023，Conserv2 平均为 0.033②，表明样本公司的会计报告

---

① 当然，也有可能是因为中国企业平均支付股利水平很低，造成正常支付股利的企业也变成了过度支付情况。因此，此时的过度支付意味着超过平均水平。

② 稳健性指标的均值都明显高于 Ahmed 等（2002）发现的美国公司的稳健程度，这并不意味着中国公司的稳健程度要高于美国。出现这样的原因在于：一是 Ahmed 等（2002）都是研究美国 2000 年以前的情况，而本章研究的是中国 2001～2006 年的情况；二是指标计算存在一定的差异，本章在计算应计项时包含了折旧和摊销项目，而 Ahmed 等（2002）将折旧摊销项目剔除。

总体上是稳健的。但是，依旧可以发现财务报告的稳健程度存在较大差异，某些会计报告比较激进，因为其3年累计应计项为正（表1中最小值的相反数）。两分变量指标（DumConserv1 和 DumConserv2）也显示出同样的情况，多数财务报告是稳健的。

表8-1 描述性统计

变量	样本量	均值	标准差	最小值	中位数	最大值
Payout	4584	0.219	0.321	0	0	1.470
Yield（%）	4584	0.683	1.207	0	0	6.224
Overpay	4584	0.355	0.478	0	0	1
Overyield	4584	0.324	0.468	0	0	1
Conserv1	4584	0.023	0.203	-0.601	0.017	0.788
Conserv2	4584	0.033	0.192	-0.578	0.027	0.745
DumConserv1	4584	0.545	0.498	0	1	1
DumConserv2	4584	0.579	0.493	0	1	1
Grow	4584	0.244	0.695	-0.800	0.133	4.944
InvestQ	4584	-0.056	0.365	-0.850	-0.135	2.752
CF	4584	0.049	0.081	-0.231	0.049	0.278
ROE（%）	4584	0.949	33.569	-215.346	5.071	124.387
Manown（%）	4584	0.029	0.121	0	0.008	5.117
Stockdiv	4584	0.096	0.295	0	0	1
Lev	4584	0.521	0.231	0.078	0.516	1.658
Age	4584	7.583	2.719	3	8	16
Size	4584	21.172	0.987	12.314	21.135	25.182
V	4584	0.420	0.164	0.050	0.401	0.885
CV	4584	0.845	0.253	0.017	1	1
State	4584	0.755	0.430	0	1	1

注：Payout 为现金股利支付率，Yield 为现金股利股息率，Overpay 为过度现金股利支付率哑变量，Overyield 为过度现金股利股息率哑变量，Conserv1 和 Conserv2 为基于累计应计项计算的会计稳健性指标，Dumconserv1 和 Dumconserv2 为会计稳健性哑变量，Grow 为企业成长能力，InvestQ 为投资机会，CF 为现金流指标，ROE 为盈利能力，Manown 为期末管理层持股比例，Stcokdiv 为股票股利哑变量，Lev 为资产负债率，Age 为上市年限，Size 为总资产自然对数，V 为最终控制人控制权比例，CV 为现金流收益权与控制权的背离程度，State 为是否为国有哑变量。

样本公司平均销售收入增长率 Grow 为 24.4%，中位数为 13.3%，显示出一定的成长能力。InvestQ 平均为 -0.056，这是由于样本期间中国股市整体情况处于下跌状态。CF 平均为 0.049。ROE 平均为 0.949，中位数为 5.07。Manown 平均为 0.03%，而部分公司的高管没有持有公司的股份。而高管持股比例过高以及过低都不好，过高容易产生高估企业净利润和资产的可能，进行过度的股利支付；而过低容易造成严重的代理问题，管理层不关心股东回报。9.6% 的样本公司同时也向股东支付股票股利。平均资产负债率 Lev 为 52%，有些公司的资产负债率甚至超过 100%。样本公司上市时间 Age 最短 3 年，最长 16 年。最终控制人的控制权 V 平均为 42%，意味着中国上市公司股权相对比较集中，而且这部分股权在 2006 年以前绝大多数都是不流通的。现金流收益权与控制权的比例 CV 平均为 0.845，中位数为 1，也就是说，两权背离现象在中国上市公司并不明显，至少有超过一半的公司不存在两权背离的现象。而样本中有 75% 的上市公司实际上是由国家控制的。从企业基本信息来看，不同公司之间也存在很大的差异，如现金流情况以及成长能力，这些都会对公司的现金股利政策产生重大影响。

（二）单变量比较

表 8-2 比较了稳健财务报告和激进财务报告下的过度现金股利支付情况。相对于激进的财务报告，稳健的财务报告下，公司过度支付现金股利可能性更低，而且过度支付股息率的可能性也较低，统计上高度显著。因此，表 8-2 的单变量比较表明稳健的会计报告确实能够降低现金股利过度支付的可能，起到保护债权人利益的作用。

表 8-3 比较了是否支付过度现金股利的公司的财务报告稳健程度。对于向股东支付过度现金股利的公司而言，其会计稳健性要低于没有过度支付现金股利的公司，而且这种差异在 0.01 水平上高度显著，对于稳健性连续指标和哑变量都如此。表 8-3 的单变量比较表明，过度支付现金股利的公司往往是那些财务报告较为激进的公司。换言之，财务报告较为稳健的公司支付过度现金股利的可能性更低。

（三）多元回归分析

表 8-4 列示了稳健会计原则对过度现金股利支付的影响的回归结果。由于

被解释变量为哑变量，因此表 8 -4 采用 Logit 模型。前 6 列采用现金股利支付率，后 6 列采用股息率，分别采用两个稳健性指标进行回归分析。表 8 -4 将全部样本按照成长能力分为高、中、低 3 组分别进行检验。

表 8 -2 稳健财务报告和激进财务报告的现金股利政策比较

		样本量	Overpay	Overyield
DumConserv1	0	2083	0. 392	0. 350
	1	2501	0. 325	0. 302
	Diff		0. 067	0. 047
	Chi2		16. 865 ***	14. 278 ***
DumConserv2	0	1926	0. 392	0. 349
	1	2658	0. 329	0. 305
	Diff		0. 063	0. 044
	Chi2		8. 801 ***	7. 234 ***

注：Overpay 为过度现金股利支付率哑变量，Overyield 为过度现金股利股息率哑变量，Dumconserv1 和 Dumconserv2 为会计稳健性哑变量，Diff 为均值差异，Chi2 为卡方统计量。* 表示在 0. 10 水平上显著，** 表示在 0. 05 水平上显著，*** 表示在 0. 01 水平上显著。

表 8 -3 是否过度支付现金股利与会计稳健性比较

		N	Conserv1	Conserv2		DumConserv1	DumConserv2
Overpay	0	2953	0. 038	0. 047	0	0. 571	0. 603
	1	1631	-0. 004	0. 007	1	0. 498	0. 536
	Diff		0. 043	0. 040	Diff	0. 073	0. 067
	t		6. 940 ***	6. 836 ***	Chi2	15. 591 ***	13. 434 ***
Overyield	0	3097	0. 033	0. 042	0	0. 563	0. 595
	1	1487	0. 002	0. 013	1	0. 509	0. 546
	Diff		0. 032	0. 029	Diff	0. 054	0. 049
	t		5. 056 ***	4. 873 ***	Chi2	7. 781 ***	6. 508 ***

注：Conserv1 和 Conserv2 为基于累计应计项计算的会计稳健性指标，Overpay 为过度现金股利支付率哑变量，Overyield 为过度现金股利股息率哑变量，Dumconserv1 和 Dumconserv2 为会计稳健性哑变量，Diff 为均值差异，Chi2 为卡方统计量，t 为 t 统计量；* 表示在 0. 10 水平上显著，** 表示在 0. 05 水平上显著，*** 表示在 0. 01 水平上显著。

表 8－4　稳健原则、成长能力与过度现金股利支付

	Overpay						Overyield					
	Conserv1			Conserv2			Conserv1			Conserv2		
	低成长组	中成长组	高成长组	低成长组	中成长组	高成长组	低成长组	中成长组	高成长组	低成长组	中成长组	高成长组
Conserv	−0.666**	−0.830***	−0.228	−0.706**	−0.948***	−0.378	−0.928***	−0.777***	−0.119	−0.966***	−0.842***	−0.276
	(−2.12)	(−2.93)	(−0.98)	(−2.16)	(−3.29)	(−1.58)	(−2.76)	(−2.61)	(−0.49)	(−2.77)	(−2.79)	(−1.11)
Grow	1.326***	−0.164	−0.160***	1.330***	−0.167	−0.158***	1.530***	0.131	−0.139***	1.535***	0.135	−0.138***
	(4.73)	(−0.26)	(−3.14)	(4.74)	(−0.26)	(−3.10)	(4.92)	(0.20)	(−2.60)	(4.92)	(0.21)	(−2.58)
InvestQ	0.141	−0.002	0.180	0.144	−0.006	0.178	0.003	−0.285*	0.071	0.006	−0.286*	0.070
	(0.84)	(−0.01)	(1.39)	(0.86)	(−0.04)	(1.37)	(0.01)	(−1.79)	(0.52)	(0.03)	(−1.80)	(0.51)
CF	1.916***	2.875***	1.312**	1.925***	2.986***	1.495**	2.928***	3.745***	1.933***	2.917***	3.786***	2.130***
	(2.87)	(4.12)	(2.20)	(2.89)	(4.30)	(2.52)	(4.05)	(5.10)	(3.07)	(4.05)	(5.19)	(3.39)
ROE	0.021***	0.031***	0.023***	0.021***	0.031***	0.023***	0.023***	0.044***	0.036***	0.023***	0.044***	0.036***
	(7.58)	(7.87)	(6.07)	(7.60)	(7.90)	(6.10)	(7.61)	(10.82)	(9.23)	(7.62)	(10.84)	(9.26)
Manown	1.554***	0.321	0.186	1.559***	0.347	0.184	1.012*	0.747	−0.112	1.024*	0.763	−0.116
	(2.81)	(0.57)	(0.97)	(2.83)	(0.61)	(0.96)	(1.92)	(1.32)	(−0.38)	(1.94)	(1.35)	(−0.39)
Prepay	1.202***	1.170***	1.441***	1.202***	1.169***	1.436***	1.102***	0.983***	1.421***	1.101***	0.983***	1.416***
	(9.34)	(10.67)	(11.68)	(9.34)	(10.66)	(11.64)	(8.43)	(8.88)	(11.23)	(8.43)	(8.88)	(11.19)
Stockdiv	0.139	−0.229**	−0.238**	0.140	−0.231**	−0.243**	0.118	−0.114	0.035	0.121	−0.113	0.031
	(0.94)	(−2.00)	(−2.06)	(0.95)	(−2.01)	(−2.10)	(0.76)	(−0.94)	(0.29)	(0.78)	(−0.94)	(0.26)
Lev	−2.343***	−1.894***	−1.947***	−2.358***	−1.888***	−1.920***	−2.111***	−2.283***	−2.338***	−2.134***	−2.286***	−2.305***
	(−8.39)	(−7.46)	(−7.41)	(−8.49)	(−7.46)	(−7.33)	(−7.15)	(−8.53)	(−8.39)	(−7.27)	(−8.58)	(−8.31)

续表

	Overpay						Overyield					
	Conserv1			Conserv2			Conserv1			Conserv2		
	低成长组	中成长组	高成长组	低成长组	中成长组	高成长组	低成长组	中成长组	高成长组	低成长组	中成长组	高成长组
Age	-0.011	-0.029	-0.009	-0.009	-0.028	-0.008	-0.035	-0.035*	-0.027	-0.032	-0.034*	-0.025
	(-0.48)	(-1.48)	(-0.48)	(-0.38)	(-1.43)	(-0.41)	(-1.44)	(-1.72)	(-1.30)	(-1.31)	(-1.69)	(-1.24)
Size	0.387***	0.444***	0.424***	0.384***	0.442***	0.421***	0.462***	0.652***	0.624***	0.458***	0.650***	0.621***
	(6.34)	(9.13)	(9.00)	(6.27)	(9.08)	(8.89)	(7.13)	(12.27)	(11.95)	(7.04)	(12.23)	(11.86)
V	0.481	0.016	-0.084	0.491	0.024	-0.087	0.934***	-0.120	-0.335	0.949***	-0.112	-0.341
	(1.50)	(0.06)	(-0.33)	(1.53)	(0.09)	(-0.34)	(2.77)	(-0.43)	(-1.25)	(2.81)	(-0.40)	(-1.28)
CV	0.280	0.116	-0.114	0.277	0.117	-0.115	0.231	0.148	0.039	0.227	0.147	0.038
	(1.35)	(0.65)	(-0.69)	(1.34)	(0.65)	(-0.70)	(1.04)	(0.79)	(0.23)	(1.02)	(0.79)	(0.22)
State	0.053	0.108	0.315***	0.051	0.108	0.319***	0.011	0.021	0.304***	0.009	0.021	0.308***
	(0.41)	(0.95)	(2.95)	(0.40)	(0.95)	(2.99)	(0.08)	(0.18)	(2.72)	(0.06)	(0.18)	(2.75)
Inds & Years	control	control	control	control	control	control	control	control	control	control	control	Control
Obs.	1528	1528	1528	1528	1528	1528	1528	1528	1528	1528	1528	1528
R^2	0.3596	0.2723	0.2796	0.3597	0.2734	0.2804	0.3558	0.3138	0.3407	0.3558	0.3143	0.3412
Chow - test LR chi2	127.32***			127.05***			179.14***			178.80***		

注：Overpay 为过度现金股利支付率哑变量，Overyield 为过度现金股利股息率哑变量，Conserv1 和 Conserv2 为基于累计应计项计算的会计稳健性指标，Grow 为企业成长能力，InvestQ 为投资机会，CF 为现金流指标，ROE 为盈利能力，Manown 为期末管理层持股比例，Prepay 为上期现金股利支付水平，Stcokdiv 为股票股利哑变量，Lev 为资产负债率，Age 为上市年限，Size 为总资产自然对数，V 为最终控制人控制权比例，CV 为现金流收益权与控制权的背离程度，State 为是否为国有哑变量，Inds 为行业哑变量，Years 为年度哑变量。回归采用 Logit 模型，括号中为 White - t 统计量，考虑了异方差问题；* 表示在 0.10 水平上显著，** 表示在 0.05 水平上显著，*** 表示在 0.01 水平上显著。

稳健性指标（Conserv1 和 Conserv2）与过度现金股利支付可能性（Overpay 和 Overyield）在所有低成长组和中成长组中都显著为负，在高成长组中也为负但不显著，即稳健会计原则能够有效抑制企业过度现金股利支付，从而保护债权人和中小股东的利益，假设 H1 得到验证[①]。对比高成长组和低成长组中的稳健性指标 Conserv 的系数，一方面低成长组中 Conserv 的系数显著为负，即低成长组中稳健原则能够有效降低过度现金股利支付；而高成长组中 Conserv 系数为负但不显著，即高成长组中稳健原则降低过度现金股利的作用不明显。另一方面，高成长组中 Conserv 的系数绝对值要小于低成长组中 Conserv 系数的绝对值，采用邹检验（Chow－test）对系数差异进行的比较显示出 Conserv 的系数在两个组别中显著不同。也就是说，稳健性降低现金股利支付的作用在不同的成长能力下有一定的差异，在成长性低、掏空动机可能较强的情况下，稳健性降低现金股利支付的作用更强。假设 H2 得到验证。总之，表 8－4 的回归验证了本章提出的两个假设。

在所有低成长组中，成长能力 Grow 的系数都显著为正。因为较低的成长能力下，大股东对企业未来经营的不确定性较大，有较强的掏空动机，利用过度现金股利的方式获得短期确定收益。中成长组的回归中，成长能力 Grow 的系数不显著。而高成长组中，成长能力 Grow 的系数高度显著为负，即当企业成长能力较强时，过度现金股利支付可能性更低。因为较高的成长能力传递了未来高速成长的信号，控股股东可能会放弃掏空性股利，转而将现金资源留在企业支持企业的发展，以便将来获得更多的收益。总之，成长能力 Grow 的系数在低成长组中显著为正，而在高成长组中显著为负，意味着在不同成长能力下，企业过度支付现金股利的动机明显不同（篇幅原因，其他控制变量的结果不再详细解释）。

由于过度现金股利难以准确计量，虽然表 8－4 采用相对于当年行业平均水平计量过度现金股利支付具有一定的合理性，但可能也存在计量上的误差。因此，本章也采用另一种方法衡量过度现金股利支付水平，即类似于计算未预期盈余和超额收益的方法，采用当期现金股利支付水平减去上期现金股利支付水平，超过去年支付水平的为过度支付，回归结果如表 8－5 所示。表 8－5 前 6 列是过

---

① 中成长组中稳健性指标 Conserv 的系数绝对值大于在低成长组中的系数，原因在于低成长组下控股股东具有掏空的动机，因此会降低稳健原则发挥的作用；在高成长组中控股股东具有支持上市公司的动机，因此稳健原则发挥作用就不明显。而介于两者之间，控股股东的动机倾向不明显，稳健原则能够较好地发挥治理作用，降低过度现金股利的支付。

表 8-5　稳健原则、成长能力与过度现金股利支付一另一种过度现金股利衡量方法

	Overpay						Overyield					
	Conserv1			Conserv2			Conserv1			Conserv2		
	低成长组	中成长组	高成长组	低成长组	中成长组	高成长组	低成长组	中成长组	高成长组	低成长组	中成长组	高成长组
Conserv	-0.852***	-0.840***	-0.692***	-0.950***	-0.872***	-0.825***	-0.759**	-0.551**	-0.391*	-0.768**	-0.591**	-0.544**
	(-2.76)	(-3.10)	(-3.15)	(-2.95)	(-3.18)	(-3.62)	(-2.47)	(-2.07)	(-1.81)	(-2.40)	(-2.19)	(-2.44)
Grow	0.799***	-0.725	-0.140***	0.801***	-0.717	-0.139***	0.797***	0.949	-0.086*	0.797***	0.955	-0.085*
	(2.91)	(-1.18)	(-2.92)	(2.91)	(-1.17)	(-2.89)	(2.93)	(1.56)	(-1.93)	(2.93)	(1.57)	(-1.90)
InvestQ	0.243	0.445***	0.198	0.248	0.443***	0.193	0.147	-0.081	0.114	0.152	-0.082	0.111
	(1.41)	(3.08)	(1.64)	(1.44)	(3.07)	(1.60)	(0.83)	(-0.55)	(0.96)	(0.86)	(-0.56)	(0.92)
CF	1.102*	1.790***	1.190**	1.165*	1.783***	1.324**	1.567**	2.395***	1.787***	1.549**	2.418***	1.968***
	(1.66)	(2.67)	(2.06)	(1.76)	(2.68)	(2.30)	(2.36)	(3.61)	(3.16)	(2.33)	(3.67)	(3.49)
ROE	0.018***	0.026***	0.018***	0.017***	0.026***	0.018***	0.016***	0.029***	0.021***	0.016***	0.029***	0.021***
	(6.23)	(6.95)	(4.93)	(6.25)	(7.03)	(5.07)	(6.15)	(7.80)	(6.09)	(6.17)	(7.82)	(6.15)
Manown	2.154***	0.196	0.438*	2.163***	0.212	0.437*	1.289**	-0.305	0.359	1.297**	-0.294	0.357
	(3.63)	(0.39)	(1.81)	(3.64)	(0.42)	(1.81)	(2.47)	(-0.59)	(1.64)	(2.49)	(-0.57)	(1.63)
Prepay	-0.163	-0.696***	-0.715***	-0.165	-0.696***	-0.722***	0.097	0.083	0.122	0.097	0.082	0.118
	(-1.12)	(-5.61)	(-5.46)	(-1.14)	(-5.61)	(-5.49)	(0.70)	(0.77)	(1.08)	(0.70)	(0.77)	(1.04)
Stockdiv	0.332**	0.064	-0.184	0.330**	0.066	-0.189*	0.360**	0.111	0.036	0.363**	0.112	0.031
	(2.23)	(0.57)	(-1.61)	(2.22)	(0.59)	(-1.65)	(2.39)	(1.00)	(0.33)	(2.41)	(1.01)	(0.28)
Lev	-2.345***	-1.569***	-1.319***	-2.361***	-1.572***	-1.306***	-1.944***	-1.625***	-1.336***	-1.967***	-1.627***	-1.311***
	(-8.35)	(-6.45)	(-5.29)	(-8.45)	(-6.49)	(-5.24)	(-7.07)	(-6.78)	(-5.50)	(-7.20)	(-6.82)	(-5.41)

续表

	Overpay						Overyield					
	Conserv1			Conserv2			Conserv1			Conserv2		
	低成长组	中成长组	高成长组	低成长组	中成长组	高成长组	低成长组	中成长组	高成长组	低成长组	中成长组	高成长组
Age	-0.017	-0.042 **	-0.018	-0.014	-0.041 **	-0.016	0.005	-0.021	-0.009	0.007	-0.020	-0.008
	(-0.73)	(-2.22)	(-0.97)	(-0.60)	(-2.18)	(-0.87)	(0.22)	(-1.11)	(-0.49)	(0.32)	(-1.08)	(-0.41)
Size	0.343 ***	0.306 ***	0.283 ***	0.338 ***	0.304 ***	0.276 ***	0.311 ***	0.294 ***	0.306 ***	0.307 ***	0.292 ***	0.301 ***
	(5.74)	(6.70)	(6.51)	(5.64)	(6.65)	(6.30)	(5.20)	(6.53)	(7.21)	(5.12)	(6.50)	(7.05)
V	0.878 ***	0.070	-0.259	0.898 ***	0.080	-0.260	0.797 **	-0.027	-0.199	0.810 **	-0.021	-0.202
	(2.74)	(0.27)	(-1.06)	(2.80)	(0.30)	(-1.06)	(2.49)	(-0.10)	(-0.83)	(2.53)	(-0.08)	(-0.85)
CV	0.271	0.078	-0.210	0.266	0.077	-0.211	0.129	0.014	-0.011	0.127	0.013	-0.012
	(1.29)	(0.44)	(-1.33)	(1.27)	(0.44)	(-1.34)	(0.63)	(0.08)	(-0.07)	(0.62)	(0.07)	(-0.07)
State	-0.222 *	0.069	0.160	-0.224 *	0.069	0.166	-0.105	0.048	0.184 *	-0.109	0.048	0.188 *
	(-1.76)	(0.60)	(1.58)	(-1.78)	(0.61)	(1.63)	(-0.86)	(0.43)	(1.85)	(-0.89)	(0.43)	(1.90)
Inds & Years	control	control	control	control	control	control	control	control	control	control	control	control
Obs.	1528	1528	1528	1528	1528	1528	1528	1528	1528	1528	1528	1528
R^2	0.2512	0.1319	0.1258	0.2520	0.1322	0.1276	0.2238	0.1512	0.1343	0.2235	0.1515	0.1357
Chow - test / LR chi2	61.95 ***			63.13 ***			166.40 ***			165.55 ***		

注：Overpay 为过度现金股利支付率哑变量，Overyield 为过度现金股利股息率哑变量，Conserv1 和 Conserv2 为基于累计应计项计算的会计稳健性指标，Grow 为企业成长能力，InvestQ 为投资机会，CF 为现金流指标，ROE 为盈利能力，Manown 为期末管理层持股比例，Prepay 为上期现金股利支付水平，Stcokdiv 为股票股利哑变量，Lev 为资产负债率，Age 为上市年限，Size 为总资产自然对数，V 为最终控制人控制权比例，CV 为现金流收益权与控制权的背离程度，State 为是否为国有哑变量，Inds 为行业哑变量，Years 为年度哑变量。回归采用 Logit 模型，括号中为 White - t 统计量，考虑了异方差问题；* 表示在 0.10 水平上显著，** 表示在 0.05 水平上显著，*** 表示在 0.01 水平上显著。

度现金股利支付率的回归结果，后 6 列为过度股息率的结果，同样采用两个稳健性指标进行回归分析。结果显示：稳健性指标（Conserv1 和 Conserv2）与过度现金股利支付可能性（OverPay 和 OverYield）在所有回归中都高度显著负相关，即稳健原则能够有效降低过度现金股利支付的可能性。假设 H1 又得到验证。对比高成长组和低成长组中的稳健性指标 Conserv 的系数，虽然都显著为负，但高成长组中的系数绝对值要小于低成长组中系数的绝对值。邹检验（Chow – test）结果也显示，Conserv 的系数在两个组别中显著不同。也就是说，稳健性降低过度现金股利支付的作用在不同成长能力下存在显著差异，在成长性低、掏空动机可能较强的情况下，稳健性降低过度现金股利支付的作用更强。假设 H2 也得到验证。在所有低成长组中，成长能力 Grow 的系数显著为正；而高成长组中，成长能力 Grow 的系数显著为负。也就是说，成长能力与过度现金股利支付在不同成长阶段呈现不同的相关性。越低成长预期下越有可能过度支付现金股利，而高成长预期下，反而更少支付过度现金股利。结果与表 8 –4 基本相同。

总之，采用两种方法计量过度现金股利支付的回归结果基本相同，都支持了本章提出的假设①。

（四）稳健性检验

1. 成长能力两分法

本章根据成长能力将样本分成高成长组（Grow 在前 50%）和低成长组（Grow 在后 50%）进行分段回归（见表 8 –6）。稳健性指标 Conserv 在所有低成长组的回归中都显著为负，在高成长组中基本都不显著，也就是说，稳健会计原则抑制过度现金股利支付的作用在低成长能力下能够有效发挥。因为高成长能力下，控股股东掏空动机较小，从而也影响到稳健会计原则发挥治理作用。越是较高的代理冲突越高，稳健原则越能够发挥其治理作用。本章的假设又得到验证。同样地，低成长组回归中成长能力 Grow 的系数都显著为正，而高成长组回归中 Grow 的系数显著为负。也就是说，不同成长能力水平下，企业过度支付现金股利的可能性存在明显差异。

---

① 由于本章的过度支付是相对于当年行业平均水平而言的，公司的现金股利支付水平高于当年行业平均水平，则为过度支付。鉴于“传播与文化产业”中企业数量每年都少于 5 家，本章也剔除了“传播与文化产业”的样本共 20 家，重新进行回归。结果与表 8 –4 基本一致。简洁起见，未在正文中报告回归结果。

表 8-6 稳健原则、掏空动机与过度现金股利支付—成长能力两分法

	Overpay				Overyield			
	Conserv1		Conserv2		Conserv1		Conserv2	
	低成长组	高成长组	低成长组	高成长组	低成长组	高成长组	低成长组	高成长组
Conserv	-1.430***	-0.505	-1.527***	-0.719**	-1.455***	-0.299	-1.516***	-0.484
	(-3.35)	(-1.49)	(-3.49)	(-2.08)	(-3.13)	(-0.83)	(-3.18)	(-1.33)
Grow	2.668***	-0.190**	2.671***	-0.187**	2.598***	-0.147*	2.602***	-0.146*
	(6.88)	(-2.33)	(6.89)	(-2.30)	(5.94)	(-1.74)	(5.95)	(-1.72)
InvestQ	0.253	0.206	0.254	0.200	-0.435*	-0.293	-0.430*	-0.295
	(1.14)	(1.10)	(1.14)	(1.07)	(-1.69)	(-1.43)	(-1.67)	(-1.44)
CF	4.361***	2.829***	4.390***	3.081***	4.745***	3.770***	4.739***	3.998***
	(4.55)	(3.28)	(4.60)	(3.59)	(4.51)	(4.12)	(4.52)	(4.40)
ROE	0.039***	0.042***	0.039***	0.042***	0.039***	0.054***	0.039***	0.054***
	(9.72)	(7.45)	(9.75)	(7.46)	(8.95)	(8.26)	(8.95)	(8.28)
Manown	114.667	42.211	116.111	42.136	64.849	1.559	65.865	1.510
	(1.53)	(1.41)	(1.55)	(1.41)	(0.82)	(0.04)	(0.84)	(0.04)
Prepay	2.008***	2.356***	2.009***	2.349***	1.123***	0.941***	1.124***	0.939***
	(11.42)	(13.36)	(11.43)	(13.33)	(12.77)	(12.17)	(12.79)	(12.14)
Stockdiv	0.017	-0.477***	0.021	-0.483***	0.047	-0.163	0.053	-0.168
	(0.09)	(-3.05)	(0.11)	(-3.09)	(0.22)	(-0.98)	(0.25)	(-1.01)
Lev	-3.720***	-3.094***	-3.745***	-3.059***	-3.317***	-3.581***	-3.346***	-3.551***
	(-9.90)	(-8.52)	(-10.02)	(-8.45)	(-8.21)	(-9.17)	(-8.33)	(-9.12)
Age	-0.026	-0.039	-0.023	-0.038	-0.051	-0.043	-0.048	-0.042
	(-0.90)	(-1.47)	(-0.77)	(-1.40)	(-1.57)	(-1.53)	(-1.46)	(-1.48)
Size	0.696***	0.749***	0.692***	0.744***	0.657***	0.913***	0.652***	0.909***
	(8.86)	(11.02)	(8.79)	(10.93)	(7.36)	(11.70)	(7.30)	(11.65)
V	0.442	0.050	0.479	0.044	0.469	-0.082	0.500	-0.091
	(1.05)	(0.14)	(1.14)	(0.12)	(1.02)	(-0.22)	(1.09)	(-0.24)
CV	0.277	0.016	0.274	0.015	0.406	0.083	0.401	0.084
	(0.97)	(0.07)	(0.96)	(0.06)	(1.28)	(0.34)	(1.27)	(0.35)
State	0.176	0.350**	0.172	0.355**	0.079	0.341**	0.073	0.344**
	(1.02)	(2.36)	(0.99)	(2.39)	(0.42)	(2.16)	(0.39)	(2.18)
Inds & Years	control	control	control	control	control	control	control	control

续表

	Overpay				Overyield			
	Conserv1		Conserv2		Conserv1		Conserv2	
	低成长组	高成长组	低成长组	高成长组	低成长组	高成长组	低成长组	高成长组
Obs.	2292	2292	2292	2292	2292	2292	2292	2292
R^2	0.3384	0.2711	0.3387	0.2718	0.3783	0.3337	0.3784	0.3341

注：Overpay 为过度现金股利支付率哑变量，Overyield 为过度现金股利股息率哑变量，Conserv1 和 Conserv2 为基于累计应计项计算的会计稳健性指标，Grow 为企业成长能力，InvestQ 为投资机会，CF 为现金流指标，ROE 为盈利能力，Manown 为期末管理层持股比例，Prepay 为上期现金股利支付水平，Stcokdiv 为股票股利哑变量，Lev 为资产负债率，Age 为上市年限，Size 为总资产自然对数，V 为最终控制人控制权比例，CV 为现金流收益权与控制权的背离程度，State 为是否为国有哑变量，Inds 为行业哑变量，Years 为年度哑变量。回归采用 Logit 模型，括号中为 White - t 统计量，考虑了异方差问题；***，**，和 * 分别表示在 0.01，0.05 和 0.10 水平上显著。

2. 其他会计稳健性指标

由于会计稳健性采用应计项计算，容易受到企业盈余管理的影响，可能不能很好地表征稳健原则。另外，基于累计应计项的稳健性指标没有能够区分条件稳健性和非条件稳健性，无法了解条件稳健性是否发挥了治理作用。因此，表 8 - 7 采用另一种稳健性指标［市值与账面值比（M/B）］（Khan and Watts，2009）①进行检验。由于市场指标部分缺失②，样本有一定的减少。

M/B 与过度现金股利支付可能性（Overpay 和 Overyield）在回归中都高度显著负相关，即稳健原则能够有效降低过度现金股利支付的可能性。采用邹检验（Chow - test）对高成长组和低成长组中稳健性指标系数差异的比较显示，M/B 的系数在两个组别中显著不同，与之前结果一致。总之，采用市值与账面值比表征的稳健性指标也进一步支持了本章的假设。稳健会计原则在不同成长能力下治理过度现金股利支付的作用有所差异。根据成长能力将样本分成高成长组（Grow 在前 50%）和低成长组（Grow 在后 50%）进行分段回归的结果与表 8 - 6 基本一致，篇幅原因未报告。

① Khan M.，Watts R. L. Estimation and empirical properties of a firm - year measure of accounting conservatism［J］. Journal of Accounting & Economics，2009（48）：132 - 150.

② 按照年末最后一天交易数据计算，因此有所缺失。

表 8-7 稳健原则、成长能力与过度现金股利支付—M/B 表征稳健性

	Overpay			Overyield		
	低成长组	中成长组	高成长组	低成长组	中成长组	高成长组
M/B	-0.075**	-0.053**	-0.033	-0.158***	-0.174***	-0.127***
	(-2.43)	(-2.20)	(-1.32)	(-3.45)	(-5.47)	(-3.89)
Grow	1.116***	-0.007	-0.161***	1.301***	0.341	-0.139**
	(3.89)	(-0.01)	(-3.14)	(4.06)	(0.51)	(-2.55)
InvestQ	0.245	0.092	0.225	0.206	-0.129	0.230
	(1.36)	(0.61)	(1.62)	(1.00)	(-0.76)	(1.52)
CF	0.989*	1.457**	0.927*	1.708***	2.197***	1.693***
	(1.66)	(2.48)	(1.82)	(2.63)	(3.49)	(3.08)
ROE	0.032***	0.044***	0.028***	0.037***	0.077***	0.050***
	(8.28)	(7.82)	(6.37)	(8.83)	(11.75)	(9.86)
Manown	1.502***	0.218	0.186	0.987*	0.530	-0.124
	(2.73)	(0.38)	(0.98)	(1.87)	(0.92)	(-0.42)
Prepay	1.195***	1.202***	1.466***	1.097***	1.023***	1.441***
	(9.24)	(10.88)	(11.84)	(8.30)	(9.05)	(11.23)
Stockdiv	0.128	-0.220*	-0.274**	0.124	-0.127	-0.017
	(0.87)	(-1.94)	(-2.34)	(0.80)	(-1.05)	(-0.14)
Lev	-2.070***	-1.872***	-1.844***	-1.741***	-2.099***	-1.988***
	(-7.03)	(-7.26)	(-6.76)	(-5.57)	(-7.63)	(-6.91)
Age	-0.015	-0.029	-0.007	-0.038	-0.034	-0.018
	(-0.64)	(-1.49)	(-0.33)	(-1.56)	(-1.64)	(-0.86)
Size	0.305***	0.378***	0.382***	0.318***	0.490***	0.492***
	(4.32)	(6.83)	(6.75)	(4.10)	(8.15)	(7.89)
V	0.560*	0.065	-0.057	1.109***	-0.053	-0.209
	(1.73)	(0.24)	(-0.22)	(3.20)	(-0.19)	(-0.76)
CV	0.319	0.110	-0.126	0.297	0.203	0.036
	(1.52)	(0.61)	(-0.76)	(1.30)	(1.06)	(0.20)
State	0.028	0.101	0.322***	-0.042	0.039	0.310***
	(0.22)	(0.88)	(2.99)	(-0.30)	(0.32)	(2.73)
Inds & Years	control	control	control	control	control	control

续表

	Overpay			Overyield		
	低成长组	中成长组	高成长组	低成长组	中成长组	高成长组
Obs.	1444	1513	1501	1444	1513	1501
R^2	0.3523	0.2750	0.2789	0.3584	0.3378	0.3529
Chow - test LR chi2	96.56***			144.01***		

注：Overpay 为过度现金股利支付率哑变量，Overyield 为过度现金股利股息率哑变量，M/B 为市值与账面值比（会计稳健性指标），Grow 为企业成长能力，InvestQ 为投资机会，CF 为现金流指标，ROE 为盈利能力，Manown 为期末管理层持股比例，Prepay 为上期现金股利支付水平，Stcokdiv 为股票股利哑变量，Lev 为资产负债率，Age 为上市年限，Size 为总资产自然对数，V 为最终控制人控制权比例，CV 为现金流收益权与控制权的背离程度，State 为是否为国有哑变量，Inds 为行业哑变量，Years 为年度哑变量。回归采用 Logit 模型，括号中为 White - t 统计量，考虑了异方差问题；***，**，和 * 分别表示在 0.01，0.05 和 0.10 水平上显著。

3. 低成长样本的现金股利支付

以上结果表明，稳健会计原则能够降低现金股利的过度支付。但是，公司采用稳健或者激进的会计政策与其动机有关，具有较大掏空动机的公司可能会选择激进的会计处理使利润增加，以配合其“过度股利”发放①。本章假定成长能力与掏空动机存在一定的关联性，成长能力较差时控股股东的掏空动机越强，稳健原则发挥治理作用的效果越强。因此，表 8 - 8 采用成长能力较差（掏空动机较强）的企业为样本，研究在较强掏空动机下，稳健会计原则能否发挥降低现金股利的作用。表 8 - 8 将低成长能力样本公司按照是否稳健分为稳健组（Dumconserv1 = 1）和激进组（Dumconserv1 = 0）② 进行检验。前 2 列为过度现金股利支付率结果，后 2 列为过度现金股息率结果。不论是现金股利支付率还是股息率，对于低成长组公司而言可能存在相对较高的掏空动机，掏空动机随成长能力的增加而加强，因此 Grow 的系数在所有回归中都显著为正，与之前的结论一致，即对于低成长类企业，成长能力与过度现金股利支付正相关。

对于具有较高掏空动机的上市公司而言，有些在会计报告政策上选择了激进

① 控股股东可能会出于掏空的动机从而选择不同的会计政策，但是目前并没有证据表明掏空动机越强越有可能采用激进的会计政策。反而国内外已有研究也都发现代理问题越严重的企业更加可能采用稳健的会计政策，这意味着掏空动机越强的公司更可能采用稳健的会计政策。

② 根据 DumConserv2 分类的回归结果与表 8 - 4 基本一致。简洁起见未报告。

的会计政策，有些则相对较为稳健。在掏空动机较高且会计政策较稳健的情况下，稳健会计原则有效地降低了现金股利的支付以及过度支付，因为在所有稳健组的回归中 Conserv 的系数都高度显著为负，即稳健会计政策能够有效降低掏空动机下的现金股利支付。而在掏空动机较高且会计政策激进的情况下，Conserv 的系数都不显著，并没有表现出掏空动机高且会计政策激进下更多的过度股利支付情况。综合稳健组与激进组的结果可以发现，稳健会计原则的确能够有效降低较强掏空动机下的过度现金股利支付可能性。总之，表 8 - 8 的结果表明，对于具有较强掏空动机的公司，稳健会计政策的确能够有效降低过度现金股利支付的可能。

表 8 - 8　较强掏空动机下的稳健会计原则——低成长公司的现金股利支付

	Overpay		Overyield	
	稳健组	激进组	稳健组	激进组
Conserv	-2.664*** (-3.12)	0.451 (0.82)	-2.882*** (-2.95)	0.692 (1.18)
Grow	1.897*** (3.81)	0.840** (2.28)	1.809*** (3.26)	1.021** (2.45)
InvestQ	0.500* (1.85)	-0.035 (-0.15)	0.223 (0.68)	-0.520* (-1.87)
CF	4.566*** (3.92)	-0.126 (-0.14)	5.965*** (4.50)	0.049 (0.05)
ROE	0.021*** (5.15)	0.042*** (6.09)	0.022*** (4.59)	0.043*** (5.88)
Manown	0.738 (0.70)	1.915*** (2.65)	0.825 (0.72)	0.799 (1.17)
Prepay	1.396*** (6.66)	1.101*** (6.02)	0.984*** (7.90)	0.530*** (6.20)
Stockdiv	0.632** (2.38)	-0.103 (-0.55)	0.429 (1.42)	-0.094 (-0.46)
Lev	-1.979*** (-4.28)	-2.582*** (-6.61)	-1.740*** (-3.43)	-2.334*** (-5.61)

续表

	Overpay		Overyield	
	稳健组	激进组	稳健组	激进组
Age	0.007 (0.19)	-0.026 (-0.78)	-0.028 (-0.68)	-0.035 (-0.99)
Size	0.388*** (4.15)	0.409*** (4.59)	0.332*** (3.02)	0.334*** (3.46)
V	0.286 (0.57)	0.834* (1.83)	0.789 (1.37)	1.272*** (2.60)
CV	0.538 (1.58)	0.143 (0.50)	0.792* (1.92)	-0.218 (-0.72)
State	0.140 (0.65)	-0.006 (-0.03)	-0.139 (-0.56)	0.046 (0.25)
Inds & Years	control	control	control	control
Obs.	842	686	842	686
R^2	0.4704	0.3055	0.5294	0.3315

注：Overpay 为过度现金股利支付率哑变量，Overyield 为过度现金股利股息率哑变量，Conserv1 和 Conserv2 为基于累计应计项计算的会计稳健性指标，Grow 为企业成长能力，InvestQ 为投资机会，CF 为现金流指标，ROE 为盈利能力，Manown 为期末管理层持股比例，Prepay 为上期现金股利支付水平，Stcokdiv 为股票股利哑变量，Lev 为资产负债率，Age 为上市年限，Size 为总资产自然对数，V 为最终控制人控制权比例，CV 为现金流收益权与控制权的背离程度，State 为是否国有哑变量，Inds 为行业哑变量，Years 为年度哑变量。回归采用 Logit 模型，括号中为 White - t 统计量，考虑了异方差问题；***，**，和 * 分别表示在 0.01，0.05 和 0.10 水平上显著。

4. 内生性联立模型

虽然表 8-8 采用低成长组公司样本降低了不同动机的企业对于稳健会计原则选择对结果的影响，但企业的掏空动机确实会影响会计政策的选择。因此，表 8-9 采用联立方程模型，对过度现金股利支付与稳健原则之间的相互影响进行了分析，进一步考察稳健原则的治理作用。模型设定如下：

$$Overpay(Overyield) = \beta_0 + \beta_1 Grow + \beta_2 Conserv + \beta_3 InvestQ + \beta_4 CF + \beta_5 ROE + \beta_6 Manown + \beta_7 Prepay + \beta_8 Stockdiv + \beta_8 V + \beta_9 CV + \beta_{10} State + \varepsilon \quad (8-2)$$

$$Conserv = \lambda_0 + \lambda_1 Grow + \lambda_2 Payout(Yield) + \lambda_3 Lev + \lambda_4 Size + \lambda_5 V + \lambda_6 CV + \lambda_7 State + \lambda_7 Age + \lambda_i \sum Years + \lambda_j \sum Inds + \varepsilon \quad (8-3)$$

表 8－9　稳健原则、成长能力与过度现金股利支付—联立方程

	Overpay						Overyield					
	低成长组		中成长组		高成长组		低成长组		中成长组		高成长组	
	Overpay	Conserv	Overpay	Conserv	Overpay	Conserv	Overyield	Conserv	Overyield	Conserv	Overyield	Conserv
Grow	0.125 (2.53)**	−0.018 (−0.77)	−0.009 (−0.05)	−0.057 (−0.82)	−0.023 (−1.71)*	0.011 (1.99)**	0.113 (2.55)**	−0.028 (−1.15)	0.105 (0.57)	−0.057 (−0.82)	−0.016 (−1.18)	0.015 (2.66)***
Conserv	−0.593 (−6.21)***		−1.520 (−7.94)***		−1.246 (−6.72)***		−0.371 (−4.38)***		−1.289 (−7.35)***		−1.273 (−7.11)***	
Payout (Yield)		−0.082 (−4.94)***		−0.101 (−7.74)***		−0.136 (−7.89)***		−0.008 (−1.30)		−0.013 (−3.61)***		−0.017 (−4.22)***
InvestQ	−0.001 (−0.05)		0.032 (0.92)		0.086 (2.86)***		−0.0418 (−1.64)		−0.082 (−2.46)**		−0.013 (−0.44)	
CF	0.550 (3.94)***		1.759 (5.97)***		1.167 (4.01)***		0.468 (3.71)***		1.549 (5.61)***		1.247 (4.41)***	
ROE	0.001 (3.62)***		0.001 (2.58)**		0.001 (1.71)*		0.001 (3.27)***		0.001 (2.61)**		0.001 (1.80)*	
Manown	0.468 (3.51)***		0.247 (1.46)		0.054 (0.90)		0.224 (1.85)*		0.215 (1.33)		−0.0182 (−0.31)	
Prepay	0.420 (13.25)***		0.412 (11.88)***		0.468 (12.36)***		0.207 (17.32)***		0.183 (16.54)***		0.164 (14.51)***	
Stockdiv	0.056 (1.42)		−0.058 (−1.53)		−0.051 (−1.40)		0.034 (0.96)		−0.022 (−0.63)		0.028 (0.79)	
Lev		0.280 (15.15)***		0.189 (8.20)***		0.202 (7.21)***		0.297 (16.17)***		0.218 (9.49)***		0.227 (8.20)***

续表

	Overpay						Overyield					
	低成长组		中成长组		高成长组		低成长组		中成长组		高成长组	
	Overpay	Conserv	Overpay	Conserv	Overpay	Conserv	Overyield	Conserv	Overyield	Conserv	Overyield	Conserv
Age		-0.001		0.002		0.003		0.001		0.002		0.003
		(-0.23)		(1.02)		(1.29)		(0.04)		(1.11)		(1.42)
Size		-0.035		-0.005		-0.024		-0.035		-0.004		-0.023
		(-6.68)***		(-0.97)		(-4.61)***		(-6.39)***		(-0.95)		(-4.22)***
V	0.143	-0.003	0.098	0.010	0.001	-0.019	0.122	-0.017	0.001	-0.003	-0.071	-0.023
	(2.18)**	(-0.09)	(1.20)	(0.33)	(0.01)	(-0.57)	(2.07)**	(-0.51)	(0.02)	(-0.13)	(-0.93)	(-0.69)
CV	0.058	-0.004	0.093	0.037	-0.011	-0.012	0.016	-0.009	0.087	0.034	0.017	-0.012
	(1.45)	(-0.20)	(1.67)*	(1.89)*	(-0.23)	(-0.57)	(0.46)	(-0.48)	(1.69)*	(1.71)*	(0.34)	(-0.56)
State	0.016	0.028	0.016	-0.003	0.129	0.053	0.010	0.028	-0.001	-0.002	0.122	0.048
	(0.66)	(2.25)**	(0.48)	(-0.27)	(4.08)***	(3.86)***	(0.46)	(2.23)**	(-0.05)	(-0.22)	(3.93)***	(3.51)***
Inds & Years		Control		Control		Control		Control		Control		Control
Obs.	1528	1528	1528	1528	1528	1528	1528	1528	1528	1528	1528	1528
R^2	0.2095	0.2434	0.0769	0.1087	0.0740	0.0854	0.2695	0.2583	0.1710	0.1307	0.0904	0.1045

注：Overpay 为过度现金股利支付率哑变量，Overyield 为过度现金股利股息率哑变量，Conserv 为基于累计应计项计算的会计稳健性指标，Payout 为现金股利支付率，Yield 为现金股利股息率，Grow 为企业成长能力，InvestQ 为投资机会，CF 为现金流指标，ROE 为盈利能力，Manown 为期末管理层持股比例，Prepay 为上期现金股利支付水平，Stcokdiv 为股票股利哑变量，Lev 为资产负债率，Age 为上市年限，Size 为总资产自然对数，V 为最终控制人控制权比例，CV 为现金流收益权与控制权的背离程度，State 为是否为国有哑变量，Inds 为行业哑变量，Years 为年度哑变量。回归采用 Logit 模型，括号中为 White - t 统计量，考虑了异方差问题；* 表示在 0.10 水平上显著，** 表示在 0.05 水平上显著，*** 表示在 0.01 水平上显著。

在稳健性的回归中，企业成长能力 Grow 的系数只有在高成长组中显著为正，在低成长组和中成长组中为负但不显著，表明高成长能力下企业会选择更加稳健的会计政策，而相对较低的成长能力下企业并没有表现出明显的会计政策选择倾向。另外，现金股利政策（Payout 和 Yield）的系数在所有回归中都显著为负，即支付较高现金股利的公司会选择较低的会计稳健性，这一结果与 Ahmed 等(2002)① 不同。在过度现金股利支付的回归中，低成长组中 Grow 的系数显著为正，高成长组中显著为负，中成长组中不显著，与之前结果基本一致。即不同成长能力下，控股股东的掏空动机有所差异。

稳健性指标 Conserv 的系数在所有回归中显著为负，进一步验证了假设 H1。但是，高成长组下的系数绝对值要明显高于低成长组的系数绝对值，这与之前的结果相悖。可能的原因在于稳健性存在内生性，即现金股利政策和成长能力会影响稳健性的选择，从而影响会计稳健性降低过度现金股利支付的实际效果。高成长能力下控股股东掏空动机较低，倾向于选择稳健会计原则，从而进一步降低了过度现金股利支付的可能。总之，联立方程依旧显示：会计稳健性能够显著抑制过度现金股利支付的可能。

六、结论

中国资本市场已经超过日本，成为全球第二大资本市场，全球的投资者进入中国市场进行投资，除预期更高的股票增值外，现金股利回报也是投资者非常关心的。发展中国家资本市场除与成熟市场不同的融资以及投资回报特征外，股利政策也有结构上的不同，国外成熟的股利政策理论在中国市场并没有很好地解释中国企业的实际情况。本章从稳健会计政策出发，讨论了稳健会计原则与现金股利之间的关系，研究发现稳健原则可以降低过度现金股利支付，体现出稳健会计原则的治理作用。而稳健原则受到控股股东掏空动机的影响，在不同成长能力下抑制现金股利政策的作用有所差异。

本章的研究不仅为稳健会计原则的治理功能提供了更多证据支持，也进一步

① Ahmed A. S., Billings B. K., Morton R. M., Stanford - Harris M. The role of accounting conservatism in mitigating bondholder - shareholder conflicts over dividend policy and in reducing debt costs [J]. The Accounting Review, 2002 (77): 867 - 890.

细化了稳健会计原则发挥治理作用的条件和作用程度。另外，本章也为过度现金股利支付的治理提供了思路和借鉴。本章从会计信息角度为现金股利政策提供了新的证据，展示了会计信息与公司融资决策之间的关系，表明财务报告政策会显著影响公司的融资决策。

第九章

基于多元随机波动率模型的资产波动持续性贝叶斯检验

核心观点： 在实证金融学中，资产收益的波动性是高度持久的。波动率过程的持续性可以通过在随机波动率模型上测试单位根来检验。在本章中，首先，将基于决策理论的贝叶斯检验统计量扩展用于检验多变量随机波动模型的单位根。其次，将该方法应用于研究金融危机对中国主要股票市场的持续影响。

一、资产收益率的波动性

资产收益率的波动性随着时间的推移具有高度的持久性，这一点在实证文献中得到了充分的证明，参见 Chou（1988）①、Ewing 和 Malik（2009）② 等。如果在对数波动过程中观察到持续性，这意味着对波动性的冲击不会迅速消失，并将长期持续。因此，目前风险溢价的一些变化将对证券研究产生重大影响。Chou 研究了股票市场的波动性及其与市场波动的关系，对波动性的高度持续性冲击会增加证券波动的波动性，从而导致市场暴跌。因此，开发一些有效的方法来检验波动过程中冲击的持续性是有意义的。

在实证金融中，随机波动率（SV）模型是最常用的时变波动率聚类模型之一，因此，全面了解 SV 模型的类型及其潜在应用，是该领域研究的有益基础。Shephard（2005）③ 提供了 SV 模型和应用的回顾，这是一个有效的参考基础。

研究人员可以通过测试随机波动模型中的单位根来检验波动过程中冲击的持

① R. Y. Chou. Volatility Persistence and Stock Valuation: Some Empirical Evidence Using GARCH ［J］. Journal of Applied Econometrics, 1988, 3 (4): 279 - 294.

② B. T. Ewing, F. Malik. Estimating Volatility Persistence in Oil Prices under Structural Breaks ［J］. The Financial Review, 2010, 45 (4): 1011 - 1023.

③ N. Shephard. Stochastic Volatility: Selected Reading ［M］. Oxford University Press, Oxford, 2005.

续性。至于单变量 SV 模型，So 和 Li（1997）① 首先基于贝叶斯因子（Kass 和 Raftery，1995）②，在贝叶斯框架下，将单位根检验问题视为模型比较问题，分别在零假设和替代假设下比较两个非嵌套模型。其次，使用 Chib（1995）③ 开发的方法计算贝叶斯因子。然而，这种方法需要边际可能性，未知参数的边缘化和每个模型下的潜在波动性。在 SV 模型中，未知参数和潜在波动率的数量非常大（超过观测值的数量），因此，边际似然值的计算负担显然是巨大的。

Li 和 Yu（2010）④ 引入加权函数而不是使用 Chib 的方法，通过考虑竞争模型的特殊结构，导出了贝叶斯因子的一种新形式。在他们的新形式中不需要边缘化，结果是在数字上更稳定。进一步，Li、Ni 和 Zhang（2011）⑤ 提出了另一个简单的数值计算方法用于计算贝叶斯因子，在路径采样的基础上检测单位根。这个程序也没有复杂的边缘化。

然而，在实践中，贝叶斯因子提出了一些理论和实践的局限性，指出如果使用标准的非信息先验，贝叶斯因子受到巴特利特悖论的影响。据我们所知，这个问题还没有完全解决。此外，SV 模型中单位根检验的贝叶斯因子的计算需要边际似然或似然比，虽然已经发展了一些有效的方法。这将继续构成计算挑战和数值不稳定性。最近的文献已经解决了点零假设检验问题，为此，Li 和 Yu（2012）⑥ 开发了一种决定性的贝叶斯假设检验方法来代替贝叶斯因子。结果表明，所提出的贝叶斯检验统计量可以在非信息先验条件下实现，而且只是作为贝叶斯估计的副产品的对数似然比，因此计算简单且稳定。

对于单变量 SV 模型中的单位根检验问题，Jie、Li 和 Zhang（2011）⑦ 证明

---

① M. K. P. So, W. K. Li. Bayesian Unit – Root Testing in Stochastic Volatility Models [J]. Journal of Business and Economic Statistics, 1999, 17 (4): 491 –496.

② R. E. Kass, A. E. Raftery, "Bayes Factor," Journal of the Americana Statistical Association, 1995, 90 (430): 773 –795.

③ S. Chib. Marginal Likelihood from the Gibbs Output [J]. Journal of the American Statistical Association, 1995, 90 (432): 1313 –1321.

④ Y. Li, J. Yu, "A New Bayesian Unit Root Test in Stochastic Volatility Models," Research Collection School of Economics, 2010: 12 –40.

⑤ Y. Li, Z. X. Ni, J. Zhang. An Efficient Stochastic Simulation Algorithm for Bayesian Unit Root Testing in Stochastic Volatility Models [J]. Computational Economics, 2011, 37 (3): 237 –248.

⑥ Y. Li, J. Yu. Bayesian Hypothesis Testing in Latent Variable Models [J]. Journal of Econometrics, 2012, 166 (12): 237 –246.

⑦ Jie Z., Y. Li, J. Zhang. Bayesian Testing a Unit Root in the Volatility of Asset Returns: An Empirical Comparison [R]. Working Paper, 2011.

了 Li 和 Yu（2012）① 的决定性贝叶斯方法比贝叶斯因子能获得更好的有限样本行为。在本章中，我们考虑了多变量 SV 模型上的资产收益波动持续性，这是单变量 SV 模型的广义扩展。随着经济全球化的发展，波动性在不同市场之间相互影响，在多变量框架下建立波动性模型对于国际投资组合风险管理、资产配置等金融应用具有重要意义。多变量随机波动模型对于同一金融市场中不同资产也很重要，因为这是一种相互交织的经济机制。Asai 等（2006）② 在关于多变量 SV 模型的文章中开发了这个问题的更多细节。

本章的其余部分组织如下：第二部分描述了多变量随机波动率模型。第三节讨论了单位根检验的问题。第四部分考虑了时间序列数据覆盖次贷危机的经验应用。第五部分进行了多变量随机波动模型计算。本章结论在第六部分。

二、多变量随机波动模型

Harvery 等（1994）③ 提出的标准多变量 SV 模型是：

$$y_t = H^{\frac{1}{2}}\varepsilon_t, \varepsilon_t \backsim N[0, \sum_{\varepsilon}]$$

$$H^{\frac{1}{2}} = \mathrm{diag}\{\exp(h_{1t}/2), \cdots, \exp(h_{pt}/2)\}$$
$$= \mathrm{diag}\{\exp(h_{1t}/2)\}$$

$$h_t = \mu + \phi^\circ(h_{t-1} - \mu) + \eta_t + \eta_t \backsim N[0, \sum_{\eta}], t = 1, 2, \cdots, T \qquad (9-1)$$

其中，y_t（$p\times1$）是返回时间序列，h_t =（h_{1t}，h_{2t}，…，h_{pt}）^{T}是一个 p 维未知对数波动性，经营者指的是元素 - 元素的乘积。（μ_t）和（η_t）对于所有 t 都是 p 维 iid 正态误差。一般来说，对于 $i=1$，2，…，p，$\sum_{\varepsilon,ii}$ 被设置为 1.0，$\sum_{\eta}$ 被设置为诊断矩阵。

由于可观测的对数似然函数涉及难以处理的高维积分，多变量 SV 模型的分

① Y. Li, J. Yu, Bayesian Hypothesis Testing in Latent Variable Models [J]. Journal of Econometrics, 2012, 166 (2): 237-246.

② M. Asai, M. AcAleer, J. Yu. Multivariate Stochastic Volatility Models: A Review [J]. Econometric Review, 2006, 25 (2-3): 145-175.

③ A. C. Harvey, E. Ruiz, E. Shephard, Multivariate Stochastic Variance Models [J]. Review of Economic Studies, 1994, 61 (2): 247-264.

析具有挑战性。为了分析这些模型，已经提出了各种估计方法，包括模拟矩方法和模拟最大似然方法。根据 Yu 和 Meyer（2006）[①] 的研究，使用马尔科夫蒙特卡洛（MCMC）技术的贝叶斯方法是最有效的估计方法之一。从这个角度出发，我们使用 MCMC 技术分析本章的多变量 SV 模型。

让 $y=(y_1, y_2, \cdots, y_T)$ 和 $h=(h_1, h_2, \cdots, h_T)$。在贝叶斯框架下，统计推论统计学是基于贝叶斯框架的对给定数据的参数的后验概率分布，即 $p=(\theta|y)$。然而，由于潜在波动性 h 引起的复杂性，几乎不可能直接评估这种后验密度的期望。为了缓解后验分析中的这种困难，我们使用数据增强策略（Tanner and Wong，1987[②]）来增强观察到的变量 y 波动性 h，而不是模拟观察来自 $p=(\theta|y)$ 的数据，我们生成了一些随机观测结果来自关节的后部分布，即 $p=(\theta, h|y)$。这种模拟可以通过一种名为 Gibbs - sampler 的 MCMC 技术来实现。更具体地说，我们从一个初始值 $[\theta^{(0)}, h^{(0)}]$，然后逐个模拟；在第 j 个迭代中，使用当前值 $[\theta^{(j)}, h^{(j)}]$：

（1）初始参数 θ 和潜在波动率 h。

（2）生成 $h^{(j+1)}$ 来自 $p=(h|\theta^{(j)}, y)$。

（3）生成 $\theta^{(j+1)}$ 来自 $p=(\theta|h^{(j)}, y)$。

从后验模拟获得的观察结果可用于推论统计学。在燃烧阶段，即迭代次数足够多的情况下，模拟的随机样本可以看作是从联合后验分布 $p=(\theta, h|y)$ 得到的有效随机观测值。

设 $\{\theta^{(j)}, h^j, j=1, 2, \cdots, J\}$ 为模拟有效值随机观测。然后，通过相应的抽样均值和抽样协方差矩阵，可以很容易地得到潜在波动率 h 和潜在波动率 h 的贝叶斯估计及其标准误差。具体形式如下：

$$\hat{\theta}=\frac{1}{J}\sum_{j=1}^{J}\theta^{(j)}, \hat{V}ar(\theta|y)=\frac{1}{J-1}\sum_{j=1}^{J}(\theta^{(j)}-\hat{\theta})(\theta^{(j)}-\hat{\theta})^T$$

$$\hat{h}=\frac{1}{J}\sum_{j=1}^{J}h^{(j)}, \hat{V}ar(h|y)=\frac{1}{J-1}\sum_{j=1}^{J}(h^{(j)}-\hat{h})(h^{(j)}-\hat{h})^T$$

① J. Yu, R. Meyer. Multivariate Stochastic Volatility Models: Bayesian Estimation and Model Comparison [J]. Econometric Review, 2006, 25 (2-3): 361-384.

② T. A. Tanner, W. H. Wong. The Calculation of Posterior Distributions by Data Augmentation [J]. Journal of the American Statistical Association, 1987, 82 (398): 528-549.

三、决策理论下的单位根检验

在本章中，波动性的持续性等价于检验根对数波动性的自回归系数：

$H_0: \phi_i = 1$

$H_1: \phi_i \in (-1, 1)$　　　　(9-2)

对于这个问题，已知$\phi_t = (\phi_1, \phi_2, \cdots, \phi_p)^T$是感兴趣的参数向量，其他的参数是用$\psi = (\mu, \sum_\eta)$。

1. 单位根检验作为一个决策问题

一般来说，可观测数据$y \in Y$在$\phi \in \Phi$和$\psi \in \Psi$范围内适用于模型$M \equiv \{p(y \mid \phi, \Psi)\}$。这个模型$M_0 \equiv \{p(y \mid \phi = \phi_0, \Psi), \psi \in \Psi\}$表示一个支持提供了当零假设 H_0为真时可观测数据的概率行为的描述。根据 Li 和 Yu（2012）① 的工作，单位根检验问题可以看作是一个决策问题，其中作用空间只有两个元素，即接受（a_0）或拒绝（a_1）模型 M_0作为模型 M 的方便代理。

对于这个决策问题，一个损失函数测量由于接受或拒绝 H_0而造成的损失需要指定。在这里，我们将这个损失函数表示为$\{L[a_{i,}(\phi, \psi)], i = 0, 1\}$。然后，区别$\Delta L[H_{0,}(\phi, \psi)]$表示损失的函数表示如下：

$$\Delta L[H_{0,}(\phi, \psi)] = L[a_{0,}(\phi, \psi)] - L[a_{1,}(\phi, \psi)] \quad (9-3)$$

它衡量了拒绝H_0作为一个函数(ϕ, ψ)的优势。因此，作为最优决策，拒绝H_0将根据以下规则进行：

$$\int \Phi \int \Psi \Delta L[H_{0,}(\phi,\psi)] p(\phi,\psi \mid y) d\phi d\psi > 0 \quad (9-4)$$

2. 连续损失函数和贝叶斯检验统计量

对于假设检验问题，一个明显的选择是使用 KullbackLeibler（KL）散度函数作为差分损失函数。然而，对于本章所考虑的多元 SV 模型，似然函数不具有闭式解，因此 K-L 损失函数也不具有闭式解，因此不能应用。继 Li 和 Yu（2012）② 之后，发展了以$Q(\cdot \mid \cdot)$为基础的连续发散函数来代替 K-L 发散函数，该

①② Y. Li, J. Yu. Bayesian Hypothesis Testing in Latent Variable Models [J]. Journal of Econometrics, 2012, 166 (2): 237-246.

发散函数主要用于 EM 算法。

对于单位根测试问题，再次基于分析在 Li 和 Yu（2012）① 的作用下，连续损失差函数可以定义如下：

$$\Delta L[H_{0,}(\phi,\ \psi)] = \{Q(\phi,\ \phi) - Q(\phi_0,\ \phi)\} + \{Q(\phi_0,\ \phi_0) - Q(\phi,\ \phi_0)\} \tag{9-5}$$

对于任何ϕ_1和ϕ_2，$Q(\cdot \mid \cdot)$ 是由下面的公式得到的：

$$Q(\phi_1, \phi_2) = E_{(h,\psi \mid y,\phi_2)}\{\log p(y,h,\psi \mid \phi_1)\} = \int \log p(y,h,\psi \mid \phi_1) p(h,\psi \mid y, \phi_2) dh d\psi \tag{9-6}$$

在这种情况下，贝叶斯检验统计量可以表示为损失函数的后验均值，即：

$$T_{(y,\phi_0)} = E_{(\psi \mid y)}\{\Delta L[H_{0,}(\phi,\ \psi)]\} = E_{(\psi \mid y)}\{Q(\phi,\ \phi) - Q(\phi_0,\ \phi) + Q(\phi_0,\ \phi_0) - Q(\phi,\ \phi_0)\} \tag{9-7}$$

其中，$\phi_0 = 1_P$，参见 Li 和 Yu（2012）②，$T_{(y,\phi_0)}$具有如下给出的等价形式：

$$E_{(h,\psi \mid y,\phi_2)}\left\{\log \frac{p(y,\ h,\ \psi \mid \phi)}{p(y,\ h,\ \psi \mid \phi_0)}\right\} + E_{(\psi \mid y)}\left\{E_{(h,\psi \mid y,\phi_0)}\left[\log \frac{p(y,\ h,\ \psi \mid \phi_0)}{p(y,\ h,\ \psi \mid \phi)}\right]\right\} \tag{9-8}$$

这个测试统计数据由两个后验期望组成。第一个期望只是替代假设下贝叶斯估计的副产品，因此很容易使用 MCMC 输出进行近似。第二个期望很难评估，因为它涉及两个同时进行的期望，这需要冗长和耗时的计算。Li 和 Yu（2012）③ 开发了一种方便的方法来近似这种后验积分。按照他们在这里考虑的单位根检验的方法，这个数值近似的细节——积分和微分之间交换的正则条件是满足的，简述如下：

（1）让$f(\phi) = \int \log p(y,h,\psi \mid \phi) p(h,\psi \mid y,\phi_0) dh d\psi, \dot{f}(\phi) = \frac{\partial f(\phi)}{\partial \phi}, \ddot{f}(\phi) = \frac{\partial^2 f(\phi)}{\partial \phi\ \phi^T}$。这是假定的满足了上积分和微分之间交换的规则条件，因此我们确定了这一点：

$$\dot{f}(\phi) = \iint \frac{\partial \log p(y,h,\psi \mid \phi)}{\partial \phi} p(h,\psi \mid y,\phi_0) dh d\psi \tag{9-9}$$

---

①②③ Y. Li, J. Yu. Bayesian Hypothesis Testing in Latent Variable Models [J]. Journal of Econometrics, 2012, 166 (2): 237-246.

$$\ddot{f}(\phi) = \iint \frac{\partial^2 \log p(y,h,\psi \mid \phi)}{\partial\phi\,\phi^T} p(h,\psi \mid y,\phi_0)\,dhd\psi \tag{9-10}$$

(2) 至于函数 $f(\phi)$，第二个泰勒展开式在 (ϕ_0) 处，因此我们找到

$$f(\phi) \approx f(\phi_0) + \dot{f}(\phi_0)^T(\phi-\phi_0) + \frac{1}{2}(\phi-\phi_0)^T\ddot{f}(\phi_0)(\phi-\phi_0)$$

(3) 第二次后验积分由

$$E_{(\psi \mid y)}\left\{E_{(h,\psi \mid y,\phi_0)}\left[\log\frac{p(y,\ h,\ \psi \mid \phi_0)}{p(y,\ h,\ \psi \mid \phi)}\right]\right\} = E_{(\psi \mid y)}\{f(\phi_0) - f(\phi)\} \approx \{-\dot{f}(\phi_0)(\phi-\phi_0) - \frac{1}{2}(\phi-\phi_0)^T\ddot{f}(\phi_0)(\phi-\phi_0)\}p(\phi \mid y)\,d\phi \approx -\dot{f}(\phi_0)^T(\hat{\phi}-\phi_0) - \frac{1}{2}(\hat{\phi}-\phi_0)^T\ddot{f}(\phi_0)(\hat{\phi}-\phi_0) \tag{9-11}$$

$\hat{\phi}$是替代假设 H_1 下的贝叶斯估计。

注 1：从式（9－8）中可以发现，检验统计量是对对数似然比的后验期望。与贝叶斯因子（似然比）相比，它在计算上更稳定。

注 2：可以证明这个检验统计量可以在非信息先验条件下实现（Li 和 Yu，2012①）。此外，该检验统计量的估计只是零假设和替代假设下贝叶斯估计的副产品，不需要额外的计算工作。这与贝叶斯因子形成鲜明对比。

注 3：在这个单位根测试中，需要使用一个阈值来决定 H_0 是否被拒绝。遵循 Li 和 Yu 的方法，使用以下决策规则：

如果 $T_{(y,\phi_0)} \leqslant C$，接受 H_0；如果 $T_{(y,\phi_0)} > C$，则拒绝 H_0，其中 C 是阈值。Li 和 Yu 禁止使用不同概率水平的一些阈值。在本章中，我们选择临界值 3.22 作为参考阈值，以 99% 的置信度表示单位根假设被拒绝或接受。更多细节，可以参考 Li 和 Yu（2012）②。

四、中国的经验数据

中国股票市场是新兴的股票市场。自 1991 年成立以来，它们在市场规模、交易量、上市公司数量等方面都经历了快速的发展。目前在中国上市的股票，上

①② Y. Li, J. Yu. Bayesian Hypothesis Testing in Latent Variable Models [J]. Journal of Econometrics, 2012, 166 (2): 237－246.

海股票市场和深圳股票市场，共有1500多家上市公司，所有交易均以人民币进行。总的来说，深圳迎合了中小企业的需求。在中国经济发展的现阶段，中国股票市场的资本价值使其成为世界上最大的股票市场之一，仅次于美国股票市场。由于其日益增长的重要性，外国投资者对中国股票市场表现出浓厚的兴趣。

2007年，发生了一场严重的金融危机。在实证研究中，我们主要关注的是经济全球化对中国股票市场是否产生了持续的影响。以2007～2008年次贷危机期间的上证综合指数和深证综合指数为样本。该指数的每日收盘价格收集自雅虎财经网站，时间为2007年1月4日至2011年4月22日。回报系列有1046个观测数据，如图9－1所示。可以看出，在金融危机期间，市场更加不稳定。

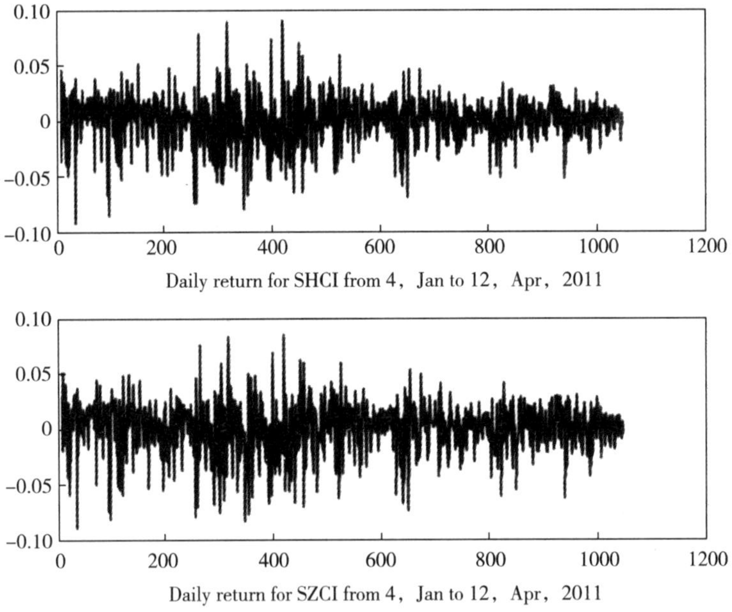

图9－1　2007年1月4日至2011年4月22日上证综合指数和深证综合指数的时间序列图回归

在本章中，我们只使用二元随机波动率模型来拟合收益率序列，特别是 $p=2$。关于利率参数 ϕ，混合优先指定如下：

$$f(\phi)=wI(\phi=1)+(1-w)f_c(\phi)I(-1<\phi<1) \tag{9-12}$$

$w\sim$ Bernoulli (π)，$\pi\sim$ Uniform $(0,1)$

为了研究先验指标的敏感性，我们考虑了f_c（ϕ）的三种不同的先验分布，即用来表示先验无知的 Uniform（0，1），两种信息先验分布 Beta（10，1），Beta（20，2）。至于其他干扰的参数，一些模糊的先验分布规定如下：

$\mu_1 \sim N(0.0, 10)$，$\mu_2 \sim N(0.0, 10)$，$\sigma_1^{-2} \sim \tau(0.001, 0.001)$

在 Yu 和 Meyer（2006）① 之后，我们使用 WinBUGS 软件随机抽取 50000 个样本，并将前 30000 个样本作为老化样本丢弃。使用 Raftery - Lewis 诊断测试统计量诊断 Gibbs 采样器的收敛性。

在表 9 - 1 中，贝叶斯估计和标准误差报道了三种不同先验分布下的贝叶斯检验统计量。我们可以发现，在不同的先验规范下，贝叶斯估计都非常接近统一，没有显著性差异。对于贝叶斯检验统计量的估计，在不同的先验规范下，观察到一些微小的差异，并且所有的值都提供了很少的证据来否定单位根假设在这个收益序列的波动性。毫不奇怪，单位根检验的所有结果在早期保持相同，这表明 2007 ~2008 年金融次贷危机对中国主要股市产生了长期持续的影响。

表 9 - 1　次贷危机期间上证综合指数和深证综合指数的经验结果

Prior	Statistics	μ_1	μ_2	ϕ_1	ϕ_2	σ_1^2	σ_2^2	ρ	Test
Uniform	EST	-6.937	-6.955	0.9999966	0.999994	0.0038	0.0040	0.9235	0.0022
	SE	0.2394	0.2041	0.0001	0.0002	0.0015	0.0010	0.0038	N/A
Beta1	EST	-6.884	-6.945	0.999976	0.999855	0.0036	0.0040	0.9246	0.0059
	SE	0.2150	0.2583	0.0003	0.0012	0.0015	0.0016	0.0041	N/A
Beta1	EST	-6.829	-6.907	0.999995	0.999988	0.0056	0.0062	0.9249	0.0023
	SE	0.3078	0.2591	0.0002	0.0003	0.0020	0.0021	0.0043	N/A

五、多变量随机波动模型计算$T_{(y,\phi_0)}$

关于多变量随机波动模型本章给出了节理密度函数的计算公式，可观察到的

① J. Yu，R. Meyer. Multivariate Stochastic Volatility Models：Bayesian Estimation and Model Comparison [J]. Econometric Review，2006，25（2 -3）：361 -384.

数据和潜在波动是由以下方面给出的：

$$p(y,h|\mu,\phi,\sum_{\varepsilon},\sum_{\eta}) = \prod_{t=1}^{T} p(y_t,h_t|h_{t-1},\mu,\phi,\sum_{\varepsilon},\sum_{\eta}) = \prod_{t=1}^{T}\{p(y_t|h_t)\}p(h_t|h_{t-1},\mu,\phi,\sum_{\varepsilon},\sum_{\eta}) = \prod_{t=1}^{T}\left\{Cepx\left[\frac{-y_t H'_t \sum_t^{-1} H_t^{-1} y_t}{2}\right]\right\} \times \prod_{t=1}^{T}\left\{epx\left[-\frac{(h_t-\mu-\phi^{\circ}(h_{t-1}-\mu))' \sum_{\mu}^{-1}(h_t-\mu-\phi^{\circ}(h_{t-1}-\mu))}{2}\right]\right\} \quad (9-13)$$

其中，c 是一个已知常数。可观察到的似然函数可以表示为：

$$p(y|\theta) = \int p(y,h|\theta)dh \quad (9-14)$$

在这里，可以看出，由于潜在的波动性，这个可观测似然函数是一个高维的多积分，它不是封闭的表达式。

根据前文，为了近似贝叶斯检验统计量$T_{(y,\phi_0)}$，推导出以下几个组成部分：

$$\log p(y,h,\mu,\sum_{\varepsilon},\sum_{\eta}|\phi) - \log p(y,h,\mu,\sum_{\varepsilon},\sum_{\eta}|\phi_0) = \log p(y,h|\mu,\phi,\sum_{\varepsilon},\sum_{\eta}) + \log p(\mu,\sum_{\varepsilon},\sum_{\eta}|\phi) - \log p(y,h|\mu,\sum_{\varepsilon},\sum_{\eta},\phi_0) - \log p(\mu,\sum_{\varepsilon},\sum_{\eta}|\phi_0) = \log p(y,h|\mu,\phi,\sum_{\varepsilon},\sum_{\eta}) - \log p(y,h|\mu,\phi_0,\sum_{\varepsilon},\sum_{\eta}) \quad (9-15)$$

至于本实证研究中的二元多变量 SV 模型，我们可以推导出以下给出的具体形式：

$$\log p(y,h|\mu,\phi,\sum_{\varepsilon},\sum_{\eta}) - \log p(y,h|\mu,\phi_0,\sum_{\varepsilon},\sum_{\eta}) = \frac{1}{2\sum_{\eta,11}^{2}}\sum_{t=1}^{T}\{(\phi_{0,1}^2-\phi_1^2)(h_{1,t-1}-\mu_1)^2-2(\phi_{0,1}-\phi_1)(h_{1t}-\mu_1)(h_{1,t-1}-\mu_1)\} - \frac{1}{2\sum_{\eta,22}^{2}}\sum_{t=1}^{T}\{(\phi_{0,2}^2-\phi_2^2)(h_{2,t-1}-\mu_{21})^2-2(\phi_{0,2}-\phi_2)(h_{2t}-\mu_{21})(h_{2,t-1}-\mu_2)\} \quad (9-16)$$

而且，

$$\dot{f}(\phi_1) = \int \frac{\partial \log p(y,h,\mu,\sum_{\varepsilon},\sum_{\eta}|\phi)}{\partial\phi_1} p(h,\mu,\sum_{\varepsilon},\sum_{\eta}|y,\phi_0)dhd\mu d\sum_{\varepsilon} d$$

$$\Sigma_{\eta} = E_{(h,\Sigma_{\varepsilon},\Sigma_{\eta}|y,\phi_0)}\left\{\frac{1}{\Sigma_{\eta,11}}\sum_{t=1}^{T}[(h_{1t}-\mu_1-\phi_1(h_{1,t-1}-\mu_1))(h_{1,t-1}-\mu_1)]\right\},\tag{9-17}$$

$$\ddot{f}(\phi_1) = \int\frac{\partial^2 \log p(y,h,\mu,\Sigma_{\varepsilon},\Sigma_{\eta}|\phi)}{\partial^2 \phi_1}p(h,\mu,\Sigma_{\varepsilon},\Sigma_{\eta}|y,\phi_0)dhd\mu d\Sigma_{\varepsilon}d$$

$$\Sigma_{\eta} = E_{(h,\mu,\Sigma_{\varepsilon},\Sigma_{\eta}|\phi_0)}\left\{-\frac{1}{\Sigma_{\eta,11}}\sum_{t=1}^{T}(h_{1,t-1}-\mu_1)^2\right\}\tag{9-18}$$

$$\dddot{f}(\phi_1) = 0$$

$$\dot{f}(\phi_2) = \int\frac{\partial \log p(y,h,\mu,\Sigma_{\varepsilon},\Sigma_{\eta}|\phi)}{\partial \phi_2}p(h,\mu,\Sigma_{\varepsilon},\Sigma_{\eta}|y,\phi_0)dhd\mu d\Sigma_{\varepsilon}d$$

$$\Sigma_{\eta} = E_{(h,\Sigma_{\varepsilon},\Sigma_{\eta}|y,\phi_0)}\left\{\frac{1}{\Sigma_{\eta,22}}\sum_{t=1}^{T}[(h_{2t}-\mu_2-\phi_2(h_{2,t-1}-\mu_2))(h_{2,t-1}-\mu_2)]\right\},\tag{9-19}$$

$$\ddot{f}(\phi_2) = \int\frac{\partial^2 \log p(y,h,\mu,\Sigma_{\varepsilon},\Sigma_{\eta}|\phi)}{\partial^2 \phi_2}p(h,\mu,\Sigma_{\varepsilon},\Sigma_{\eta}|y,\phi_0)dhd\mu d\Sigma_{\varepsilon}d$$

$$\Sigma_{\eta} = E_{(h,\mu,\Sigma_{\varepsilon},\Sigma_{\eta}|\phi_0)}\left\{-\frac{1}{\Sigma_{\eta,22}}\sum_{t=1}^{T}(h_{2,t-1}-\mu_2)^2\right\}\tag{9-20}$$

$$\dddot{f}(\phi_2) = 0\tag{9-21}$$

六、结论和讨论

本章基于多变量随机波动率模型（multivariate stochastic volatility model）提出了一种检验资产收益波动持续性的贝叶斯方法。与众所周知的贝叶斯因子形成鲜明对比的是，所提出的检验统计量至少有三个优点：①它在非信息相对先验中定义明确；②它不计算似然比，而计算对数似然比，因此结果在数值上通常更稳定；③它只是贝叶斯估计的副产品，不需要更多的努力，使其实现简单。我们开发的方法已经应用于主要危机检查波动率持久性在 SHCI 和 SZCI 指数回报系列。实证研究证实，2007 年发生的金融危机对中国股市产生了一些长期影响。注意到我们的检验是基于 Harvey 等（1994）[①] 提出的基本多变量 SV 模型，我们认为技术本身是相当普遍的，可以应用于许多替代的多变量 SV 模型（如因子 SV 模型）。Asai 等（2006）[②] 讨论了其他可能的模型。

① A. C. Harvey, E. Ruiz, E. Shephard. Multivariate Stochastic Variance Models ［J］. Review of Economic Studies, 1994, 61 (2): 247 - 264.

② M. Asai, M. AcAleer, J. Yu, Multivariate Stochastic Volatility Models: A Review ［J］. Econometric Review, 2006, 25 (2 - 3): 145 - 175.

第十章

结论

一、本书内容回顾与结论总结

本书首先对中国上市公司盈余的持续性进行研究，发现盈余中应计盈余持续性低于现金盈余持续性，并透过图形及回归式分析盈余反转的不对称性。其次进一步分析公司规模、资本密集度、产业领导者、主营收入成长率等反映战略决策和营运状况的企业竞争力特征因子对盈余持续性的影响，发现企业竞争力特征因子能增加盈余持续性程度。再次探讨会计盈余信息含量的市场反应，会计盈余或其组成部分时间序列上的持续性能否向资本市场传递更多的信息，市场是否给予这类公司会计盈余更高的评价，我们发现盈余为负值的公司降低应计盈余的持续性程度，向资本市场传递了负面信息；主营收入成长率能提高盈余的信息含量，然而，市场可能并未发现产业领导者因子能提高盈余的持续性。最后，我们根据前述研究的结果，以每年 5 月第一个交易日为事件日，对会计特征和企业竞争力构成的交易策略累计超额回报进行了研究，结果发现会计特征和企业竞争力构造的交易策略分别能获取 20% 和 12.9% 的超额收益。

由于上述研究仍属于市场层面价值发现过程，即它们仅能单纯地看到信息对股价的整体面影响，而对证券交易过程仍然是一个黑箱，所以本书进一步用微结构的数据，揭示了信息不对称的市场交易者在盈余宣告期间的博弈过程。在本书第四章中披露了中国资本市场机构投资者等大额交易者表象下交易的微结构世界。据此，本书以经验数据检验了以稳定市场为理念，政策全力支持的机构投资者等大额交易者的交易行为对资本市场的影响——投机交易和偏离基本面。具体研究成果，有下列四点：第一，就已知的信息而言，市场观测到的只是检视机构投资者本身的频繁交易行为；还没有发现市场或研究观测到中国资本市场大额交易者和个股换手率的关系，后者对个股造成更直接的影响。第二，大额交易者具有投机行为的交易特征，造成资本市场超常的换手率，可能导致对散户投资者财富的掠夺，发现了导致投机泡沫的因素之一。第三，发现导致股票价格偏离基本价值的因素之一，本书以微结构数据直接度量大额交易者的交易行为，发现大额交易者的异常净买入，放大盈余反应系数，导致市盈率被高估，降低股票市场的定价效率和资源配置效率。第四，相信我们的研究能使证券市场监管部门对股市投机行为实现更及时的监管。

在本书第五章中以 Lee 和 Ready（1991）[①] 提出的方法，直接度量散户交易者的交易行为，揭示了中国资本市场散户交易者的微结构世界。据此，本书检验了散户交易者非基本面交易行为因素——投机交易、注意力集中和大额交易者出货。从这个角度而言，散户的交易会使股票偏离基本面价值。具体内容，有下列六点：第一，就已知的信息而言，市场观测到的只是站在散户投资者本身的频繁交易行为；还没有发现市场或研究观测到中国资本市场散户交易者和个股换手率的关系，后者对个股造成更直接的影响。第二，散户交易者具有投机的交易特征，它的交易行为造成资本市场超常的换手率，发现了导致投机泡沫的因素之一。第三，我们发现了散户交易者注意力集中现象的交易行为。散户交易者的交易行为受到盈余宣告的影响——距离宣告日期越近，散户交易者的异常净买入越高。第四，发现散户交易者在投机泡沫利益的驱使下，个股累计涨幅和交易量越高的股票越能吸引散户的关注并使其进行交易。第五，散户交易时仅能观测交易量的大小，而不能区分交易量中大户交易者的交易方向［净买入（净卖出）］及真实的买卖意图，大额交易能够顺利出清股票。第六，扩展 Fama – French（1993）[②] 3 因子模型，构造包含散户交易因子的超额收益 4 因子模型，并发现 A 股流通总市值从中到小的公司受到散户的交易影响，对深市中小板股票受到散户交易影响提供了经验数据的支持。相信上述的研究对我国企业的证券价值发现过程提供了学术价值。

① Lee Charles M. C.，Ready Mark J. Inferring Trade Direction from Intraday Data［J］. Journal of Finance，1991，46（2）：733 – 746.

② Fama E. F.，K. R. French. Common risk factors in the returns on bonds and stocks［J］. Journal of Financial Economics，1993（33）：3 – 53.

二、本书创新点

（一）市场反应分析——市场价值发现中盈余质量分析

本书对盈余持续性进行分析，首先透过图形和回归模型解释盈余为负值和正值、公司盈余持续性的不对称性及代表战略决策和营运状况的企业竞争力特征因子对盈余持续性影响，其次揭示了持续性特征对向资本市场传递了信息的能力，最后基于持续性特征未能反映在股价的因子，构造交易策略获取超额收益。因此，本书对企业竞争力特征融入会计信息及发现套利机会提高市场效率做出新贡献。在此之前的文献中，仅针对应计盈余和现金盈余不同的持续性进行分析，自 Sloan（1996）[①] 后国内外多数的追随性研究把研究的重心放在应计盈余的细节性研究，本书回归会计信息对上市公司最根本的影响——盈余为负值的公司面临监管机构可能对其公司的特别监管及在资本市场融资的限制，也说明了盈余为负值的公司委任的外部审计人员面临的审计风险及会计稳健原则在盈余为负值的公司的作用，故而本书结合这个特性，对应计和现金盈余的持续性影响进行分析。此外，不同的公司由于其所处的经营环境或者自身的竞争力等因素，也会使其盈利能力产生差异，会计盈余的持续性程度也会表现出不同，本书从管理文献中选取代理变量分析企业竞争力对盈余的持续性，为国内财务报表未披露研究发展费用造成产业进入门槛难以度量的情形，提供一个替代的选择。

（二）价值发现过程研究——市场交易者的交易博弈过程研究

股权分置解决了非流通股上市的问题，市场的运行基础从此发生根本性的变化，股票市场开始真正体现多年来经济不断增长的成果。然而，在我国政府—市场混合资本市场机制下，国内的股票大部分是政府持有，资源供应出现短缺是不可避免的，过剩的资金追逐有限的股票，也就容易形成价值泡沫与投机交易。从市场参与者的环境分析，国内的基金公司，利用政府的支持（市场准入的审批）

① Sloan R. G. Do Stock Prices Fully Reflect Information in Accruals and Cash Flows about Future Earnings? [J]. The Accounting Review, 1996 (71): 1-24.

和公众的获利期待，短期内规模发展迅猛。在这个环境下国内几只基金联合就可以形成对特定股票的垄断，达到坐庄的效果。与此同时，基本面题材的过度渲染和大量散户投资者买入使得深圳交易所中小板股票大幅上涨，引起了市场人士和监管部门的普遍担忧和高度重视。散户的交易方式也逐渐成为资本市场上一个值得关注的议题。本书直接针对国内资本市场争论的议题，点出问题的症结所在及借鉴了国际规范的计算方法，运用完整微结构交易数据提出经验数据的支持，对股改后市场信息流动和参与者竞价过程做出独特的贡献。

在大额交易者交易过程研究方面，本书从微结构考察了大额交易者“坐庄”的现象，从而为以机构投资者为代表的大额交易者交易行为是“价值投资”还是“投机交易”争论中，对“投机交易”一方提供了经验证据的支持。本书发现，大额交易者具有投机交易特征，他们的频繁交易行为造成资本市场超常的换手率，可能导致对散户投资者财富的掠夺，这是导致投机泡沫的因素之一。本书还发现了导致股票价格偏离基本价值的一个因素，本书以微结构数据直接度量大额交易者的交易行为，发现大额交易者的异常交易，放大盈余反应系数，导致股票价格偏离公司基本价值，从而导致市盈率被高估，降低股票市场的定价效率和资源配置效率。相信本书的研究能使证券市场监管部门对股市投机行为实现更及时的监管。

在散户交易过程研究方面，以散户对信息接收方式和交易过程进行研究，发现信息和投资者行为冲击着价格使其偏离或者调整内在价值的过程。对具有市盈率过高及散户介入过多特征的股票所引发的市场估值忧虑提供了经验数据的支持。此外，就已知的信息而言，市场观测到的只是站在散户投资者本身的频繁交易行为；还没有发现市场或研究观测到中国资本市场散户交易者和个股换手率的关系，后者对个股造成更直接的影响。

首先，本书发现散户交易者行为具有“投机交易”特征，它的交易行为造成资本市场超常的换手率，发现了导致投机泡沫的因素之一。散户交易者的交易行为受到盈余宣告的影响—距离宣告日期越近，散户交易者的异常交易越高，发现了散户交易者交易行为的注意力集中现象。其次，还发现散户交易者的异常净买入和个股累计异常报酬率及异常交易量呈正相关关系，在投机泡沫利益的驱使下，个股累计涨幅和交易量越高的股票越能吸引散户的关注并使其进行交易。散户仅能透过观测交易量的大小进行交易，而不能区分交易量中大户交易者的交易方向［净买入（净卖出）］及真实的买卖意图，大额交易者能够在盈余信息披露期间顺利出清股票。最后，本书依据散户交易的日数据，构造包含散户交易因子的 4 因子模型，直接度量散户交易对股票收益的影响。这些实证结果表明，散户交易行为是非理性的，其交易行为会影响流通市值较小的公司的股票收益，从而为“散户交易行为引发估值忧虑”的论断提供了经验数据的支持。

三、本书分析的局限性

本书分析的局限性在于，基于数据的限制，采用分位数法，对投资者数据进行划分。不可避免地具有Ⅰ类和Ⅱ类错误的可能性。在此仅提供相关的理论及实证结果，供证券市场监管部门做进一步的扩展及提供投资者交易决策的依据。

四、本书分析的政策建议

我国的证券市场发展时间比较短，在制度建设上还不够健全，信息交流上不够通畅，投资者群体的成熟程度不够高。从这个层面来讲，作为一个新兴的证券市场，我们的市场效率还是比较低的。低效率的后果将导致证券市场企业的融资成本升高，投资者的回报率降低，最终可能使我们的证券市场丧失融资的功能，进而阻碍我国经济的发展。

有鉴于此，本书首先对盈余持续性的特征及其向资本市场传递了信息的能力进行研究，帮助投资者发现市场上的错误定价和非效率，进而纠正偏离企业内在价值的现象，使市场向高效率发展和靠拢。

其次，在大额交易者交易过程研究方面，本书从微结构角度考察大额交易者的投机交易特征，它的频繁交易行为造成资本市场超常的换手率，可能导致对散户投资者财富的掠夺。这个发现可以使监管机构对于高换手率的机构投资者交易执行适时的监管。本书还发现大额交易者的异常交易行为会放大盈余反应系数，导致股票价格偏离公司基本价值，从而导致市盈率高估。如果今后投资者能够利用这个研究成果，将能避开大额交易者异常交易行为所造成价值泡沫的股票，保障投资利益。

最后，在散户交易过程研究方面，本书以散户对信息接收方式和交易过程进行研究，发现信息和投资者行为冲击着价格使其偏离或者调整内在价值的过程。

对具有散户介入过多的股票提供了具体的影响分析。本书发现，散户交易者行为具有“投机交易”特征。本书同时发现，散户交易者的交易行为受到盈余宣告的影响，发现了散户交易者交易行为的注意力集中现象。在投机泡沫利益的驱使下，个股累计涨幅和交易量越高的股票越能吸引散户的关注。对投资者而言，如果今后能够利用这个研究成果，将能避开散户的异常交易行为的股票，保障他们的投资利益。对于监管单位而言，可以对上述原因造成价格严重偏离内在价值的股票采取警示、停牌等行动，消除散户的情绪波动，抑制市场上非理性的现象。

此外，本书还发现，散户不能区分大户交易者真实的买卖意图，大额交易者能够利用信息披露出清股票，本书提供了现实可行的方法，度量大户交易者真实的买卖意图，如果今后投资者能够利用这个研究成果，将能了解大额交易者的买卖意图，提供投资决策的参考。对于监管单位而言，如果今后能够利用这个研究成果，将可以为信息披露提供具体的规范，如禁止内幕交易等或者每日公告大额交易者的交易信息。在资本市场法制仍不健全之时，大额交易者如果利用他们的优势进行信息散布及投机交易等扰乱市场行为时，本书提供了度量大户交易者买卖意图的方法，提供了资本市场管理的标准和依据。

五、展望

在国内资本市场中，大额交易者和散户交易者仍有许多特殊的现象，他们的交易行为会对股票价值产生重大影响，笔者未来将在 Fama - French（1993）① 3 因子模型的基础上，构造结合动量因子和交易者的交易能量的 5 因子模型，期望对超额收益提供更好的评价模型。此外，会计原则的选择和交易者的交易过程也是值得进一步研究的方向。此外，收盘价是衡量交易者表现最常用的基准，因此在某天建立了大的净头寸的交易者为了改善他的绩效，可能对收盘价进行操纵。笔者计划分析大额交易者在股票市场上对收盘价的操纵，可能对机构投资者影响市场稳定性的研究做出贡献。相信这一系列的研究能对中国资本市场的价值发现做出新的贡献。

① Fama E. F. , K. R. French. Common risk factors in the returns on bonds and stocks [J] . Journal of Financial Economics, 1993 (33): 3 - 53.

参考文献

(1) 期刊文献

［1］戴园晨．股市泡沫生成机理以及由大辩论引发的深层思考——兼论股市运行扭曲与庄股情结［J］．经济研究，2001（4）：41－50.

［2］李新路，韩志萍．中国股市个体投资者羊群行为影响因素分析［J］．中央财经大学学报，2007（6）：35－39.

［3］李心丹，王冀宁，傅浩．中国个体证券投资者交易行为的实证研究［J］．经济研究，2002（11）：54－63＋94.

［4］林翔，陈汉文．增长、盈余管理和应计持续性［J］．中国会计评论，2005（1）：117－142.

［5］鲁桂华，陈晓．“庄”与会计盈余的价格含义［J］．管理世界，2005（7）：48－54.

［6］彭星辉，汪晓虹．上海股民的投资行为与个性特征研究［J］．心理科学，1995（2）：94－98＋128.

［7］祁斌，黄明，陈卓思．机构投资者与股市波动性［J］．金融研究，2006（9）：54－64.

［8］宋军，吴冲锋．基于分散度的金融市场的羊群行为研究［J］．经济研究，2001（11）：21－27.

［9］宋军，吴冲锋．中国股评家的羊群行为研究［J］．管理科学学报，2003（1）：68－74.

［10］施东晖．证券投资基金的交易行为及其市场影响［J］．世界经济，2001（10）：26－31.

［11］孙培源，施东晖．基于CAPM的中国股市羊群行为研究——兼与宋军、吴冲锋先生商榷［J］．经济研究，2002（2）：64－70＋94.

[12] 吴福龙，曾勇，唐小我．中国证券投资基金羊群行为的进一步研究［J］．中国管理科学，2004（4）：7－12.

[13] 王垒，郑小平，施俊琦，刘力．中国证券投资者的投资行为与个性特征［J］．心理科学，2003（1）：19－22.

[14] 王庆文．会计盈余质量对未来会计盈余及股票收益的影响——基于中国股票市场的实证研究［J］．金融研究，2005（10）：141－152.

[15] 徐浩峰，王正位．盈余持续性特征与中国资本市场效率的经济影响分析［J］．清华大学学报（哲学社会科学版），2006（S1）：13－20.

[16] 徐浩峰．信息与价值发现过程：基于散户微结构交易行为的实证研究［J］．金融研究，2009（2）：133－143.

[17] 张羽，李黎．证券投资基金交易行为及其对股价的影响［J］．管理科学，2005（4）：77－85.

[18] 张胜，陈金贤．深圳股票市场“庄股市场”特征的实证分析［J］．经济科学，2001（3）：62－69.

[19] 张峥，刘力．换手率与股票收益：流动性溢价还是投机性泡沫？［J］．经济学（季刊），2006（2）：871－892.

[20] 赵宇龙．会计盈余披露的信息含量——来自上海股市的经验证据［J］．经济研究，1998（7）：42－50.

[21] 赵宇龙，王志台．我国证券市场“功能锁定”现象的实证研究［J］．经济研究，1999（9）：56－63.

[22] 陈信元，陈冬华，朱红军．净资产、剩余收益与市场定价：会计信息的价值相关性［J］．金融研究，2002（4）：59－70.

[23] 侯宇，叶冬艳．机构投资者、知情人交易和市场效率——来自中国资本市场的实证证据［J］．金融研究，2008（4）：131－145.

[24] 何佳，何基报，王霞，翟伟丽．机构投资者一定能够稳定股市吗？——来自中国的经验证据［J］．管理世界，2007（8）：35－42.

[25] 孙建军，王美今．股市政策对个体证券投资者交易行为的影响——行为金融理论对我国股市低迷现状的解释［J］．数量经济技术经济研究，2004（6）：141－146.

[26] 吴世农，许年行，蔡海洪，陈卫刚．股市泡沫的生成机理和度量［J］．财经科学，2002（4）：6－11.

［27］姚颐，刘志远．震荡市场、机构投资者与市场稳定［J］．管理世界，2008（8）：22－32.

［28］张晓蓉，唐国兴，徐剑刚．投机泡沫的混合理性正反馈模型［J］．金融研究，2005（8）：85－98.

［29］周春生，杨云红．中国股市的理性泡沫［J］．经济研究，2002（7）：33－40＋62－90.

［30］朱松，徐浩峰．媒体关注、稳健会计政策与市场反应［J］．中国会计与财务研究，2012（1）.

［31］车宏生，杨六琴，朱敏，王小华．股市个人投资者的潜在类型分析［J］．管理科学学报，2002（5）：23－29.

［32］陈运森，朱松．政治关系、制度环境与上市公司资本投资［J］．财经研究，2009，35（12）：27－39.

［33］贺建刚，魏明海，刘峰．利益输送、媒体监督与公司治理：五粮液案例研究［J］．管理世界，2008（10）：141－150＋164.

［34］徐永新，陈婵．媒体荐股市场反应的动因分析［J］．管理世界，2009（11）：65－73.

［35］郑志刚．法律外制度的公司治理角色——一个文献综述［J］．管理世界，2007（9）：136－147＋159.

［36］廖理，方芳．管理层持股、股利政策与上市公司代理成本［J］．统计研究，2004（12）：27－30.

［37］谢军．股利政策、第一大股东和公司成长性：自由现金流理论还是掏空理论［J］．会计研究，2006（4）：51－57＋94－95.

［38］阎大颖．中国上市公司控股股东价值取向对股利政策影响的实证研究［J］．南开经济研究，2004（6）：94－100＋105.

［39］］曾颖，陆正飞．信息披露质量与股权融资成本［J］．经济研究，2006（2）：69－79＋91.

［40］潘越，戴亦一，林超群．信息不透明、分析师关注与个股暴跌风险［J］．金融研究，2011（9）：138－151.

［41］代冰彬，陆正飞，张然．资产减值：稳健性还是盈余管理［J］．会计研究，2007（12）：35－42＋96.

［42］戴德明，毛新述，邓璠．中国亏损上市公司资产减值准备计提行为研

究［J］. 财经研究，2005（7）：71 – 82.

［43］步丹璐，叶建明.《资产减值》的经济后果——基于新旧会计准则比较的视角［J］. 中国会计评论，2009，7（3）：315 – 328.

［44］耿建新，房巧玲. 我国会计师事务所规模研究——基于审计市场经验数据的聚类分析［J］. 会计研究，2005（3）：22 – 27 + 93.

［45］耿建新，朱友干. 与公允价值确认相关的审计证据研究［J］. 审计研究，2008（5）：50 – 54.

［46］韩厚军，周生春. 中国证券市场会计师报酬研究——上市公司实证数据分析［J］. 管理世界，2003（2）：15 – 22.

［47］刘斌，叶建中，廖莹毅. 我国上市公司审计收费影响因素的实证研究——深沪市2001年报的经验证据［J］. 审计研究，2003（1）：44 – 47.

［48］刘成立. 审计师变更、审计师任期与审计收费关系研究——基于2001 ~ 2003年的实证分析［J］. 财贸研究，2005（4）：96 – 101.

［49］刘运国，麦剑青，魏哲妍. 审计费用与盈余管理实证分析——来自中国证券市场的证据［J］. 审计研究，2006（2）：74 – 80.

［50］沈烈，张西萍. 新会计准则与盈余管理［J］. 会计研究，2007（2）：52 – 58.

［51］宋衍蘅，殷德全. 会计师事务所变更、审计收费与审计质量——来自变更会计师事务所的上市公司的证据［J］. 审计研究，2005（2）：72 – 77.

［52］孙娜，张耀中，李晓. 首次公开发行股票的审计收费研究——来自我国证券市场的证据［J］. 审计与经济研究，2009，24（1）：33 – 39.

［53］苏文兵，李心合，常家瑛. 谈判能力与审计费用的相关性检验——基于中国上市公司审计市场的经验证据［J］. 审计与经济研究，2009，24（6）：13 – 19.

［54］王建新. 长期资产减值转回研究——来自中国证券市场的经验证据［J］. 管理世界，2007（3）：42 – 50.

［55］吴联生，刘慧龙. 中国审计实证研究：1999 ~ 2007［J］. 审计研究，2008（2）：36 – 46.

［56］伍利娜. 审计定价影响因素研究——来自中国上市公司首次审计费用披露的证据［J］. 中国会计评论，2003：113 – 128.

［57］伍利娜. 揭开审计收费之谜——评“上市公司审计收费影响因素研

究”［J］．中国会计评论，2005（1）：211－212.

［58］张继勋，徐奕．上市公司审计收费影响因素研究——来自上市公司2001—2003年的经验证据［J］．中国会计评论，2005（1）：99－116.

［59］赵春光．资产减值与盈余管理——论《资产减值》准则的政策涵义［J］．会计研究，2006（3）：11－17＋96.

［60］陈信元，陈冬华，朱红军．净资产、剩余收益与市场定价：会计信息的价值相关性［J］．金融研究，2002（4）：59－70.

［61］李培功，沈艺峰．媒体的公司治理作用：中国的经验证据［J］．经济研究，2010，45（4）：14－27.

［62］陈晓，陈小悦，刘钊．A股盈余报告的有用性研究［J］．经济研究，1999：（5）：21－28.

（2）英文文献

［1］Baron David P. Persistent media bias［J］. Journal of Public Economics，2004，90（1）：1－36.

［2］Grossman Sanford J，Stiglitz Joseph E. On the impossibility of informationally efficient markets［J］. The American Economic Review，1980，70（3）：393－408.

［3］Hirshleifer David，Lim Sonya Seongyeon，Teoh Siew Hong. Driven to distraction：extraneous events and underreaction to earnings news［J］. The Journal of Finance，2009，64（5）：2289－2325.

［4］Hong Harrison，Scheinkman José，Xiong Wei. Asset float and speculative bubbles［J］. The Journal of Finance，2006，61（3）：1073－1117.

［5］Lee Charles M C. Earnings news and small traders：An intraday analysis［J］. North－Holland，1992，15（2－3）：265－302.

［6］Lee Charles M C，Radhakrishna Balkrishna. Inferring investor behavior：evidence from TORQ data［J］. Journal of Financial Markets，2000，3（2）：83－111.

［7］Lee Charles M C. Market efficiency and accounting research：a discussion of “capital market research in accounting” by S. P. Kothari［J］. Journal of Accounting and Economics，2001，31（1）：233－253.

［8］Fang Lily，Peress Joel. Media coverage and the crosssection of Stock Returns［J］. The Journal of Finance，2009，64（5）：2023－2052.

[9] Mullainathan Sendhil, Shleifer Andrei. The market for News [J]. American economic review, 2005, 95 (4): 1031 -1053.

[10] Ohlson James A. Earnings, book values, and dividends in equity valuation: an empirical perspective [J]. Contemporary Accounting Research, 2001, 18 (1): 107 -120.

[11] Scheinkman José A, Xiong Wei. Overconfidence and speculative bubbles [J]. Journal of Political Economy, 2003, 111 (6): 1183 -1220.

[12] Walton Francis R. The greeks and the irrational. E. R. Dodds [J]. Francis R. Walton, 1953, 48 (4): 249 -252.

[13] Tetlock Paul C. Giving content to investor sentiment: the role of media in the stock market [J]. The Journal of Finance, 2007, 62 (3): 1437 -1467.

[14] Tetlock Paul C, Saar - Tsechansky Maytal, Macskassy Sofus. More than words: quantifying language to measure firms' fundamentals [J]. The Journal of Finance, 2008, 63 (3): 1437 -1467.

[15] Tetlock Paul C. All the news that's fit to reprint: do investors react to stale information? [J]. The Review of Financial Studies, 2011, 24 (5): 1481 -1512.

[16] Bhattacharya Utpal, Galpin Neal, Ray Rina, Yu Xiaoyun. The role of the media in the internet IPO bubble [J]. Journal of Financial and Quantitative Analysis, 2009, 44 (3): 657 -682.

[17] Admati Anat R, Pfleiderer Paul. A monopolistic market for information [J]. Academic Press, 1986, 39 (2): 400 -438.

[18] Admati Anat R, Pfleiderer Paul. A theory of intraday patterns: volume and price variability [J]. The Review of Financial Studies, 1988, 1 (1): 3 -40.

[19] Kumar Alok, Lee Charles M C. Retail investor sentiment and return comovements [J]. The Fournal of Finance, 2006, 61 (5): 2451 -2486.

[20] Anderson Mark C, Banker Rajiv D, Janakiraman Surya N. Are selling, general, and administrative costs "sticky"? [J]. Journal of Accounting Research, 2003, 41 (1): 47 -63.

[21] Ball Ray, Brown Philip. An empirical evaluation of accounting income numbers [J]. Journal of Accounting Research, 1968, 6 (2): 159 -178.

[22] Ball Ray, Kothari S P, Robin Ashok. Corrigendum to "the effect of inter-

national institutional factors on properties of accounting earnings"; [Journal of accounting and economics, 2000 (29): 1 -51] [J] . Journal of Accounting and Economics, 2000, 30 (2): 241 -241.

[23] Baginski Stephen P, Lorek Kenneth S, Willinger G Lee, Branson Bruce C. The relationship between rconomic characteristics and alternative annual earnings persistence measures [J] . The Accounting Review, 1999, 74 (1): 105 -120.

[24] Barth Mary E, Elliott John A, Finn Mark W. Market rewards associated with patterns of increasing earnings [J] . Journal of Accounting Research, 1999, 37 (2): 387 -413.

[25] Barber Brad M, Odean Terrance. Trading is aazardous to your wealth: the common stock investment performance of individual investors [J] . The Journal of Finance, 2000, 55 (2): 773 -806.

[26] Barber Brad M, Odean Terrance. All that glitters: the effect of attention and news on the buying behavior of individual and institutional investors [J] . The Review of Financial Studies, 2008, 21 (2): 785 -818.

[27] Basu Sudipta. The conservatism principle and the asymmetric timeliness of earnings 1 [J] . Journal of Accounting and Economics, 1997, 24 (1): 3 -37.

[28] Beaver William H, Clarke Roger, Wright William F. The association between unsystematic security returns and the magnitude of earnings forecast errors [J] . Journal of Accounting Research, 1979, 17 (2): 316 -340.

[29] Chakravarty Sugato. Stealth - trading: which traders' trades move stock prices? [J] . Journal of Financial Economics, 2001, 61 (2): 289 -307.

[30] Chen Qi, Goldstein Itay, Jiang Wei. Price informativeness and investment sensitivity to stock price [J] . The Review of Financial Studies, 2007, 20 (3): 619 -650.

[31] Chordia Tarun, Subrahmanyam Avanidhar, Anshuman V Ravi. Trading activity and expected stock returns [J] . Journal of Financial Economics, 2001, 59 (1): 3 -32.

[32] Collins Daniel W, Maydew Edward L, Weiss Ira S. Changes in the value - relevance of earnings and book values over the past forty years [J] . Journal of Accounting and Economics, 1997, 24 (1): 39 -67.

[33] Collins Daniel W, Pincus Morton, Xie Hong. Equity valuation and negative earnings: the role of book value of equity [J]. The Accounting Review, 1999, 74 (1): 29-61.

[34] Collins Daniel W, Dent Warren T. A comparison of alternative testing methodologies used in capital market research [J]. Journal of Accounting Research, 1984, 22 (1): 48-84.

[35] Datar Vinay T, Naik Narayan Y, Radcliffe Robert. Liquidity and stock returns: an alternative test [J]. Journal of Financial Markets, 1998, 1 (2): 203-219.

[36] Dechow Patricia M. Accounting earnings and cash flows as measures of firm performance: The role of accounting accruals [J]. North-Holland, 1994, 18 (1): 3-42.

[37] Dechow Patricia M, Dichev Ilia D. The quality of accruals and earnings: the role of accrual estimation errors [J]. The Accounting Review, 2002, 77: 35-59.

[38] J Bradford De Long, Shleifer Andrei, Summers Lawrence H, Waldmann Robert J. Noise trader risk in financial markets [J]. Journal of Political Economy, 1990, 98 (4): 703-738.

[39] Demsetz Harold. The cost of transacting [J]. The Quarterly Journal of Economics, 1968, 82 (1): 33-53.

[40] Diamond Douglas W, Verrecchia Robert E. Information aggregation in a noisy rational expectations economy [J]. North-Holland, 1981, 9 (3): 221-235.

[41] Durnev Artyom, Morck Randall, Yeung Bernard, Zarowin Paul. Does greater firmspecific return variation mean more or less informed stock pricing? [J]. Journal of Accounting Research, 2003, 41 (5): 797-836.

[42] Blackwell Wiley. Reductions in analysts' annual earnings forecast errors using information in prior earnings and security returns [J]. Journal of Accounting Research, 1994, 32 (2): 290-303.

[43] Elliott John, Morse Dale, Richardson Gordon. The association between insider trading and information announcements [J]. The Rand Journal of Economics,

1984, 15 (4): 521 -536.

[44] Easley David, Hvidkjaer Soeren, O' Hara Maureen. Is information risk a determinant of asset returns? [J] . The Journal of Finance, 2002, 57 (5): 2185 - 2221.

[45] Eugene F Fama, French Kenneth R. Common risk factors in the returns on stocks and bonds [J] . North - Holland, 1993, 33 (1): 3 -56.

[46] Field Laura Casares, Hanka Gordon. The expiration of IPO share lockups [J] . The Journal of Finance, 2001, 56 (2): 471 -500.

[47] Ghosh Aloke, Gu Zhaoyang, Jain Prem C. Sustained earnings and revenue growth, earnings quality, and earnings response coefficients [J] . Review of Accounting Studies, 2005, 10 (1): 33 -57.

[48] Grossman Sanford J, Stiglitz Joseph E. On the impossibility of informationally efficient markets [J] . The American Economic Review, 1980, 70 (3): 393 - 408.

[49] Hand John R M. A test of the extended functional fixation hypothesis [J] . The Accounting Review, 1990, 65 (4): 740 -763.

[50] Harrison J Michael, Kreps David M. Speculative investor behavior in a stock market with heterogeneous expectations [J] . The Quarterly Journal of Economics, 1978, 92 (2): 323 -336.

[51] Hasbrouck Joel. Trades, quotes, inventories, and information [J] . North - Holland, 1988, 22 (2): 229 -252.

[52] Hong Harrison, Scheinkman José, Xiong Wei. Asset float and speculative bubbles [J] . The Journal of Finance, 2006, 61 (3): 1073 -1117.

[53] Hribar Paul, Collins Daniel W. Errors in estimating accruals: implications for empirical research [J] . Journal of Accounting Research, 2002, 40 (1): 105 - 134.

[54] Jarrow Robert A. Market manipulation, bubbles, corners, and short squeezes [J] . Journal of Financial and Quantitative Analysis, 1992, 27 (3): 311 -336.

[55] Li Jin, Myers Stewart C. R - squared around the world: new theory and new tests [J] . Journal of Financial Economics, 2004, 79 (2): 257 -292.

[56] Kormendi Roger, Lipe Robert. Earnings innovations, earnings persistence, and stock returns [J]. The Journal of Business, 1987, 60 (3): 323 -345.

[57] Barber Brad M, Odean Terrance. All that glitters: the effect of attention and news on the buying behavior of individual and institutional investors [J]. The Review of Financial Studies, 2008, 21 (2): 785 -818.

[58] Lee Charles M C, Ready Mark J. Inferring trade direction from intraday data [J]. Journal of Finance, 1991, 46 (2): 733 -746.

[59] Mei Jianping, Scheinkman Jose A, Xiong Wei. Speculative trading and stock prices: evidence from Chinese A - B share premia [R]. NBER working paper, 2005.

[60] Merton R. A simple model of capital market equilibrium with incomplete information [J]. Journal of Finance, 1987, 42 (3): 483 -510.

[61] Shiller R. Irrational exuherance [M]. Princeton University Press, 2000.

[62] Vuolteenaho T. Understanding the aggregate book to market ratio [D]. Working paper, 1999.

[63] Franklin Allen, Gale Douglas. Stock price manipulation [J]. The Review of Financial Studies, 1992 (5): 503 -529.

[64] Aggarwal R, Wu G. Stock market manipulation - theory and evidence [J]. Journal of Business, 2006, 79 (4): 1915 -1953.

[65] Amihud Yakov, Mendelson Haim. Trading mechanisms and stock returns: an empirical investigation [J]. Journal of Finance, 1987, 42 (3): 533 -553.

[66] Black F. Presidential address: noise [J]. Journal of Finance, 1986 (41): 529 -543.

[67] J Bradford De Long, Shleifer Andrei, Summers Lawrence H, Waldmann Robert J. Positive feedback investment strategies and destabilizing rational speculation [J]. Journal of Finance, 1990, 45 (2): 375 -3951.

[68] Harris L. Trading and exchanges [M]. Mimeo, University of Southern California, 1999.

[69] Kyle Albert S. Continuous auctions and insider trading [J]. Econometrica, 1985 (53): 1315 -1335.

[70] Lakonishok J, Shleifer A, Vishny R W. The impact of institutional trading

on stock prices [J] . Journal of Financial Economics, 1992 (32): 23 -43.

[71] Lee Charles M C. Market efficiency and accounting research: a discussion of "capital market research in accounting" by S. P. Kothari [J] . Journal of Accounting and Economics, 2001 (31): 233 -253.

[72] Lee Charles M C. Earnings news and small traders: an intraday analysis [J]. Journal of Accounting and Economics, 1992 (15): 265 -302.

[73] Lee Charles M C, Radhakrishna Balkrishna. Inferring investor behavior: evidence from TORQ data [J] . Journal of Financial Markets, 2000 (3): 83 -111.

[74] Lee Charles M C, Ready Mark J. Inferring trade direction from intraday data [J] . Journal of Finance, 1991, 46 (2): 733 -746.

[75] Lee Charles M C, Shleifer Andrei, Thaler Richard H. Investor sentiment and the closed - end fund puzzle [J] . Journal of Finance, 1991 (46): 75 -108.

[76] Lipe R. The information contained in the components of earnings [J] . Journal of Accounting Research, 1986 (24): 37 -69.

[77] Lev B. Some economic determinants of time - series properties of earnings [J] . Journal of Accounting and Economics, 1983 (5): 31 -48.

[78] Ananth Madhavan. Market microstructure: asurvey [J] . Journal of Financial markets, 2000 (3): 205 -258.

[79] Martin S. Market power and - or efficiency [J] . Review of Economics and Statistics, 1988 (70): 331 -335.

[80] Mei Jianping, Scheinkman Jose A, Xiong Wei. Speculative trading and stock prices: evidence from Chinese A - B share premia [R] . NBER working paper, 2005.

[81] Mei J, Wu G, Zhou C. Behavior based manipulation - theory and prosecution evidence [D] . Working paper, New York University, 2004.

[82] Miller Edward. Risk, uncertainty and divergence of opinion [J] . Journal of Finance, 1977 (32): 1151 -1168.

[83] Mishkin F. A rational expectation approach to macroeconometrics: testing policy effectiveness and efficient markets models [R] . Chicago IL: University of Chicago Press for national bureau of economic research, 1983.

[84] Mueller D C. The persistence of profits above the norm [J] . Economica,

1977 (44): 380 - 391.

[85] Porter M. Competitive strategy techniques for analyzing industry and competitors [M]. New York: The Free Press, 1980.

[86] Porter M. Competitive advantage: creating and sustaining superior performance [M]. New York: The Free Press, 1985.

[87] Porter M. The five competitive forces that shape strategy [J]. Harvard Business Review, 2008, 86 (1): 78 - 93.

[88] Ou J, Penman S. Financial statement analysis and the prediction of stock returns [J]. Journal of Accounting and Economics, 1989 (11): 295 - 330.

[89] Roll R. R - S1 - 2 [J]. Journal of Finance, 1988 (43): 541 - 566.

[90] Scheinkman Jose A, Xiong Wei. Overconfidence and speculative bubbles [J]. Journal of Political Economy, 2003 (11): 1183 - 1219.

[91] Scherer R M. Industrial market structural and economic performance [M]. Chicago, IL: Rand McNally, 1973.

[92] Seasholes Mark, Wu Guojun. Profiting from predictability: smart traders, daily price limits, and investor attention [R]. SSRN working paper, http://ssrn.com/abstract=527182, 2004.

[93] Shiller R J. Do stock prices move too much to be justified by subsequent Changes in dividends? [J]. The American Economic Review, 1981 (71): 421 - 436.

[94] Shiller Robert J. Stock prices and social dynamics [J]. Brookings Papers on Economic Activity, 1984 (2): 457 - 510.

[95] Shleifer Andrei, Summers Lawrence H. The noise trader approach to finance [J]. Journal of Economic Perspectives, 1990 (4): 19 - 33.

[96] Anderi Shleifer, Vishny Robert W. The limits of arbitrage [J]. Journal of Finance, 1997 (52): 35 - 55.

[97] Sias R W. Volatility and the institutional investor [J]. Financial Analysts Journal, 1996 (52): 13 - 20.

[98] Sias R W, Starks L T. Return autocorrelation and institutional investors [J]. Journal of Financial Economics, 1997 (46): 103 - 131.

[99] Sloan R G. Do stock prices fully reflect information in accruals and cash

flows about future earnings? [J] . The Accounting Review, 1996 (71): 1 –24.

[100] Stigler G J. Capital and rates of return in manufacturing industries. Princeton [M] . NJ. : Princeton University Press, 1963.

[101] Vega C. Stock price reaction to public and private information [J] . Journal of Financial Economics, 2006, 82 (1): 103 –133.

[102] Warfield T, Wild J, Wild K. Managerial ownership, accounting choices, and informativeness of earnings [J] . Journal of Accounting Economics, 1995 (20): 61 –91.

[103] Wermers R. Mutual fund herding and the impact on stock prices [J] . Journal of Finance, 1999 (54): 581 –623.

[104] Amihud Y. Illiquidity and stock returns: cross – section and time – series effects [J] . Journal of Financial Markets, 2002, 5 (1): 31 –56.

[105] Bradshaw Mark T. How do analysts use their earnings forecasts in generating stock recommendations [J] . The Accounting Review, 2004, 79 (1): 25 –50.

[106] Brunneermeirer M, Pedersen L H. Predatory trading [J] . Journal of Finance, 2005 (4): 1825 –1863.

[107] Campbell John Y, Grossman Sanford J, Wang Jiang. Trading volume and serial correlation in stock returns [J] . Quarterly Journal of Economics, 1993 (108): 905 –939.

[108] J Bradford De Long, Shleifer Andrei, Summers Lawrence H, Waldmann Robert J. Positive feedback investment strategies and destabilizing rational speculation [J] . Journal of Finance, 1990 (45): 375 –3951.

[109] Fama E F, French K R. Common risk factors in the returns on bonds and stocks [J] . Journal of Financial Economics, 1993 (33): 3 –53.

[110] Frankel R, Lee M C. Accounting valuation, market Expectation and cross sectional stock return [J] . Journal of Accounting Economics, 1998 (25): 283 –320.

[111] Harrison J Michael, Kreps D M. Investor behavior in a stock market with heterogeneous expectations [J] . Quarterly Journal of Economics, 1978 (92): 323 –336.

[112] Hirshleifer J. Price theory and application. Second edition [M]. Englewood Cliffs, Nj: Prentice Hall, Inc, 1980.

[113] Kaniel Ron, Saar G, Titman. Individual investor trading and stock returns [J]. Journal of Finance, 2008 (1): 273 -310.

[114] Kamara A, Lou X, Sadka R. The divergence of liquidity commonality in the cross - section of stocks [J]. Journal of Financial Economics, 2008 (89): 444 -466.

[115] Lee Charles M C, Radhakrishna Balkrishna. Inferring investor behavior: evidence from TORQ data [J]. Journal of Financial Markets, 2000 (3): 83 -111.

[116] Lee Charles M C, Ready Mark J. Inferring trade direction from intraday data [J]. Journal of Finance, 1991, 46 (2): 733 -746.

[117] Mei Jianping, Scheinkman Jose A, Xiong Wei. Speculative trading and stock prices: ROECidence from Chinese A - B share premia [R]. NBER Working paper, 2005.

[118] Miller Edward. Risk, uncertainty and divergence of opinion [J]. Journal of Finance, 1977 (32): 1151 -1168.

[119] Ohlson J A. Earnings, book values and dividends in equity valuation [J]. Contemporary Accounting Research, 1995, 11 (2): 661 -687.

[120] Penman S H. An valuation of accounting rate of return [J]. Journal of Accounting, Auditing and Finance, 1991 (5): 233 -255.

[121] Scheinkman Jose A, Xiong Wei. Overconfidence and speculative bubbles [J]. Journal of Political Economy, 2003 (111): 1183 -1219.

[122] Scharfstein David S, Stein Jeremy C. Herd behavior and investment [J]. American Economic Review, 1990 (80): 465 -479.

[123] Anderi Shleifer, Vishny Robert W. The limits of arbitrage [J]. Journal of finance, 1997 (52): 35 -55.

[124] Sias R W. Reconcilable differences: momentum trading by institutions [J]. The Financial review, 2007 (42): 1 -22.

[125] Brett Truemann. A theory of noise trading in securities markets [J]. Journal of Finance, 1988 (43): 83 -95.

[126] Franklin Allen, Gale Douglas. Stock price manipulation [J]. Review of Financial Studies, 1992 (5): 503 -529.

[127] Aggarwal R, Wu G. Stock market manipulation - theory and evidence

[J]. Journal of Business, 2006, 79 (4): 1915 – 1953.

[128] Brad Barber, Odean Terrance. All that Glitters: The effect of attention and news on the buying behavior of individual and institutional investors [R]. Working paper, 2006.

[129] Black F. Noise, Journal of Finance, 1986 (41): 529 – 543.

[130] Duffie D, Garleanu N, Pedersen L. Over – the – counter markets [J]. Econometrica, 2005 (73): 1815 – 1847.

[131] Ellit J, Morse D, Richardson. The association between insider trading and information announcements [J]. Rand Journal of Economics, 1984 (15): 521 – 536.

[132] Fama E F, French K R. Common risk factors in the returns on bonds and stocks [J]. Journal of Financial Economics, 1993 (33): 3 – 53.

[133] Field L C, Hanka G. The expiration of IPO share lockups [J]. Journal of Finance, 2001 (2): 471 – 500.

[134] Harrison J Michael, Kreps D M. Investor behavior in a stock market with heterogeneous expectations [J]. Quarterly journal of Economics, 1978 (92): 323 – 336.

[135] Hong H, Scheinkman J, Xiong Wei. Asset float and speculative bubbles [J]. Journal of Finance, 2006 (3): 1073 – 1117.

[136] Jarrow R A. Market manipulation, bubbles, corners, and short squeezes [J]. Journal of Financial & Quantitative Analysis, 1992 (27): 311 – 336.

[137] Lee Charles M C. Earnings news and small traders: an intraday analysis [J]. Journal of Accounting and Economics, 1992 (15): 265 – 302.

[138] Lee Charles M C. Market efficiency and accounting research: a discussion of "cap ital market research in accounting" by S. P. Kothari [J]. Journal of Accounting and Economics, 2001 (31): 233 – 253.

[139] Lee Charles M C, Radhakrishna Balkrishna. Inferring investor behavior: evidence from TORQ data [J]. Journal of Financial Markets, 2000 (3): 83 – 111.

[140] Lee Charles M C, Ready Mark J. Inferring trade direction from intraday data [J]. Journal of Finance, 1991, 46 (2): 733 – 746.

[141] Lee Charles M C, Shleifer Andrei, Thaler Richard H. Investor sentiment

and the closed - end fund puzzle [J]. Journal of Finance, 1991 (46): 75 - 108.

[142] Mei Jianping, Scheinkman Jose A, Xiong Wei. Speculative trading and stock prices: evidence from Chinese A - B share premia [R]. NBER Working paper, 2005.

[143] Mei J, Wu G, Zhou C. Behavior based manipulation - theory and prosecution evidence [R]. Working Paper, New York University, 2004.

[144] Miller Edward. Risk, uncertainty and divergence of opinion [J]. Journal of Finance, 1977 (32): 1151 - 1168.

[145] Scheinkman Jose A, Xiong Wei. Overconfidence and speculative bubbles [J]. Journal of Political Economy, 2003 (11): 1183 - 1219.

[146] Vayanos D, Wang Tan. Search and endogenous concentration of liquidity in asset markets [J]. Journal of Economic Theory, 2007, 136 (1): 66 - 104.

[147] Weill P. Liquidity premia in dynamic bargaining markets [J]. Journal of Economic Theory, 2008 (140): 66 - 96.

[148] Ahmed A S, Billings B K, Morton R M, Stanford - Harris M. The role of accounting conservatism in mitigating bondholder - shareholder conflicts over dividend policy and in reducing debt costs [J]. The Accounting Review, 2002 (77): 867 - 890.

[149] Ahmed A S, Duellman S. Accounting conservatism and board of director characteristics: An empirical analysis [J]. Journal of Accounting and Economics, 2007 (43): 411 - 437.

[150] Barber B, Terrance O T. All that glitters: the effect of attention and news on the buying behavior of individual and institutional investors [J]. Review of Financial Studies, 2008 (21): 785 - 818.

[151] Chen Q, Hemmer T, Zhang Y. On the relation between conservatism in accounting standards and incentives for earnings management [J]. Journal of Accounting Research, 2007 (45): 541 - 565.

[152] Chen C W, Christos P, Jung C P. Press coverage and stock prices' deviation from fundamental value [R]. Working paper, Available at SSRN: http://ssrn.com/abstract=1359261, 2009.

[153] Cook D, Kieschnick R, Ness R V. On the marketing of IPOs [J].

Journal of Financial Economics, 2006 (82): 35 – 61.

[154] Diether K, Malloy C, Scherbina A. Differences of opinion and the cross – section of stock returns [J]. Journal of Finance, 2002 (57): 2113 – 2141.

[155] Dierker M. Does conservatism help or hurt market efficiency? [R]. Working paper, University of Houston, 2006.

[156] Dyck A, Volchkova N, Zingales L. The corporate governance role of the media: evidence from Russia [J]. The Journal of Finance, 2008 (3): 1093 – 1135.

[157] Easton P. Discussion of "accounting data and value: the basic results" [J]. Contemporary Accounting Research, 2009 (26): 261 – 272.

[158] Fama E F, French K R. Common risk factors in the returns on bonds and stocks, Journal of Financial Economics, 1993 (33): 3 – 53.

[159] Fang L, Peress Joel. Media coverage and the cross – section of stock returns [J]. Journal of Finance, 2009 (5): 2023 – 2052.

[160] Givoly D, Hayn C. The changing time – series properties of earnings, cash flows and accruals: Has financial reporting become more conservative? [J]. Journal of Accounting and Economics, 2000 (29): 287 – 320.

[161] Hong H, Stein J. Disagreement and the stock market [J]. Journal of Economic Perspectives, 2007 (21): 109 – 128.

[162] Joe J R, Louis H, Robinson D. Managers' and investors' responses to media exposure of board ineffectiveness [J]. Journal of Financial and Quantitative analysis, 2009 (3): 579 – 605.

[163] Khan M, Watts R L. Estimation and empirical properties of a firm – year measure of accounting conservatism [J]. Journal of Accounting and Economics, 2009 (48): 132 – 150.

[164] La Fond R, Roychowdhury S. Managerial ownership and accounting conservatism [J]. Journal of Accounting Research, 2008 (4): 101 – 135.

[165] Lee C. Earnings news and small traders: An intraday analysis [J]. Journal of Accounting and Economics, 1992 (15): 265 – 302.

[166] Liu L X, Sherman A E, Zhang Y. The role of the media in initial public offerings [R]. Working paper, Hong Kong University of science and technology, 2008.

[167] Merton R C. A simple model of capital market equilibrium with incomplete information [J]. The Journal of Finance, 1987 (42): 483-510.

[168] Miller E M. Risk, uncertainty, and divergence of opinion [J]. Journal of Finance, 1977 (32): 1151-1168.

[169] Miller G. The press as a watchdog for Accounting Fraud [J]. Journal of Accounting Research, 2006 (44): 1001-1033.

[170] Moerman R. The role of information asymmetry and financial reporting quality in debt trading: evidence from the secondary loan market [J]. Journal of Accounting and Economics, 2008 (46): 240-260.

[171] Ohlson J. Accounting data and value: the basic results [J]. Contemporary Accounting Research, 2009 (26): 231-259.

[172] Qiang X. The effects of contracting, litigation, regulation and tax costs on conditional and unconditional conservatism: cross-sectional evidence at the firm level [J]. The Accounting Review, 2007 (82): 759-796.

[173] Rose A M. Rumor in the stock market [J]. The Public Opinion Quarterly, 1951 (15): 461-486.

[174] Scheinkman J A, Wei X. Overconfidence and speculative bubbles [J]. Journal of Political Economy, 2003, 111 (6): 1183-1219.

[175] Tellock P. Giving content to investor sentiment: the role of media in the stock market [J]. Journal of Finance, 2007 (62): 1139-1168.

[176] Xia D L, Zhu S. Corporate governance and accounting conservatism in China [J]. China Journal of Accounting Research, 2009 (2): 81-108.

[177] Vega C. Stock price reaction to public and private information [J]. Journal of Financial Economics, 2006 (82): 103-133.

[178] Venugopalan R. Conservatism in accounting: good or bad? [R]. Working paper, University of Chicago, 2004.

[179] Watts R L, Zimmerman J L. Positive accounting theory. Englewood Cliffs [R]. NJ: Prentice Hall, 1986.

[180] Zhang J. The contracting benefits of accounting conservatism to lenders and borrowers [J]. Journal of Accounting and Economics, 2007 (45): 27-54.

[181] Ahmed A S, Billings B K, Morton R M, Stanford-Harris M. The role of

accounting conservatism in mitigating bondholder – shareholder conflicts over dividend policy and in reducing debt costs [J]. The Accounting Review, 2002 (77): 867 – 890.

[182] Ahmed A S, Duellman S. Accounting conservatism and board of director characteristics: an empirical analysis [J]. Journal of Accounting and Economics, 2007 (43): 411 – 437.

[183] Aivazian V, Booth L, Cleary S. Do emerging market firms follow different dividend policies from U. S. firms? [J]. The Journal of Financial Research, 2003 (3): 371 – 387.

[184] Ball R, Robin A, Wu J. Incentives vs. standards: properties of accounting income in four east Asian countries [J]. Journal of Accounting and Economics, 2003 (36): 235 – 270.

[185] Bushman R, Piotroski J. Financial reporting Incentives for conservative accounting: the influence of legal and political institutions [J]. Journal of Accounting and Economics, 2006 (42): 107 – 148.

[186] Claessens S, Djankov S, Lang L. The separation of ownership and control in east Asian corporations [J]. Journal of Financial Economics, 2000 (58): 81 – 112.

[187] Eckbo B E, Verman S. Managerial ownership, voting power, and cash dividend policy [J]. Journal of Corporate Finance, 1994 (1): 33 – 62.

[188] Fama E, Babiak H. Dividend Policy: An empirical analysis [J]. Journal of the American Statistical Association, 1968 (63): 1132 – 1161.

[189] Francis J, LaFond R, Olsson P, Schipper K. Costs of equity and earnings attributes [J]. The Accounting Review, 2004 (79): 967 – 1010.

[190] Frankel R, Sun Y, Wang R. Earnings asymmetric timeliness and shareholder distributions [R]. Available at SSRN: http: //ssrn. com/abstract = 1157547, 2008.

[191] Gul F A. Government share ownership, investment opportunity set and corporate policy choice in China [J]. Pacific – Basin Finance Journal, 1999 (7): 157 – 172.

[192] La Porta R, Lopez – de – Silanes F, Shleifer A. Corporate ownership

around the world [J] . Journal of Finance, 1999 (54): 471 -518.

[193] LaFond R, Roychowdhury S. Managerial ownership and accounting conservatism [J] . Journal of Accounting Research, 2008 (46): 101 -135.

[194] LaFond R, Watts R. The information role of conservatism [J] . The Accounting Review, 2008 (83): 447 -478.

[195] Lee C J, Xiao X. Cash dividend and large shareholder expropriation in China [R] . European financial Management Association 2003 Annual Meeting, Finland, 2003.

[196] Lintner J. Distribution of incomes of corporations among dividends, retained earnings and taxes [J] . American Economics Review, 1956 (46): 97 -113.

[197] Johnson S, Porta R La, Lopez - de - Silanes F Florencio, Shleifer A. Tunneling [J] . American Economic Review (papers and proceedings), 2000 (90): 22 -27.

[198] Kalay A. Stockholder - bondholder conflict and dividend constraints [J]. Journal of Financial Economics, 1982 (10): 211 -233.

[199] Khan M, Watts R L. Estimation and empirical properties of a firm - year measure of accounting conservatism [J] . Journal of Accounting and Economics, 2009 (48): 132 -150.

[200] Moerman R. The role of information asymmetry and financial reporting quality in debt trading: evidence from the secondary loan market [J] . Journal of Accounting and Economics, 2008 (46): 240 -260.

[201] Nikolaev V. Debt covenants and accounting conservatism [J] . Journal of Accounting Research, 2010 (48): 137 -175.

[202] Xia D L, Zhu S. Corporate governance and accounting conservatism in China [J] . China Journal of Accounting Research, 2009 (2): 81 -108.

[203] Watts R L. Conservatism in accounting part I: explanations and implications [J] . Accounting Horizon, 2003 (17): 207 -221.

[204] Zhang J. The contracting benefits of accounting conservatism to lenders and borrowers [J] . Journal of Accounting and Economics, 2008 (45): 27 -54.

[205] Ali A, Klasa S, Li O. Institutional stakeholdings and better - informed traders at earnings announcements [J] . Journal of Accounting and Economics, 2008,

46 (1): 47 -61.

[206] Barber B, Odean T. All that glitters: The effect of attention and news on the buying behavior of individual and institutional investors [J]. Review of Financial studies, 2008, 21 (2): 785 -818.

[207] Barron O, Kim O, Lim S, Stevens D. Using analysts' forecasts to measure properties of analysts' information environment [J]. The Accounting Review, 1998, 73 (4): 421 -433.

[208] Bernard V L, Thomas J. K. Evidence that stock prices do not fully reflect the implicationsof current earnings for future earnings [J]. Journal of Accounting and Economics, 1990 (13): 305 -341.

[209] Berger P, Hann R. Segment profitability and the proprietary and agency costs of disclosure [J]. The Accounting Review, 2007, 82 (4): 869 -906.

[210] Brunneermeirer M, Pedersen L H. Predatory trading [J]. Journal of Finance, 2005 (4): 1825 -1863.

[211] Bushee B, Noe C. Corporate disclosure practices, institutional investors, and stock return volatility [J]. Journal of Accounting Research (supplement), 2000 (5): 171 -202.

[212] Bushee B, Goodman T. Which institutional Investors' trade based on private information about earnings and returns? [J]. Journal of Accounting Research, 2007, 45 (2): 289 -321.

[213] Daniel K, Hirshleifer D, Subrahmanyam A. Investor psychology and security market under - and over - reactions [J]. Journal of Finance, 1998, 53 (6): 1839 -1885.

[214] Diamond D, Verrecchia R. Disclosure, liquidity, and the cost of capital [J]. Journal of Finance, 1991, 46 (4): 1325 -1359.

[215] Deaves R, Dine C, Horton W. How are investment decisions made? [R]. Working paper, Task Force to Modernize Securities Legislation in Canada, 2006.

[216] De Franco G, Lu H, Vasvari F. Wealth transfer effects of analysts' misleading behavior [J]. Journal of Accounting Research, 2007, 45 (1): 71 -110.

[217] Hvidkjaer Easley D, O' Hara M. Is information risk a determinant of as-

set returns? [J] . Journal of Finance, 2002, 57 (5): 2185 -2221.

[218] Easley D, O' Hara M. Information and the cost of capital [J] . Journal of Finance, 2004, 59 (4): 1553 -1583.

[219] Easterwood J, Nutt S. Inefficiency in analysts' earnings forecasts: Systematic misreaction or systematic optimism? [J] . Journal of Finance, 1999, 54 (5): 1777 -1797.

[220] Fang Lily, Peress Joel, Media coverage and the cross - section of stock returns [J] . Journal of Finance, 2009, 64 (5): 2023 -2052.

[221] Gigerenzer G, Hoffrage U, Kleinb? lting H. Probabilistic mental models: a brunswikian theory of confidence [J] . Psychological Review, 1991, 98 (4): 506 -528.

[222] Grinblatt M, Keloharju M. Sensation seeking, overconfidence, and trading activity [J] . Journal of Finance, 2009, 64 (2): 549 -578.

[223] Hales J. Directional preference, information processing, and investors' forecasts of earnings [J] . Journal of Accounting Research, 2007, 45 (3): 607 -628.

[224] Hameed A, Kang W, Viswanathan S. Stock market declines and liquidity [J] . Journal of Finance, 2010 (1): 257 -293.

[225] Healy P, Hutton A, Palepu K. Stock performance and intermediation changes surrounding sustained increases in disclosure [J] . Contemporary Accounting Research, 1999, 16 (3): 485 -520.

[226] Hope, Thomas W. Managerial empire building and firm disclosure [J] . Journal of Accounting Research, 2008, 46 (3): 591 -626.

[227] Kaniel R, Liu S, Saar G, Titman S. Individual investor trading and return patterns around earnings announcements [R] . Working paper, Cornell University, 2010.

[228] Kaniel Ron, Saar G, Titman. Individual investor trading and stock returns [J] . Journal of Finance, 2008 (1): 273 -310.

[229] Kim O. Disagreements among shareholders over a firm's disclosure policy [J] . Journal of finance, 1993, 48 (2): 747 -760.

[230] Kim Oliver, Verrecchia R. Market liquidity and volume around earnings

announcements [J]. Journal of Accounting and Economics, 1994, 17 (1-2): 41-67.

[231] Koonce L, Williamson M, Winchel J. Consensus information and nonprofessional investors' reaction to the revelation of estimate inaccuracies [J]. The Accounting Review, 2010, 85 (3): 979-1000.

[232] Lang M, Lundholm R. Corporate disclosure policy and analyst behavior [J]. The Accounting Review, 1996, 71 (4): 467-492.

[233] Lee Charles M C, Radhakrishna Balkrishna. Inferring investor behavior: evidence from TORQ data [J]. Journal of Financial Markets, 2000 (3): 83-111.

[234] Lee Charles M C, Ready Mark J. Inferring trade direction from intraday data [J]. Journal of Finance, 1991, 46 (2): 733-746.

[235] Libby R, Hunton J, Tan H, Seybert N. Relationship incentives and the optimistic/pessimistic pattern in analysts' forecasts [J]. Journal of Accounting Research, 2008, 46 (1): 173-198.

[236] Leuz C, Verrecchia R. The economic consequences of increased disclosure [J]. Journal of Accounting Research (supplement), 2000 (5): 91-124.

[237] Ng Jeffrey. The effect of information quality on liquidity risk [J]. Journal of Accounting and Economics, 2011, 52 (2): 126-143.

[238] Odean T. Volume, volatility, price, and profit when all traders are above average [J]. Journal of Finance, 1998, 53 (6): 1887-1934.

[239] Scheinkman Jose A, Xiong Wei. Overconfidence and speculative bubbles [J]. Journal of Political Economy, 2003 (11): 1183-1219.

[240] Shiller Robert. Irrational exuberance [M]. Princeton University Press, Princeton, NJ, 2000.

[241] Statman M, Thorley S, Vorkink K. Investor overconfidence and trading volume [J]. Review of Financial Studies, 2006, 19 (4): 1531-1565.

[242] Tetlock P. All the news that's fit to reprint: do investors react to stale information? [D]. Working paper, Yale University, 2009.

[243] Asthana S, Balsam S, Kim S. The effect of Enron, Andersen, and Sarbanes-Oxley on the market for audit services [R]. Working paper, Temple University, 2004.

[244] Cosgrove S B, Niederijohn M S. The effects of the Sarbanes – Oxley Act of 2002 on audit fees [J]. Journal of Business Strategies, 2008 (25): 23 – 29.

[245] Craswell A T, Francis J R, Taylor S L. Auditor brand namereputations and industry specializations [J]. Journal of Accounting and Economics, 1995 (20): 297 – 322.

[246] Firth M. An analysis of audit fees and their determinants in New Zealand [J]. Auditing: A Journal of Practice and Theory, 1985 (4): 23 – 37.

[247] Francis J, Schipper K, Vincent L. Earnings and dividend informativeness when cash flow rights are separated from voting rights [J]. Journal of Accounting and Economics, 2005 (9): 329 – 360.

[248] Francis J, Vincent L. Causes and effects of discretionary asset write – offs [J]. Journal of Accounting Research, 1996 (34): 117 – 134.

[249] Griffin P A, Lont D H. An analysis of audit fees following the passage of Sarbanes – Oxley [J]. Asia – Pacific Journal of Accounting and Economics, 2007 (2): 161 – 192.

[250] Krishnan J, Ramn D, Zhang Y H. Costs to comply with SOX Section 404 [J]. Auditing: A Journal of Practice and Theory, 2008 (27): 169 – 186.

[251] Riedl E I. An examination of long – lived asset impairments [J]. Accounting Review, 2004 (3): 823 – 852.

[252] Simunic D A. The pricing of audit service: theory and evidence [J]. Journal of Accounting Research, 1980 (8): 41 – 50.

[253] Harvey A C, Ruiz E, Shephard E. Multivariate stochastic variance models [J]. Review of Economic Studies, 1994, 61 (2): 247 – 264.

[254] Ewing B T, Malik F. Estimating volatility persistence in oil prices under structural breaks [J]. The Financial Review, 2010, 45 (4): 1011 – 1023.

[255] Berger D, Chaboud A, Hjalmarsson E. What drives volatility persistence in the foreign exchange market [J]. Journal of Financial Economics, 2009, 94 (2): 192 – 213.

[256] Spiegelhalter D J, Thomas A, Best N G, Lunn D. WinBUGS user manual. Version 1.4 [M]. MRC Biostatistics Unit, Cambridge, 2003.

[257] Wright J. Testing a unit root in the volatility of asset returns [J]. Journal

of Applied Econometrics, 1999, 14 (3): 309 –318.

[258] Yu J, Meyer R. Multivariate stochastic volatility models: bayesian estimation and model comparison [J] . Econometric Review, 2006, 25 (2 – 3): 361 – 384.

[259] Zhang J, Li Y, Zhang J. Bayesian testing a unit root in the volatility of asset returns: An empirical comparison [R] . Working paper, 2011.

[260] Asai M, AcAleer M, Yu J. Multivariate stochastic volatility models: a review [J] . Econometric Review, 2006, 25 (2 –3): 145 –175.

[261] So M K P, Li W K. Bayesian unit – root testing in stochastic volatility models [J] . Journal of Business and Economic Statistics, 1999, 17 (4): 491 – 496.

[262] Shephard N. Stochastic Volatility: Selected reading [M] . Oxford University Press, Oxford, 2005.

[263] Kass R E, Raftery A E. Bayes factor [J] . Journal of the Americana Statistical Association, 1995, 90 (430): 773 –795.

[264] Chou R Y. Volatility persistence and stock valuation: some empirical evidence using GARCH [J] . Journal of Applied Econometrics, 1988, 3 (4): 279 – 294.

[265] Chib S. Marginal likelihood from the gibbs output [J] . Journal of the American Statistical Association, 1995, 90 (432): 1313 –1321.

[266] Tanner T A, Wong W. H. The calculation of posterior distributions by data augmentation [J] . Journal of the American Statistical Association, 1987, 82 (398): 528 –549.

[267] Bollerslev T, Engle R F. Common persistence in conditional variance [J]. Econometrica, 1993, 61 (1): 167 –186.

[268] Li Y, Yu J. A new bayesian unit root test in stochastic volatility models [R] . Research Collection School of Economics, Paper, 2010: 1240.

[269] Li Y, Yu J. Bayesian hypothesis testing in latent variable models [J]. Journal of Econometrics, 2012, 166 (2): 237 –246.

[270] Li Y, Ni Z X, Zhang J. An efficient stochastic simulation algorithm for bayesian unit root testing in stochastic volatility models [J] . Computational Econom-

ics, 2011, 37 (3): 237 –248.

[271] Antweiier W, Frank M. Is All that talk Just noise? The information content of intemet slock message boards [J]. Journal of Finance, 2004 (59): 1259 –1294.

[272] Arkes Hal R, Hackett Catherine, Boehm Larry E. The generality of the relation between familiarity and judged validity [J]. Journal of Behavioral Decision making, 1989 (2): 81 –94.

[273] Arkes Hal R, Boehm Larry E, Xu Gang. Determinants of judged validity [J]. Journal of Experimental Psychology, 1991 (27): 576 –605.

[274] Barber B, Odean T. Boys will be boys: Gender, overconfidence, and common stock investment [J]. Quarterly Journal of Economics, 2001, 116 (1): 261 –292.

[275] Brad Barber, Odean T Terrance. All that Glitters: The effect of attention and news on the buying behavior of individual and institutional investors [J]. Review of Financial Studies, 2008 (21): 785 –818.

[276] Baron D. Persistent media biiis [J]. Journal of Public Economics, 2006 (90): 1 –36.

[277] Utpal Bhattacharya, Galpin Neal, Ray Rina, Yu Xiaoyun. The role of the media in the internet IPO bubble [J]. Journal of Financial and Quantitative Analysis, 2009 (5): 657 –682.

[278] Bradshaw Mark T. How do analysts use their earnings forecasts in generating stock recommendations [J]. The Accounting Review, 2004, 79 (1): 25 –50.

[279] Markus K Brunnermeier, Nagel Stefan. Hedge funds and the technology bubble [J]. Journal of Finance, 2004 (59): 2013 –2040.

[280] Chan W. Stock Price Reaction to News and No –News: Drift and reversal after headlines [J]. Journal of Financial Economics, 2003 (70): 223 –260.

[281] Chen Carl R, Lung Peter P, Wang F Albert. Stock market mispricing: money illusion or resale option? [J]. Journal of Financial and Quantitative Analysis, 2009 (44): 1125 –1147.

[282] Chen H, Noronha G, Singal V. S&P 500 index changes and investor awareness [J]. Journal of Investment, 2006 (4): 23 –37.

[283] Deniers E, Lewellen K. The marketing role of IPOs: Evidence from intemet stocks [J] . Journal of Financial Economics, 2003 (68): 413 -437.

[284] Deaves R, Dine C, Horton W. How are investment decisions made? [R]. Working paper, Task Force to Modernize Securities Legislation in Canada, 2006.

[285] DuCharme L, Rajgopal S, Sefcik S. Why was Internet IPO Underpricing So Severe? [R] . Working Paper. University of Washinglon, 2001.

[286] Falkenstein E. Preferences for stock characteristics as revealed by mutual fund portfolio holddings [J] . Journal of Finance, 1996 (51): 111 -135.

[287] Fama E F, French K R. Common risk factors in the returns on bonds and stocks [J] . Journal of Financial Economics, 1993 (33): 3 -53.

[288] Fang Lily, Peress Joel. Media coverage and the cross - section of stock returns [J] . Journal of Finance, 2009, 64 (5): 2023 -2052.

[289] Field L C, Hanka G. The expiration of IPO share lockups [J] . Journal of Finance, 2001 (2): 471 -500.

[290] Frankel R, Lee M C. Accounting valuation, market Expectation, and cross sectional stock return [J] . Journal of Accounting Economics, 1998 (25): 283 -320.

[291] Griffin John, Harris Jeffry, Tao Shu, Topaloglu Selim. Who drove and burst the tech bubble [J] . Journal of Finance, 2011, 4: 1251 -1289.

[292] Grossman Sanford J, Stiglitz Joseph E. On the impossibility of informationally efficient markets [J] . American Economic Review, 1980 (70): 393 -409.

[293] Hawkins Scott, Hoch Stephen J. Low involvement learning: memory without evaluation [J] . Journal of Consumer Research, 1992 (19): 212 -225.

[294] Harrison J Michael, Kreps D M. Investor behavior in a stock market with heterogeneous expectations [J] . Quarterly Journal of Economics, 1978 (92): 323 -336.

[295] Harris M, Raviv A. Differences of opinion make a horse race [J] . Review of Financial Studies, 1993 (6): 473 -506.

[296] Hirshleifer J. Price theory and application. Second edition. Englewood Cliffs [M] . Nj: Prentice Hall, Inc, 1980.

[297] Hong H, Stein J. Differences of opinion, short - sales constraints, and

market crashes [J]. Review of Financial Studies, 2003 (16): 487 - 525.

[298] Hong H, Stein J. Disagreement and the stock market [J]. Journal of Economic Perspectives, 2007, 21 (2): 109 - 128.

[299] Hong H, Scheinkman J, Xiong W. Asset float and speculative bubbles [J]. The Journal of Finance, 2006 (3): 1073 - 1117.

[300] Huberman G, Regev T. Contagious speculation and a cure for cancer: a nonevent that made stock prices soar [J]. Journal of Finance, 2001 (56): 387 - 396.

[301] Kumar Alok, Lee Charles M C. Retail investor sentiment and return co-movements [J]. Journal of Finance, 2006 (5): 2451 - 2486.

[302] Lee Charles M C, Radhakrishna Balkrishna. Inferring investor behavior: evidence from TORQ data [J]. Journal of Financial Markets, 2000 (3): 83 - 111.

[303] Lee Charles M C, Ready Mark J. Inferring trade direction from intraday data [J]. Journal of Finance, 1991, 46 (2): 733 - 746.

[304] Mei Jianping, Scheinkman Jose A, Xiong Wei. Speculative trading and stock prices: evidence from Chinese A - B share premia [R]. NBER Working paper, 2005.

[305] Merton R C. A simple model of capital market equilibrium with incomplete information [J]. The Journal of Finance, 1987 (42): 483 - 510.

[306] Miller Edward. Risk, uncertainty and divergence of opinion [J]. Journal of Finance, 1977 (32): 1151 - 1168.

[307] Mitchell M, Miilherin J. The impact of public information on the stock market [J]. Journal of Finance, 1994 (49): 923 - 950.

[308] Modigliani, F., and R. Cohn: Inflation, rational valuation, and the market [J]. Financial Analysts Journal, 1979 (37): 24 - 44.

[309] Mullainalhan S, Shleifer A. The market for news [J]. American Economic Review, 2005 (94): 1031 - 1053.

[310] Ohlson J A. Earnings, book values and dividends in equity valuation [J]. Contemporary Accounting Research, 1995, 11 (2): 661 - 687.

[311] Penman S H. An evaluation of accounting rate of return [J]. Journal of Accouting, Auditing and Finance, 1995 (5): 233 - 255.

[312] Reuter J, Zitzewitz E. Do ads influence editors? advertising and bias in the financial media [J]. Quarterly Journal of Economics, 2006 (121): 197-217.

[313] Scheinkman Jose A, Xiong Wei. Overconfidence and speculative bubbles [J]. Journal of Political Economy, 2003 (11): 1183-1219.

[314] Shiller Robert. Irrational exuberance [M]. Princeton University Press, Princeton, NJ, 2000.

[315] Statman M, Thorley S, Vorkink K. Investor overconfidence and trading volume [J]. Review of Financial Studies, 2006, 19 (4): 1531-1565.

[316] Tellock P. Giving content to investor sentiment: the role of media in the stock market [J]. Journal of Finance, 2007 (62): 1139-1168.

[317] Tetlock P, Saar-Tsechansky M, Macskassy S. More than Words: quantifying language to measure firms' fundamentals [J]. Journal of Finance, 2008 (63): 1437-1467.

[318] Tetlock P. All the news that's fit to reprint: do investors react to stale information? [R]. Working paper, Yale university, 2009.

[319] Wang A F. Strategic trading, asymmetric information, and heterogeneous prior beliefs [J]. Journal of Financial Markets, 1998 (1): 321-352.

致 谢

衷心感谢清华大学经济管理学院的培养，感谢导师夏冬林教授对本人的精心指导。他的言传身教与温文儒雅的学者风范将使我终身受益。感谢陈晓老师对本人博士期间的指导与毕业后的支持。

感谢四川大学邓富民院长、吴鹏老师、姚黎明老师、李贻伟老师、李宗敏老师的支持帮助。感谢学界前辈的提拔点拨，他们是 Agnes Cheng、Jerry Lobo、Stephen Penman。感谢清华大学的同学朱松、高峰，以及中山大学的同事李勇、徐莉萍等在学术路上的扶持和热情帮助。

致谢本人指导的学生在本专著写作过程中付出的辛劳。